重庆市高等教育教学改革研究项目《高校思政课……模式研究——以〈概论〉课程为例》（项目编号：20……

高校思政课实践教学和课堂教学融合模式

刘倩倩◎著

武汉理工大学出版社

图书在版编目（CIP）数据

高校思政课实践教学和课堂教学融合模式 / 刘倩倩著． -- 武汉：武汉理工大学出版社，2025.5. -- ISBN 978-7-5629-7468-0

Ⅰ．G641

中国国家版本馆 CIP 数据核字第 2025SK0982 号

责任编辑：尹珊珊
责任校对：何诗恒　　　　　　　排　版：任盼盼
出版发行：武汉理工大学出版社
社　　址：武汉市洪山区珞狮路 122 号
邮　　编：430070
网　　址：http://www.wutp.com.cn
经　　销：各地新华书店
印　　刷：天津和萱印刷有限公司
开　　本：710×1000　1/16
印　　张：13
字　　数：218 千字
版　　次：2025 年 5 月第 1 版
印　　次：2025 年 5 月第 1 次印刷
定　　价：78.00 元

凡购本书，如有缺页、倒页、脱页等印装质量问题，请向出版社发行部调换。
本社购书热线电话：027-87391631　87664138　87523148

·版权所有，盗版必究·

前　言

在当今社会多元化与信息化快速发展的时代背景下，高校思政课正面临着前所未有的机遇与挑战。随着时代的变迁，大学生的思想观念、价值取向和行为方式都在发生着深刻的变化，这对高校思政（即思想政治）课的教学提出了更高、更全面的要求。近年来，随着教育改革的不断深化和科技的迅猛进步，高校思政课不仅需要传授理论知识，还需要注重实践教学，通过实践增强学生的社会责任感和使命感，培养他们成为有理想、有道德、有文化、有纪律的社会主义建设者和接班人。首先，全球化趋势和多元文化冲击使高校思政课必须重新审视教学内容与方法。在复杂多变的国际环境中，如何坚守社会主义核心价值观，引导学生树立正确的世界观、人生观和价值观，成为高校思政课的重要使命。同时，随着信息技术的广泛应用，学生的学习方式和信息获取渠道也在发生转变，这就要求思政课必须与时俱进，创新教学方式，提高教学的针对性和实效性。其次，社会对高素质人才的需求日益迫切，高校思政课作为培养学生思想政治素质的主渠道和主阵地，责任重大。实践教学作为课堂教学的重要补充和延伸，能让学生在实践中深化对理论知识的理解和运用，提高他们解决实际问题的能力。因此，将实践教学与课堂教学相结合，形成优势互补、相互促进的教学模式，对提升高校思政课的教学效果具有重要意义。

本书致力于系统分析和探讨高校思政课实践教学与课堂教学相融合模式的各个方面，内容涵盖教学模式、保障机制、教学内容与方法、理论性与实践性的统一、融合机制以及融合方法等。第一章从概述入手，对高校思政课的价值与地位、实践教学与课堂教学的形式内涵以及融合的跨越式发展进行深入分析，为后续章节奠定坚实的理论基础。第二章聚焦于实践教学模式与保障，详细阐述校园实践教学模式、社会实践教学模式以及实践教学的保障机制，展现高校思政课实践教学的多样性和全面性。第三章从课堂教学内容与方法入手，重点探讨爱国主义教育与理想信念教育、中国梦教育与"四个自信"教育以及社会主义核心价值观教育等内容，并分析课堂教学方法的有效性。第四章深入探讨高校思政课坚持理论性和实践性相统一的科学内涵、必要性与可行性以及实现方法，为实践教学和课堂教学的融合提供理论支撑。第五章系统研究高校思政课实践教学和课堂教学的融合机制，包括融合依据、融合原则、融合实践以及融合机制的优化。第六章则具体探讨融合方法，如将情景模拟融入课堂教学、推行现实问题导向的研讨式教学、打造数字化实践教学体系以及建立动态反馈和科学考评机制等，旨在为高校思政课的教学实践提供可操作的路径和策略。

  本书旨在为广大教育工作者、研究者及相关从业人员提供理论指导与实践参考。教育的根本在于立德树人，高校思政课作为立德树人的重要载体，其教学效果直接影响学生的成长成才。因此，希望本书能够为高校思政课的教学研究和实践提供有益的启示与借鉴，助力教育事业的发展与进步。同时，也期待与广大教育工作者携手共进，不断探索和实践高校思政课的新模式、新方法，共同推动高等教育的持续发展与繁荣。在教育改革的浪潮中，我们应勇于担当、积极作为，为培养更多具有社会责任感、创新精神和实践能力的高素质人才贡献智慧和力量。

作　者
2025 年 1 月

目 录

第一章 高校思政课实践教学和课堂教学概述……………………………1
 第一节 高校思政课的价值与地位………………………………………1
 第二节 高校思政课实践教学与课堂教学的形式内涵………………13
 第三节 高校思政课实践教学和课堂教学融合的跨越式发展………37

第二章 高校思政课实践教学模式与保障…………………………………51
 第一节 高校思政课校园实践教学模式…………………………………51
 第二节 高校思政课社会实践教学模式…………………………………56
 第三节 高校思政课实践教学的保障机制………………………………60

第三章 高校思政课课堂教学内容与方法…………………………………66
 第一节 爱国主义教育与理想信念教育…………………………………66
 第二节 中国梦教育与"四个自信"教育…………………………………77
 第三节 社会主义核心价值观教育………………………………………86
 第四节 高校思政课课堂教学方法分析…………………………………90

第四章 高校思政课坚持理论性和实践性相统一的探讨………………104
 第一节 高校思政课坚持理论性和实践性相统一的科学内涵………104
 第二节 高校思政课坚持理论性和实践性相统一的必要性与可行性…113
 第三节 高校思政课理论性和实践性相统一的实现方法……………118

第五章 高校思政课实践教学和课堂教学的融合机制…………………141
 第一节 思政课实践教学和课堂教学的融合依据……………………141
 第二节 思政课实践教学和课堂教学的融合原则……………………148
 第三节 思政课实践教学与课堂教学的融合实践……………………154
 第四节 思政课实践教学和课堂教学融合机制的优化………………157

第六章　高校思政课实践教学和课堂教学的融合方法……………………167
　　第一节　将情景模拟融入课堂教学，实施体验式教学……………167
　　第二节　推行现实问题导向的研讨式教学模式……………………173
　　第三节　打造数字化实践教学体系，拓展课堂互动渠道…………179
　　第四节　建立动态反馈和科学考评机制，实现协同考核…………189

参考文献……………………………………………………………………198

第一章 高校思政课实践教学和课堂教学概述

在当今社会快速发展的时代背景下，高校思政课作为培养大学生思想政治素质的重要阵地，其教学模式的创新与融合显得尤为重要。本章将深入探讨高校思政课实践教学与课堂教学的相关问题，概述高校思政实践教学与课堂教学的价值与地位，明确其在高等教育体系中的不可或缺性。同时，将详细解析实践教学与课堂教学的内涵，为两者的融合奠定坚实的基础。此外，本章将聚焦于两者融合的跨越式发展，揭示这一趋势对提升思政课教学质量的深远影响。

第一节 高校思政课的价值与地位

一、高校思政课的价值取向

思政课是落实立德树人根本任务的关键课程。新时代各级各类学校应全面推进思政课教学改革，不断提升其科学性、人文性，突出学生主体性等价值向度。如此，思政课才能既有政治高度，又有理论深度、历史厚度和情感温度；既能增强学生的获得感和教师的成就感，又能为巩固马克思主义在意识形态领域的指导地位、培育担当中华民族伟大复兴大任的时代新人提供强大的精神支撑。[1]

在新时代思政课教学改革创新的征程中，"八个统一"中的政治性与学理性相统一、价值性与知识性相统一、建设性与批判性相统一，从价值论维度深刻体现了党对思政课教学的高标准要求。

---

[1] 李瑞君. 论新时代学校思想政治理论课教学改革的价值向度 [J]. 学校党建与思想教育，2022（23）：46-48.

（一）政治性与学理性相统一

1. 鲜明的政治性

（1）思政课的指导思想体现了鲜明的政治性

思政课作为肩负着重要育人使命的课程，其指导思想展现出鲜明的政治性特征。这种政治性并非外在附加，而是其内在本质属性。思政课依托马克思主义及其中国化理论成果开展教学活动。马克思主义自诞生之初便以揭示人类社会发展规律为己任，蕴含着深刻的阶级性和革命性。其中国化理论成果则是结合中国国情对马克思主义进行的创造性转化和创新性发展，同样具有鲜明的政治立场与价值导向。政治性作为思政课的灵魂，赋予其独特的定位与作用，使思政课能够在多元文化交织的时代背景下，明确自身肩负的责任，始终坚守正确的价值取向，引领学生树立正确的世界观、人生观、价值观。马克思主义及其中国化理论成果本身是一套科学且严密的理论体系，其深刻的内在逻辑为思政课的政治属性提供了坚实的理论支撑。在教学实践中，这些理论成果为思政课的改革创新提供了源源不断的动力，引导教师不断探索更加符合时代需求的教学方法与内容，以更好地适应社会发展和学生成长的需要。思政课教学的全过程都贯穿着维护中国特色社会主义制度、坚定不移走中国特色社会主义道路的政治意识。通过深入阐释中国特色社会主义的科学性和优越性，思政课能够帮助学生增强对国家发展道路的认同感，培养学生的政治责任感和历史使命感，使他们在未来的学习与生活中积极投身国家建设的伟大事业，为推动中国特色社会主义事业的发展贡献自身力量。

（2）思政课的意识形态具有鲜明的政治性

思政课的意识形态属性彰显了鲜明的政治性，其核心在于坚持马克思主义意识形态，坚定拥护中国共产党的基本路线、方针和政策，并认同党的基本理念、立场与观点。马克思主义作为无产阶级的科学理论，深刻地揭示了人类社会的发展规律，其代表的无产阶级利益与最广大人民群众的根本利益高度一致，为实现无产阶级的自由与解放提供了理论指引。思政课在教学过程中，始终将马克思主义意识形态作为重要内容，引导学生深刻理解其科学性与先进性，从而在思想上、行动上与党和国家保持高度一致。

思政课坚持社会主义意识形态，是源于社会主义制度的本质特征与价值追求。社会主义制度的核心在于实现人民群众当家作主，这一理念在中国的国体和政体中得到充分体现。中国共产党始终带领全国人民坚定不移地走中国特色社会主义道路，这一道路是中国特色社会主义理论与实践的集中体现，是实现中华民族伟大复兴的必由之路。在新时代背景下，实现中华民族伟大复兴的中国梦成为全体中国人民的共同追求，其目标是将中国建设成为富强、民主、文明、和谐、美丽的社会主义现代化强国，并朝着共产主义这一人类社会的终极目标不断奋进。共产主义作为马克思主义者的最高理想，为人类社会的发展指明了方向，而全面建成小康社会、实现人民对美好生活的向往，离不开马克思主义信仰的指引和中国共产党的领导。

（3）思政课教师的立场具有鲜明的政治性

思政课主渠道功能的有效发挥，在很大程度上取决于思政课教师的素质与立场。思政课教师需要具备过硬的政治素质、扎实的理论功底与高尚的思想境界，并始终同党中央保持高度一致。在面对大是大非的问题时，教师需保持清醒的政治头脑，坚定政治立场，明确政治方向，具备辨明事物真伪的能力，不局限于事物表面，而是能够透过现象洞察本质。教师应善于运用科学理论阐释现实问题，同时借助生动的现实情境增强理论说服力，使学生深刻认识到理论并非脱离实际的空洞概念，而是源于现实需求并服务于现实问题。在教师的引导下具有政治性的理论不再显得枯燥乏味，学生能够积极主动地接受思想熏陶，自觉捍卫马克思主义，坚定新时代中国特色社会主义信念，并积极参与社会主义建设的伟大事业。在此过程中，思政课的政治功能得以充分彰显。

（4）思政课必须具备较高的学理性

思政课的建设与发展需以较高的学理性为支撑，这关键在于遵循规律、契合需求并服务于社会发展。自然界与社会现象之间存在必然、本质、稳定且反复出现的关系，即规律，它是事物内在联系的体现，具有客观性，不以人的意志为转移。规律的客观性决定了其对事物的约束作用，使事物之间形成对立统一的关系。遵循规律的事物能够持续发展，违背规律的事物则走向衰落。思政课要发挥思政教育的主渠道作用，必须契合自身发展规律、学生心理发展规律以及社会发展规律。这些规律中蕴含的丰富哲理，是思政课学理性的重要来源。理论的说服力源于其彻底性，即抓住事物的本质规律，而思政课的学理性正是通过阐释事物本质规律来实现的。

第一，思政课的学理性必须符合自身发展规律，其理论建设需要依托科学、完整的理论体系。在构建中国特色哲学社会科学的基础上，思政课应批判性地借鉴外来理论，对国外的理论、概念、话语和方法进行分析与鉴别，避免生搬硬套。哲学社会科学的批判精神是马克思主义的重要品质，构建中国特色哲学社会科学需以中国实际情况和发展需求为依据。思政课的理论建设应以中国实际为研究起点，提出具有主体性与原创性的理论观点，构建具有自身特质的学科体系、学术体系、话语体系。通过将科学理论与思想融入课堂，以中国特色学术话语分析和解释中国现实问题，思政课能够切实反映社会现状，体现其较高的学理性。

第二，思政课的学理性必须适应学生的心理发展规律。学生时代是人们世界观、人生观和价值观形成的关键时期，在这一时期，学生充满好奇心与求知欲，但判断能力尚待提高。思政课若不能在学理上讲清事物本质，就难以让学生信服。因此，思政课教师需在加强政治理论学习的基础上，深入分析事物的内部逻辑关系，思考其发展关键环节，预设学生可能的疑问，并提前组织学术语言，从多角度、正反两方面设计解答方案。这一过程需要依靠中国特色哲学社会科学的学理知识，以充分展现思政课的高学理性。

第三，思政课的学理性必须服务于社会发展规律。思政课与社会政治、经济、文化之间存在相互作用的关系，其目标是为中国新时代培养合格的建设者和接班人，增强青年对中国特色社会主义制度的信念，激励其为实现中华民族伟大复兴的中国梦而努力奋斗。学理性是思政课发挥号召力的重要武器，能够调动青年的积极性与主动性，促使他们投身于社会主义建设。具备学理性的思政课能够发挥思想宣传与意识形态引导的重要作用，而缺乏学理性的思政课则可能成为不被认可和接纳的空洞说教。

2. 坚持政治性与学理性相统一

思政课作为重要的思想教育阵地，其本质并非简单的政治说教或宣传，而是具有明确的学科归属与坚实的学理支撑，需以学术的严谨性讲授政治内容，以真理、逻辑与规律为基础，引导学生坚定共产主义理想、中国特色社会主义信念，增强实现中华民族伟大复兴中国梦的信心。这一过程要求思政课在教学中实现政治性与学理性的高度统一。

（1）必须厘清政治性与学理性之间的关系

思政课的教学目标在于引导学生坚定走中国特色社会主义道路，拥护中国共产党的领导与中国特色社会主义制度，维护马克思主义主流意识形态的主导地位，鲜明的政治性是其理论基础与最终培养目标。然而，政治性并非孤立存在，其表达与传播需学理性的支撑。单纯的政治宣传难以以理服人，唯有通过透彻的学理分析回应学生的疑问，以深刻的思想理论说服学生，以真理的力量引领学生，才能使思政课在表达政治立场的同时，具备更强的说服力与感染力。

（2）必须探寻政治性和学理性相统一的实现途径

中国特色社会主义作为当代中国发展的核心理念，蕴含着丰富的智慧与实践经验。它不仅推动了中国自身的快速发展，还为世界经济增长与落后国家发展提供了新的机遇，开拓了世界价值新领域，促进了全球消费需求的增长。这一理念并非以牺牲他国利益为代价，而是通过合作共赢实现共同发展，彰显了中国特色哲学社会科学的重要成果。其正确性为思政课的学理性提供了坚实的支撑，能够有效证明中国特色社会主义政策的科学性与合理性。将中国特色社会主义的实践成果与理论逻辑融入思政课教学，以学理性表达政治性，可以使学生在理性认知的基础上筑牢坚定的政治信念，从而实现思政课政治性与学理性的有机统一。

（二）价值性与知识性相统一

1. 核心的价值性

弘扬核心价值的价值性，构建起界定人类生存与发展本质的核心概念框架。一切价值形态均植根于此，并围绕人的生存与发展这一核心轴线，遵循人性本质规律，推动人类的自我创造与持续发展进程。价值内涵全面覆盖人的生理存在与精神意识发展，蕴含人与自然界和谐共生的理念。作为能够自主创造自身存在的自由个体，人是价值的本体论基础，其行为构成价值的生成源泉，而所追求的价值目标则指向人的全面发展与进步。从辩证唯物主义视角审视，价值兼具客观与主观双重属性：其客观性源自价值的物质性、实存性，对人的生存与发展产生多维影响；而主观性则体现为价值的可知性及可被人类认知的特性。个体基于对客观现实的感知，产生多样化的心理活动，这一心理现象作为人脑的机能，本质上是人脑对客观现实的主观能动反映。不同行为主体对同一客体的感知差异，导致反映的多样性，这种差异在主观价值的两种具体表现形式——情感与价值观中得以集中体现。情感反映了对价值相对性的认知，而价值观则体现了对价值绝对性的理解。两者与价值的关系，本质上构成了主观与客观的辩证统一、相互依存：一方面，客观价值构成主观价值的基础，主观价值是对客观价值的反映，并受客观价值的影响与制约；另一方面，主观价值具有相对独立性，能够对客观价值产生引导与强化等反作用。

价值性，作为主体在客体中发掘的能满足自身发展需求的属性，虽客观存在且独立于人的认知与评价，但同时亦依赖主体的实践活动，无法从人的追求与创造过程中剥离。思政课所彰显的价值性，即社会主义核心价值观，这一价值观既具有客观实在性，又需深植于广大青年的主观意识中。在此价值观的引领下，我国持续迈向富强、民主、文明、和谐的社会愿景；中国社会在治理方式上不断优化，进一步推动自由、平等、公正、法治的实现；中国公民持续涵养诚信、友善、敬业、爱国的优秀品质。社会主义核心价值观的价值性，核心在于引领学生树立正确的世界观、人生观、价值观。

思政课的教学改革创新，必须紧密围绕社会主义核心价值观这一核心，履行立德树人的根本使命，教导学生如何通过践行社会主义核心价值观，成长为新时代中国特色社会主义建设的栋梁之材。应将博大精深、灿烂辉煌的中华优秀传统文化，激昂向上的革命文化和生机勃勃的社会主义先进文化融入思政课堂，传承、弘扬与传播中国不同历史时期的文化精髓，挖掘中国思维方式形成的历史渊源与现实条件，发挥中国特色哲学、社会科学的影响力与感召力。借助中国文化的卓越成果，深化学生对思政课价值性的理解，构建学生与社会主义核心价值观之间的积极互动关系：一方面，使这一价值理念为学生所接受与认同，产生对主体具有积极意义的正面价值；另一方面，通过理论引领，充分激发学生的主观能动性，促使学生在践行社会主义核心价值观的实践中，进一步探索思政课的客观价值性。此举旨在推动学生从被动学习向主动学习转变，积极追求与探索真理，从认识客观价值性迈向研究并推动其价值性的提升与持续发展，这不仅有益于学生的个人成长与成才，也对思政课自身的建设与发展具有积极意义。

2. 专业的知识性

知识性，作为个体在认知客观事物过程中所形成的观念与意识，兼具外在与内在两种表现形式。其外在形式体现为语言、文字、图像、符号等可直接感知的元素；内在形式则潜藏于人的意识深处，需通过感觉、直觉、情感体验等路径间接领悟。在思政课的专业知识传授与发展过程中，关键在于：一方面，教师需系统阐释既有的知识体系与知识点，为学生奠定坚实的理论基础；另一方面，则需引导学生学会思考，深入挖掘显性知识背后所隐含的深层逻辑，教授学生运用既有理论与事实，自主发现问题、分析问题并寻求解决方案，从而在学生思维中构建起从认知、理解、接纳到构建正确知识体系的完整路径。这一过程，正是思政课知识性迈向专业性的逻辑基石。

思政课的专业特性，突出表现为其深厚的知识性与理论性。以"思想道德修养与法律基础"课程为例，该课程从思想教育及法学双重视角出发，涵盖青春人生观探讨、理想信念坚定、中国精神弘扬、社会主义核心价值观践行、道德品质锤炼（大德、公德与私德的坚守）以及法律知识学习与应用等多方面内容。相较于其他课程，该课程更强调实践性，侧重于从思想意识层面培育学生的道德品质，旨在将学生培养成为新时代中国特色社会主义建设的有用之才，鼓励他们践行各种优良品质，建立知行合一的行为模式。

3. 坚持价值性与知识性相统一

价值性与知识性，作为思政课的两大核心属性，虽表现形式各异，却相互区别又紧密相连，有机融合为一体，共同构成思政课不可或缺的要素。价值性是思政课的灵魂，若灵魂缺失，思政课便失去了存在的根本；知识性则是这一灵魂的载体，若无知识理论的讲授，价值性难以清晰展现，思政课的价值教育功能也难以实现。因此，在思政课教学改革的进程中，必须深刻把握二者之间的辩证统一关系，认识到价值性与知识性相辅相成，缺一不可。

知识理论源自高度凝练的价值。价值性构成知识性的基石，思政课所传授的知识及宣传的理念，其必备的价值基础是社会主义核心价值，这是在中国特色社会主义制度下坚持马克思主义意识形态的重要体现。通过对社会主义核心价值的深入提炼总结，形成了涵盖国家、社会、公民三个层面的社会主义核心价值观，以简洁的十二个词汇，实现了从思想意识中的价值性向可表达、可宣传的理论性成果的转化。思政课作为一类特殊课程，其终极目标在于培育学生的政治素养、思想品德及价值观念，因此其知识传授有别于其他课程中的纯粹科学知识，必须遵循其价值性导向。若背离此价值性，知识传授将迷失方向，无法承担起培养新时代中国特色社会主义事业建设者和接班人的重任。

价值需依托知识理论的有力支撑。全面推动新时代中国特色社会主义思想融入教材、课堂及学生头脑，使学生深刻理解新时代中国建设与发展所依托的科学理论体系，及其所蕴含的精神实质与重大意义，明晰崛起中的中国所处的时代背景及国家对广大青年的实践要求。通过讲授理论知识，可以引导学生明辨是非、感悟道理、追求真理，树立正确的世界观、人生观、价值观，运用思政课的知识力量，推动实现思政课的价值理念。因此，思政课肩负着义不容辞的历史重任，即需通过知识性的讲授，在传授科学理论知识的基础上，对广大青年学生进行价值引领，培养他们树立社会主义核心价值观，从而实现思政课的价值，完成价值性与知识性相统一的重要使命。

（三）建设性与批判性相统一

1. 思想的建设性

思想建设作为思政课的根本属性，必须始终得到贯彻落实。坚持建设性是党对新时代思政课发展的核心要求。随着中国社会的不断进步，思想建设必须与时俱进。作为思想宣传的主渠道和主阵地，思政课不仅不能削弱，反而应当不断加强，并在持续的改革创新中追求卓越。这是因为，思政课的丰富与完善是提升舆论宣传效果、引导民众思想的现实需求，而思政课的创新与发展则是激发广大青少年乃至全社会团结奋斗的有效途径。加强思政课的思想建设，是时代的强烈呼唤与殷切期待。新时代中国特色社会主义事业的发展迫切需要强大的思想武器，这是凝聚全社会向心力与凝聚力的重要力量。思政课的思想建设任务，可通过以下两个核心环节来推进。

（1）塑造学生鲜明的思维意识

开设思政课的根本目的在于明确广大青年学生在思想观念上的立场与态度，解决这一核心问题，必须充分发挥思政课的建设性功能与作用。办好思政课，最根本的是全面贯彻党的教育方针，精准把握培养什么人、怎样培养人、为谁培养人这一根本问题。因此，思政课的重要使命在于，在广大青年学生中构建起与新时代中国特色社会主义发展相契合的思维意识，不断教育学生坚持中国特色社会主义制度，坚定走中国特色社会主义道路，坚决拥护中国共产党的领导。思政课思想建设的终极目标是壮大和巩固社会主义意识形态，弘扬新时代中国特色社会主义建设、改革开放的主旋律，传播促进国家繁荣富强、社会和谐稳定、人民幸福安康的正能量。

（2）培育学生正确的行为范式

仅解决思维意识问题还不够，思政课在明确培养目标、方式及对象后，还需进一步承担起培养新时代中国特色社会主义事业建设者和接班人的重任。即引导学生运用所构建的思维意识确立自己的行为准则，将所思所想转化为实际行动，实现理论与实践的有机统一：一方面，学生应运用思政课上所学的理论知识指导实践活动；另一方面，在实践活动中不断总结经验，进一步深化思想意识，完善创新思维，促使自身不断成长。完成这一过程，思政课的思想建设才算达到其目的。因为新时代中国特色社会主义建设所需的是能为国家和民族事业发展贡献智慧并付诸实践的建设者和接班人。因此，思政课的思想建设不仅需引导学生树立正确的世界观、人生观、价值观，还需进一步将他们培养成为社会主义核心价值观的积极传播者和模范践行者，使广大青年学生不仅成为有信仰的人，更要成为乐为、敢为、有为的新时代中国特色社会主义事业的建设者和接班人。

2. 辩证的批判性

辩证的批判性，体现为在观察客观事物时所展现出的洞察力、辨别力与判断力，以及在此基础上通过回顾历史与反思现实所形成的质疑态度。思政课所强调的批判性，旨在培育学生的批判性思维，即识别、分析并评价客观事物的思考过程，这是批判性思维的核心要素。无论是在理论学习还是现实生活中，批判性思维都无处不在，它涵盖发现问题、提出观点及展开论证等关键环节。批判性思维的目的并非为了否定而否定，而是为了在否定的过程中实现肯定，即通过否定某个或某类事物，从而肯定与其有差异或相对立的其他事物。批判性思维是高等教育的重要培养目标，也是思政课必须承担的重要教学任务。思政课要秉持辩证的批判性，需着重做好以下两方面工作。

（1）思政课需善于查找自身的薄弱环节

在科学理论的指引下，思政课应主动查找自身存在的问题与短板，善于运用新时代中国特色社会主义思想解答现实生活中的问题，不回避客观存在的不合理现象及亟待解决的问题。教师应使学生清醒地认识到，任何国家和社会都处于不断发展的进程中，发展本身就是在不断解决问题中实现的，这符合矛盾运动推动事物不断向前发展的客观规律。如同国家法律，并非在制定之初就能预见并界定所有违法行为，而是随着社会进步、科技发展、行为变化而不断补充和完善。因此，思政课不应回避现实问题，教师应勇于思考各种问题，在备课过程中做好充分准备。不否认现实问题，并非要被错误思潮所牵引，而是要站在马克思主义辩证立场上分析问题，使学生认识到虽然社会上仍存在一些不尽如人意之处，但整体趋势向好。教师可通过列举相关案例，有理有据地解答问题、阐明观点，最终目的是让学生坚信中国特色社会主义制度和道路的正确性，相信在中国共产党的领导下，在新时代中国特色社会主义思想的指引下，所激发的中国智慧和中国效率，既能解决资本主义无法解决的社会问题，也能逐步解决社会主义社会出现的新矛盾，从而证明社会主义制度的优越性。

（2）思政课需善于应对外来挑战

思政课必须培养学生的辩证性思维，具备这种思维意识，才能唤醒哲学思想中的批判性斗争意义，自觉辨析并抵制各种错误思潮。思政课应通过辩证的批判性教育学生，让他们有方向、有立场、有原则地辩证分析事物本质，在大是大非面前始终保持清醒的头脑，勇于批驳和否定错误观点与思潮，坚定马克思主义政治立场。培养批判性思维，不仅是为了提升学生学好理论、发现问题、分析问题和解决问题的能力，更重要的是要维护马克思主义意识形态，这是关乎国家和社会主义政权生死存亡的关键所在。

3. 坚持建设性与批判性相统一

建设性与批判性相统一是思政课创新发展的核心原则，二者作为服务于这一目标的两个方面，紧密相连、不可分割，虽各有侧重，却又辩证统一。建设性主要从党和国家的政策要求出发，着重培养学生正确的思维意识和行为模式，以正向推动思政课的创新发展，其核心要义在于"立"；而批判性则侧重于批驳和剔除错误观点及危险思潮，通过反向推动实现思政课的自我完善与应对挑战，其过程是先"破"后"立"。尽管建设性与批判性在方式方法上存在一定差异，但其出发点和落脚点高度一致，均旨在讲好思政课，教育学生坚守马克思主义意识形态，警惕并规避错误的价值导向。

在思政课的创新发展过程中，建设性与批判性相辅相成、缺一不可。要实现思政课的创新发展，巩固广大青年学生的马克思主义意识形态，就必须采取统分结合的方式，妥善处理思政课建设性与批判性的关系，明确批判旨在更好地建设，而建设的目的则是更有力地批判，从而达成二者的有机统一。

在"八个统一"中，政治性与学理性相统一、价值性与知识性相统一、建设性与批判性相统一占据统领地位，它们从理论高度凝练了思政课的价值取向。政治性凸显了思政课的政治属性，学理性则从哲学视角解读思政理论的深层内涵，二者统一要求思政课以政治性规范学理表达，同时运用学理性解析政治，坚定政治立场和方向。价值性强调思政课必须坚持弘扬和践行社会主义核心价值观，知识性则通过庞大的知识理论体系证实思政课的价值性，二者统一构成相辅相成的关系。其中，高度凝练的价值性是知识性的思想源泉，博大精深的知识性则是价值性的坚实支撑。建设性致力于解决思想建设中的"立"，而批判性则先行破除有害思想，为思想建设清除障碍，其使命在于先"破"后"立"。建设性与批判性的有机统一，既有助于增强危机意识，又有利于统一思想认识，彰显了这三个统一在思政课建设中的重要地位。

二、高校思政课的地位

高校思政课是集理论性与实践性于一体的课程，它既是对大学生进行思政教育的主要途径，更是传播马克思主义理论的重要阵地。随着中国特色社会主义进入新时代，要更大限度地提升高校思政课作为育人主渠道的作用，其实践教学也需要持续加强和改进。①

学校思政课的地位由其性质所决定，体现在它在整个高等教育和社会生活中的定位和作用上。具体来说，主要包括以下几个方面。

（一）学生思政教育的主渠道

学生思政教育在我国学校教育中占据着举足轻重的地位，贯穿于教育教学的各个环节，实现了全员、全程、全方位的育人目标。就思政教育的主渠道或途径而言，它涵盖思政课教学、学生日常教育与管理、形势政策教育、心理健康教育与咨询、党团组织工作、辅导员与班主任工作、校园文化及社会实践活动，以及利用网络平台和各门课程教学开展思政教育等多个方面。其中，思政课作为国家统一设置和实施的必修课程，以其专门性和直接性，在众多思政教育渠道中发挥着主导和引领作用。

思政课的主渠道地位，由加强和改进学生思政教育工作的主要任务所决定。学生作为国家宝贵的人才资源，承载着民族的希望与祖国的未来。加强和改进学生思政教育，提升其思政素质，培养其成为中国特色社会主义事业的建设者和接班人，对于实施科教兴国和人才强国战略，确保我国在国际竞争中立于不败之地，实现社会主义现代化强国和中华民族伟大复兴的宏伟目标，以及保障中国特色社会主义事业的持续繁荣和后继有人，均具有深远意义。这一任务要求全面落实党的教育方针，紧密结合中国特色社会主义现代化建设的实际，向学生系统传授马克思主义科学理论，进行正确的世界观、人生观、价值观、道德观和法治观教育，努力提升思政教育的针对性、实效性、吸引力和感染力。学校作为党领导下的中国特色社会主义教育机构，必须坚持以马克思主义为指导，全面贯彻党的教育方针，坚持不懈地传播马克思主义科学理论，抓好马克思主义理论教育，为学生奠定科学的思想基础，同时培育和弘扬社会主义核心价值观，引导师生成为坚定信仰者、积极传播者、模范践行者。思政课的目标和内容正是与这一任务和要求相契合。

---

① 翟柯欣. 新时代高校思政课实践教学研究[D]. 西安：西安理工大学，2023：1.

课堂教学活动作为最基本、最核心、最稳定的教育环节，思政课集中体现了人类文明的思维成果，是人类认识世界、改造世界的智慧结晶，具有强大的理性感召力和影响力，对学生素质的形成与发展起着奠基的作用。思政课专为培养和提高学生的思政素质而设计，作为理论化、系统化、科学化程度较高的马克思主义理论学科课程形态之一，它概括和浓缩了我国社会主义社会所倡导的思政观念、道德规范、价值观念和行为模式，充分展现了马克思主义的基本原理及其中国化的最新成果，反映了社会主义意识形态教育的指导性要求。因此，思政课理应成为学校开展学生思政教育的主渠道和核心课程。

学校思政课的不断改革与建设，使其能够胜任学生思政教育主渠道的重任。自中华人民共和国成立以来，思政课经历了从初步确立到调整巩固，再到改革发展的历程，其间虽历经曲折，但其课程设置和教学内容始终与当时形势和中心任务相适应。面对新的变化和情况，思政课虽存在一些不适应和亟待解决的问题，但其主流和趋势仍在不断改进和加强，以便更好地承担学生思政教育主渠道的重任。

（二）学校素质教育的灵魂

人的素质是一个由多种要素构成的有机整体，涵盖思政素质、科学文化素质、专业能力素质、身体素质、心理素质以及审美素质等。在这些素质要素中，身体素质和心理素质构成了人的素质的物质基础，科学文化素质和专业能力素质是素质的基本构成，而思政素质则被视为人的素质的灵魂，审美素质是素质的综合体现。党和国家始终重视青年学生的思政理论教育，将其视为提升思政素质的重中之重，这一思想一以贯之。通过理想、纪律教育，加强各级学校的政治、形势及思想教育（涵盖人生观教育、道德教育），是培养青年学生的重要途径。历史教育在此过程中也扮演着重要的角色，有助于启迪青年，增强他们对国家和民族的认识。

在诸多素质中，思政素质占据首要地位，它不仅关乎当前中华民族的整体素质，更影响着未来民族的发展方向。学生作为国家的宝贵人才资源，他们的思政状况、道德品质、科学文化素养及健康素质，直接关系到党和国家的前途命运。因此，培养学生成为中国特色社会主义事业的合格建设者和可靠接班人，不仅要求提升其科学文化素质，还需着重加强其思政素质的培养。

学校思政工作关乎人才培养的根本问题，即培养什么样的人、如何培养人以及为谁培养人。作为课堂教学的主渠道，思政课需在改进中不断加强，以提升思政教育的亲和力和针对性，从而满足学生成长的需求和期望。党和国家关于提升学生思政素质的指示精神，为学校思政课教育教学提供了重要指导。

教育是培养造就人的社会活动，其最终目标在于培养中国特色社会主义事业的合格建设者和可靠接班人，这一目标与社会主义的前途和命运紧密相连。学校作为培养高素质人才的摇篮，也是推进素质教育的重要阵地。学校应全面贯彻党的教育方针，坚持育人为本、德育为先，充分发挥思政教育在学生全面发展中的主阵地、主课堂、主渠道作用。

培养什么人、怎样培养人、为谁培养人，这是素质教育的核心问题，也是所有教育工作的出发点和落脚点。思政课作为对学生进行思政教育的主阵地，承载着这一使命和重任。若思政课教育不到位，其他教育方向可能偏离，动力可能不足。因此，必须明确思政课在素质教育中的核心地位，充分发挥其灵魂作用，以真正回应学校立德树人的根本问题，确保我国高等教育的社会主义方向，为中国特色社会主义事业培养全面发展的高素质人才。

第二节 高校思政课实践教学与课堂教学的形式内涵

一、高校思政课实践教学

（一）高校思政课实践教学的含义

高校思政课既是培养德才兼备、全面发展人才的主渠道，也是传播社会主义核心价值观，塑造学生正确世界观、人生观和价值观的主阵地。[①]高校思政课实践教学是课堂教学的重要补充和深化，其核心在于通过设置实践环节，让学生在真实情境中加深对理论知识的理解，实现知行合一，从而全面落实思政教育目标。这一实践教学体系以思政课为基础，依托课堂实践、校园实

[①] 杨德志. 高校思政课实践教学评价机制探究[J]. 大众文艺, 2024（22）: 151-153.

践和社会实践等多维度途径，使学生在多层次、多领域的实践活动中提升理论认知，促进价值观塑造，最终达成自觉践行社会主义核心价值观的目标。

高校思政课实践教学的核心含义体现在多种教学形式的有机融合上，具体而言，涵盖课堂实践、校园实践与社会实践三大主要维度。课堂实践以思政课为依托，通过教师组织的专题讨论、案例分析、思想辨析等教学环节，使学生在理论讲授之外获得更深层次的思考，培养批判性思维和解决问题的能力，增强对理论知识的理解与应用能力。

校园实践通过丰富的校园文化活动、学生社团活动以及思政相关的校内调研等方式，引导学生在校园集体生活中强化责任意识和团队协作能力。高校思政课的校园实践教学强调以校园文化建设为载体，使学生在参与过程中深刻体会思政教育的现实意义，并在集体互动中内化正确的价值取向，从而实现理论向实践的有效转化。

社会实践拓宽了学生的社会视野，增强了理论学习的现实关联性。高校通过组织学生开展社会调研、志愿服务、基层实践等多种形式的实践活动，使学生在社会环境中感受理论的实践价值，深化对社会发展现状的理解，提升社会责任感和使命感。

（二）高校思政课实践教学的意义

1. 有利于培养高素质的技能型人才

高校思政课实践教学在高素质技能型人才的培养方面具有深远意义。通过实践教学，学生能够在真实的社会环境中深化对理论知识的理解，将马克思主义基本原理、思政理论与实际需求紧密结合，从而提升理论联系实际的能力，促进专业技能与思政素养的协调发展，提升综合素养。

高校思政课实践教学的开展，不仅能够强化学生的社会责任意识，还能引导其在多样化的实践活动中培养创新思维和解决问题的能力。这一过程使学生能够在面对复杂社会环境时，运用科学理论分析问题，并结合实践经验作出理性判断和合理决策，进而提升综合职业素养。思政课实践教学强调理论学习与实践探索相结合，使学生在实践中深化对社会主义核心价值观的认同，同时提升人文素养、法律素质和道德意识，为其未来职业生涯奠定坚实的思想和伦理基础。

高校思政课实践教学有助于培养具有团队合作精神和社会适应能力的高素质技能型人才。学生在实践过程中通过集体协作、任务分工等，能够不断提高组织协调能力，增强团队意识，培养积极向上的职业态度和高度的责任感。思政课实践教学不仅是思政教育的延伸，更是促进学生全面发展的重要手段，为社会输送既具备专业技能又具备较高思想素质的人才提供了有力支撑。

2. 提升思政课教师的教学水平

高校思政课实践教学不仅是学生深化理论认知、提高实践能力的重要环节，也是思政课教师提升教学水平、优化教学策略的关键途径。实践教学的深入开展，要求教师在教学理念、课程设计与教学方法上不断创新，以满足思政教育目标的现实需求，从而推动教学质量的持续提升。

高校思政课实践教学促使教师不断拓展知识体系，深化对理论与现实结合的理解。在实践教学过程中，教师需要密切关注社会发展动态，深入研究政策理论，并结合实际案例进行教学设计。这一过程不仅提升了教师的学术素养，还提高了其对理论的解释力和说服力，使教学内容更加贴近现实、富有针对性，进而增强思政课的吸引力和感染力。

高校思政课实践教学对教师的教学组织能力提出了更高的要求，推动教学方法的优化与创新。相较于传统课堂教学，实践教学强调理论与实际相结合，要求教师根据不同的实践场景灵活调整教学策略，并综合运用互动式、探究式等教学方法，使学生在实践体验中深化对理论的理解。这种教学方式的转变不仅提高了教师的课堂调控能力，还促进了教学模式的多样化和科学化。

高校思政课实践教学有助于增强思政课教师的教育责任感和育人意识。教师在实践教学过程中能够更加直观地观察学生的思想变化和成长轨迹，从而对教学内容和方式进行针对性的调整，确保思政教育的有效性。通过与学生的深度互动，教师能更精准地把握学生的思想特点，使教学更具针对性和实效性，从而真正实现思政课的育人目标。

3. 推动思政课的教学改革与创新

高校思政课的教学改革不仅涉及理论内容的优化，更涵盖了教学模式、方法和手段的全面革新。而实践教学的引入和深化为这一改革提供了切实可行的路径。通过实践教学，思政课能够更加紧密地贴合社会发展需求，使理论教学与现实问题相结合，进而推动思政教育内容的动态调整与持续优化。

高校思政课实践教学能够有效推动思政课教学模式的转变。传统思政课以理论讲授为主，难以充分调动学生参与，而实践教学的引入则促使教学方式从单向灌输向互动式、探究式、体验式转变。这种转变不仅提高了学生的学习兴趣，还促使教师不断探索新的教学方法，以适应新时代思政教育的需求，从而进一步提升课程的吸引力和感染力。

高校思政课实践教学的深化促进了教学内容的创新。在实践过程中，学生能够接触社会现实、观察社会现象，并结合所学理论进行深入思考。这促使课程内容不断更新和调整，以确保教学内容的时代性和针对性。这一过程推动了教学资源的动态优化，使课程能够始终与社会发展保持同步，从而提升教学的有效性和影响力。

高校思政课实践教学的实施为信息技术手段与思政教育的深度融合提供了契机。现代信息技术的运用，能够拓展思政课的实践空间，使虚拟实践、在线互动等新兴教学方式得到广泛应用，这推动了思政课教学手段的现代化，提高了课程的传播力和影响力。

（三）高校思政课实践教学的模式

高校思政课实践教学模式是理论与实践相结合的重要教学方式，其核心目标在于促进学生对马克思主义理论的理解与认同，使其内化为思想观念，并外化为实际行动。在当前高校思政课体系中，实践教学模式主要包括课堂实践教学、校园实践教学和社会实践教学。这三种模式相互支撑、相互补充，共同构成了高校思政课实践教学的整体框架，为学生提供了多维度的思政教育体验。

1. 课堂实践教学模式

课堂实践教学模式通过创新教学方式，推动学生在实践中深化对学科知识的理解与应用。该模式注重理论与实践的结合，不仅要求学生掌握理论知识，还要求学生能够在实际情境中灵活运用。教师通过设计与课程内容紧密相关的实践活动，使学生在实践中获得认知提升，同时激发学习积极性和主动性。

（1）提升学生的实践能力与问题解决能力

在传统的思政课教学模式中，学生主要通过听讲和记忆来掌握知识。而课堂实践模式则通过情境模拟、角色扮演等形式，让学生在具体实践过程中，能够运用所学理论知识分析和解决实际问题。这种教学方式促进了学生思维的活跃性，增强了其将抽象理论转化为实际操作能力的信心。

（2）强化师生之间的互动交流

在传统思政课教学中，教师往往扮演单向传授知识的角色。而课堂实践模式则为学生提供了更多互动机会。通过讨论、辩论等形式，学生可以在课堂上充分表达自己的见解，教师也能在此过程中更好地了解学生的学习需求与思维方式。这种互动不仅促进了教师对学生思想动态的精准把握，还为教师调整教学内容与方法提供了依据，从而提高了教学的针对性与有效性。

（3）培养学生的团队协作精神和集体责任感

在合作性较强的实践活动中，学生需要与同伴共同完成任务。这不仅考验其个人能力，也锻炼了其在团队中的沟通与协调能力。团队合作的经验让学生在实际情境中学会分工与协作，从而提升其社会适应能力，为未来的职业发展奠定坚实的基础。

2. 校园实践教学模式

校园实践教学模式通过充分利用高校的文化氛围与组织体系，为学生提供丰富的实践体验，从而促进学生的全面发展。该模式通过组织各种形式的校园文化活动、主题教育实践以及志愿服务等，引导学生将所学的理论知识应用于具体社会实践中，实现理论与实践的有机结合。

（1）促进学生思维方式的转变，增强社会责任感

在思政课堂教学中，学生通常侧重于理论学习。而校园实践教学通过实际参与校园活动，学生能够在真实的情境中思考和处理问题。在这一过程中，学生不仅能够加深对理论知识的理解，还能够提升自己的综合素质，特别是在团队协作、问题解决等方面的能力。同时，参与志愿服务等社会实践显著增强了学生的集体意识、责任意识以及社会担当。这些都为他们个人成长与社会适应能力的提升奠定了坚实的基础。

（2）丰富思政教育的内涵与形式

传统的思政课教学理论性较强，学生的参与感较弱。而通过校园实践活动，思政教育得以拓展，学生能够在实践中直接感知并体会思政理念的深刻意义。通过组织学生参与和社会责任相关的实践活动，教师能够更好地引导学生将思政理论与个人行为、社会责任紧密结合，使思政教育更具有现实意义与感染力。

（3）挖掘高校现有资源，提升思政教育的实效性

高校作为资源集中地，拥有丰富的文化背景、组织平台和实践场所，这为开展校园实践教学提供了得天独厚的条件。通过整合这些资源，高校可以

根据学生的兴趣与发展需求设计贴合实际的实践项目，使思政教育更具针对性和实效性。同时，这一模式还能激发学生对学科知识的兴趣，增强他们主动参与的意识，促进其综合能力提升。

3. 社会实践教学模式

社会实践教学模式通过将学生置于社会实际环境中，使其不仅能加深对学科理论的理解，还能更好地认识社会、理解国家政策和人民需求。这一模式通过组织社会调研、志愿服务、岗位实习等多样化的实践活动，为学生提供与社会直接对接的学习平台，从而促进学生社会责任感与时代使命感的增强。

（1）帮助学生理解马克思主义理论及其应用价值

在实践中，学生在参与调研和社会服务时，能够直接接触到社会的多元化现象，亲身体验国家政策和社会发展的具体实施。这一过程不仅加深了学生对国家发展战略和社会需求的理解，还使学生能够在实际情境中检验和应用马克思主义的基本理论，促进理论与实践的紧密结合。

（2）培养学生的独立思考与实际应用能力

在社会调研或岗位实习等活动中，学生面对的往往是复杂的社会现象和多变的实际问题。这要求学生不仅要运用所学的理论知识进行分析，还需根据实际情况灵活调整思路，提出解决方案。在这一过程中，学生的独立思考能力和创新能力得到了锻炼，同时，学生对知识的应用能力和实践能力也得到了显著提升。这种能力的培养对学生未来进入社会后适应工作环境、解决实际问题具有重要意义。

（3）促进思政理论教学与社会实际需求的紧密结合

在传统的思政课教学中，理论往往处于相对抽象的层面。而社会实践教学通过实践活动，能够将这些理论转化为具体的行动指导。学生在参与社会实践的过程中，不仅能够将思政理论与实际需求对接，还能通过亲身体验，深刻认识到自己的社会责任与时代使命。这种结合不仅提高了思政教育的实效性，还增强了学生的社会参与感和历史使命感。

二、高校思政课堂教学及其形式

高校思政课堂教学通过科学合理的教学设计，助力学生在理论学习的基础上实现深度理解与内化，运用问题导向、情境创设、案例分析等方式，激发学生的思维活力，提高课堂教学的吸引力和针对性。思政课堂教学不仅承担着传授知识的任务,更肩负着价值引领的职责,通过精准安排教学内容,使学生在潜移默化中提升政治认同、思想觉悟和理论素养。同时,科学合理的课堂教学组织形式有助于学生有效克服理论课程的枯燥感,使思政课成为充满思想启发与实践意义的课程,进而推动高校思政教育的高质量发展。

(一)焦点讨论

焦点讨论通过引入当前国内外热点问题,引导学生在讨论中深化认知、拓展思维,培养独立思考和理性分析的能力。焦点讨论的核心价值在于精准选取具有社会关注度和时代意义的问题,使学生能够在课堂中直面现实挑战,并在师生互动中提升思维深度和认知广度。

焦点讨论的"焦点"主要体现在议题的现实性与课堂讨论的核心性两个方面:一方面,所讨论的问题需具备广泛的社会关注度,能够引发学生的兴趣和思考,促使其自发参与讨论,并通过多角度分析加深对相关议题的理解;另一方面,焦点讨论不仅是课堂教学的补充形式,更应成为教学的核心环节之一。有针对性的讨论可以培养学生对社会现象的批判性思维能力,使他们在交流碰撞中学会理性表达观点,提高逻辑推理能力。

焦点讨论作为思政课教学的重要组成部分,其核心目标不仅在于让学生掌握具体的知识,更在于提升其思辨能力、社会责任意识和全球视野。通过科学合理的组织与引导,焦点讨论能够有效提高学生的思维敏锐度和理性分析能力,使他们在未来面对复杂社会问题时具备更强的判断力和行动力。

1. 焦点讨论的设计思路

焦点讨论的设计思路在高校思政课程的课堂教学中占据着重要地位。该教学环节的核心在于通过对社会热点问题的深入探讨,引导学生理解问题的本质及其在不同社会情境中的适用性。为了确保焦点讨论的有效性,其设计应围绕选题目的、实践要求与活动评价三方面展开,确保讨论内容具有现实针对性、分析过程符合学理要求、评价体系具备客观性,以实现课程目标。

(1)焦点讨论的选题目的

在选题方面,焦点讨论应紧扣教学目标,围绕社会关注度高、价值导向明确的热点事件展开,促使学生在讨论中深化对理论知识的理解。焦点讨论的选题应具有典型性,涵盖个人、社会及国家等多个层面,使学生在分析具体事件时形成较为全面的思想认知。

此外,选题还应具备时代特征,关注社会发展过程中涌现的热点议题,引导学生以理性态度分析事件的思政含义，并结合自身成长环境及社会责任进行思考。通过这样的选题设计，焦点讨论不仅能够提升学生对社会时事问题的敏感度，还能强化其对自身实践行为的约束。

（2）焦点讨论的实践要求

在实践方面，焦点讨论的组织形式应以小组合作方式展开，促进学生之间的思维碰撞与观点交流。讨论前，思政课教师应要求学生查阅相关资料，全面了解事件背景、社会舆论导向及多角度分析视角，确保讨论内容的客观性与深度。在讨论过程中，思政课教师不仅是组织者，更是引导者，应适时介入，确保讨论围绕焦点展开，避免偏离主题或陷入情绪化争论。同时，思政课教师应引导学生运用思政课程中的相关理论，对焦点事件进行理性分析，使学生能够从政治、经济、法律、社会责任等不同角度理解马克思主义理论的实用性。此外，为了提升讨论的学术性，学生应在讨论结束后形成文字报告，总结讨论成果，并阐述个人观点，以培养其逻辑思维能力及学术表达能力。

（3）焦点讨论的活动评价

在评价方面，焦点讨论的评价机制应具备科学性与公正性，既要关注学生的讨论表现，也要考查其对马克思主义理论的理解与运用能力。评价主体由教师与学生共同构成，学生评委通过民主推选的方式产生，以确保评价过程的公平性。评价指标包括讨论是否紧扣焦点事件、核心观点的正确性、讨论过程中的礼仪规范以及学生对思政课程知识的运用情况。在评分标准上，应侧重学生的分析深度、论证逻辑及表达能力，以全面反映他们的思维能力与是非判断能力。此外，思政课教师可在评价环节对学生的讨论成果进行反馈，肯定其合理观点，并针对不足之处给予指导，从而帮助学生不断提升思辨能力与思想素养。

2. 焦点讨论的注意事项

焦点讨论在实施过程中需要注重多方面因素，以确保实现教学目标，提升学生的思辨能力和道德认知水平。该环节的设计应充分考虑焦点事件的选取、讨论过程的组织、课堂时间的管理、讨论规范的遵循以及小组协作的有效性，从而提升教学效果并引导学生形成积极向上的价值观。

（1）焦点讨论的选题应符合教学目标，具有现实针对性

焦点讨论所选事件应与思政教育内容高度契合，能够引发学生的现实思考，同时具备广泛的社会关注度，便于学生理解和参与讨论。在选题时，应

避免选择过于偏激或过度敏感的事件，以防止讨论过程中出现不必要的情绪对立或偏见。焦点事件的选取还应符合学生的认知特点，使他们能够通过分析和讨论，深化对事件背后实质问题及深层次原因的理解，提升他们在现实生活中的实践能力。

（2）在焦点讨论的组织过程中，应注重教学引导

思政课教师在主持讨论时，不应仅停留在事件本身的描述，而应引导学生深入剖析其背后的道德原则、法律依据及社会影响，帮助学生形成更加理性和全面的认知。同时，思政课教师应避免讨论过程中出现极端化、片面化的观点，鼓励学生在充分尊重事实的基础上，理性表达个人见解，培养其批判性思维和逻辑分析能力。此外，讨论过程中不可避免地会涉及一些消极或负面的社会现象，思政课教师应采取积极的引导方式，使学生能够客观看待问题，通过反思促进自身思想观念的提升。

（3）合理安排焦点讨论的时间

焦点讨论作为课堂教学的组成部分，应服从整体教学目标，既要保证学生在讨论环节中充分表达观点、思考问题，又要避免讨论时间过长影响其他教学内容的推进。因此，思政课教师应合理规划课堂时间，使讨论环节既能充分发挥作用，又不至于影响课程的系统性与完整性。在讨论前，可设定明确的时间框架，并根据课堂情况灵活调整，以确保教学内容的连贯性和层次性。

（4）焦点讨论应遵循讨论规则，基于事实展开

学生在讨论过程中，应遵守学术讨论的基本规范，保持理性、客观、公正的态度，避免情绪化表达、人身攻击或无关话题的讨论。焦点讨论的目的不仅是分析特定事件，更是通过具体事件的讨论，使学生掌握普遍适用的基本理论。因此，在讨论过程中，学生应做到就事论事，基于事实进行分析，同时能够结合现实生活，探讨类似的社会现象，以增强理论认知的普遍适用性。

（5）注重小组协作的科学性和公正性

在分组讨论阶段，学生应充分发挥集体智慧，确保每个成员都有机会参与发言，表达见解，避免个别成员垄断话语权或影响整体讨论氛围。小组内部讨论的成果应经过充分整理，由代表在班级讨论中加以总结和陈述。在这一过程中，应确保小组代表的观点能够反映整个小组的集体意见，而非单一成员的个人见解，从而提高讨论的科学性和公正性。

（二）课堂辩论

课堂辩论是一种将辩论与教学有机结合、促使学生深度参与课堂的教学方式。引入课堂辩论教学法，是新时代发挥思政课立德树人作用的必然要求，契合马克思主义理论精神、符合思想政治教育基本规律，有助于促进学生的全面发展。①

课堂辩论通过合理设置辩题，教师能够引导学生围绕某一主题展开深入探讨，从而激发学生的思考力和批判性思维。辩论不仅是观点的表达，更是对学生多方面能力的综合锻炼。在这一过程中，学生需根据辩论议题广泛搜集资料，深入分析相关论据，培养信息检索与整合的能力。此外，辩论中的团队合作也尤为重要，学生不仅要在辩论中展现个人观点，还要与团队成员有效配合，协调各自的发言，从而确保论证的系统性和完整性。

课堂辩论要求学生在短时间内快速反应，保持高度注意力集中。面对对方辩手的观点，学生需敏锐地捕捉其逻辑漏洞或论据的不足，并通过有理有据的反驳进行回应。这一过程不仅能提高学生的应变能力，还能提升他们在真实情境中的逻辑思维能力和语言表达能力。辩论中应注重礼仪，这不仅有助于学生在学术交流中秉持理性和尊重，还有助于培养他们良好的沟通技巧。

1. 课堂辩论的优势

课堂辩论作为思政课中的一种重要实践教学方式，凭借其独特优势，已成为众多高校培养学生综合素质的有效途径。在实践中，课堂辩论具有明显的针对性、可操作性和实效性，能够有效促进学生的思政教育。

（1）针对性显著

课堂辩论具有较高的针对性，通过精心设计的辩题，辩论活动能够与教学内容深度契合，从而有效推动教学目标的实现。与传统的单向知识传授方式不同，课堂辩论通过学生之间的互动，促使他们在思辨中探究问题的多维面貌，加深对教学内容的理解和内化。这种辩题的设置不仅具有时代性，还能够根据课程的特点和学生的认知水平量身定制，确保教学内容在辩论过程中得到充分的展示和探讨。

---

① 唐雨菲. 高校思政课教学中的"课堂辩论"[J]. 北京教育（德育），2024（3）：81-85.

辩论的针对性体现在其能够引导学生从多角度审视问题，进而深化对理论知识的理解。在辩论过程中，学生不仅表达自己的观点，更在思考、辩证与论证中，激发对学术内容的深层次认知。通过这种针对性的辩论活动，学生可以在理论的框架下探索更广泛的现实问题与社会现象，实现知识与现实的有机结合。

课堂辩论的针对性还体现在培养学生的批判性思维和独立思考能力方面。在辩论中，学生不仅要理解并掌握已有的知识，还要学会在理论和实践中辨别是非，评估不同观点的优劣。这种思维训练有助于学生在面对复杂的社会问题时作出更加理性和全面的判断，从而形成更加成熟的价值观和人生观。

（2）可操作性强

辩论的可操作性强，使学生能够在实际互动中主动进行课题准备，深入理解所涉及的理论和实践问题。在辩论准备阶段，学生需要系统地收集信息、整理观点、分析证据，这一过程既提升了学生的学术研究能力，又培养了其批判性思维。同时，辩论的互动性促使学生在思维碰撞中形成多元认知，这种认知的多元化为学生带来了更为深刻的知识体验。

辩论的可操作性还体现在对学生综合能力的培养上。辩论不仅是知识的传递，更是能力的训练。通过辩论，学生的语言表达能力、思维反应能力以及合作协调能力得到充分锻炼。在这一过程中，学生不仅需要清晰表达自己的观点，还要迅速反应并有效应对对方的论点，进而培养了其应变能力和批判性思维。此外，辩论活动通常要求学生在团队中合作，从而推动学生在合作中提升沟通与协作能力。

（3）实效性强

课堂辩论的实效性体现在其通过互动与思辨的过程，有效促进学生多方面能力的发展。在辩论实践中，学生不仅能提高批判性思维和逻辑推理能力，还能在不断论证与反思中提升理论与实际相结合的能力。这种基于实践的学习方式，使学生能更好地理解和运用所学知识。尤其在思政教育中，辩论为学生提供了一个有利的平台，用于深化理论理解和认同。

辩论活动具有高度的互动性，这种互动性促使学生持续参与辩论过程，激发其主动思考。通过与同伴的观点碰撞，学生能够从不同视角审视问题，不断推敲和完善自己的论点。这种积极参与不仅能提高学生的论证能力，还能帮助学生在与他人思想的交流中内化知识并深化理解。辩论要求学生充分准备、深刻思考，这一过程大大促进了学生对思政理论的深入掌握和应用。

辩论的实效性还体现在其对学生政治素质的提升上。通过辩论，学生不再仅仅是对理论进行机械记忆，而是将理论付诸实践。这一过程有助于学生形成更加坚定的理论认同，并在思想层面形成更加清晰的价值判断。辩论活动促进了学生政治理论的深度理解，使他们能够在现实中更加自觉地运用思政理论，树立正确的世界观、人生观、价值观。

2. 课堂辩论的设计思路

课堂辩论作为思政课中一种独特的教学形式，其设计思路不仅蕴含深刻的教育意义，而且在实施过程中能够助力学生深化对重要社会问题的理解，培养他们的批判性思维、表达能力以及团队合作精神。

（1）选题目的的设定

在思政课中，辩题的选择是教学设计的核心之一，辩题的针对性直接关乎学生的学习效果与深度。选题应当紧扣社会热点、政治理论或历史事件，具备较强的思辨性和争议性。选取具有争议性的辩题，能够引导学生深入思考并分析不同观点，进而促使他们在理性讨论中修正并提升自己的价值观。例如，涉及改革开放、社会主义核心价值观、国家治理等方面的辩题，既能触及学生日常生活中的实际问题，又能引导他们在理论层面深化对国家发展和社会变革的理解。辩题应具有启发性，既能激发学生的思考，又能帮助他们构建更加全面和理性的世界观。

（2）实践要求的设计

辩论活动的有效开展离不开精心的组织与安排。辩论团队的组建是辩论活动的基础，团队成员的协作与配合对辩论水平起着至关重要的作用。在组织团队时，应当根据班级结构合理分配资源，确保每个团队成员都能充分发挥自己的优势，并在辩论中形成有效的互动。辩论团队的成员通常包括主辩手、副辩手及辅助人员，合理的分工不仅能够提高团队的协作效率，还能保证辩论的顺利进行。

辩论的准备阶段同样重要。在辩论前，学生需要广泛搜集资料，学习辩论技巧，并组织内部模拟辩论。这个过程不仅可以增强学生的资料整合能力和逻辑思维能力，还能帮助他们在实际辩论中更加自信、高效地表达观点。在此阶段教师应当给予适当的指导和支持，帮助学生理解辩论的规则和技巧，确保他们能够在辩论中更好地展现自己的观点。

（3）辩论过程的实施

辩论的实施阶段涉及辩论的言辞表达、逻辑推理和反驳能力等多个方面。

辩论活动要求辩手注意力高度集中、快速反应，能够根据对方的观点及时做出回应，并凭借有力的论据进行反驳。在此过程中，辩论的礼仪尤为重要，辩手应当做到尊重对方、理性辩论，避免情绪化的言辞与不尊重他人的行为，这有助于营造理性、平和的辩论氛围。

辩论中的语言表达强调清晰、有条理，辩手必须通过严密的论证结构来支持自己的立场。在辩论过程中，思政课教师应当扮演引导者的角色，维护课堂的秩序与纪律，及时纠正辩论中偏离主题的行为。同时，思政课教师还应关注学生在辩论中展现出的思辨能力和逻辑思维能力，通过观察学生的表现，为后续的教学提供反馈。

（4）辩后总结与评价

辩论活动结束后，辩论总结环节同样至关重要。通过对辩论过程的回顾与分析，思政课教师能够帮助学生明确辩论中的优缺点，并引导他们对自己的观点进行深刻的反思与修正。在辩后总结中，思政课教师应关注学生在辩论中的表现，特别是他们的思维深度、语言表达、论证结构和反应能力等方面，帮助学生从中汲取经验，进一步提升批判性思维和问题解决能力。

评价不仅是对学生表现的反馈，也是教学质量评估的重要依据。辩论活动的评价应当综合考虑多个方面，包括辩论内容的深度、论据的充分性、思维的条理性以及辩论技巧的运用等。评价的主体不仅包括教师，还应当引入学生评委参与，鼓励学生开展自我评价和相互评价，这有助于激发学生的学习动力，促进学生之间的互动与交流。

（5）辩论活动的教育意义

课堂辩论通过提升学生的批判性思维与表达能力，助力他们在理性辩论中形成更为深刻、全面的价值观。在信息爆炸的当下，辩论为学生提供了一个良好的平台，让他们能够接触多元化的观点和思维方式，帮助他们在纷繁复杂的信息中做出独立、理性的判断。通过辩论，学生不仅能够培养自我反思和批判的意识，还能学会如何在团队合作中充分发挥自己的价值，提升人际沟通与协作的能力。

（三）角色扮演

角色扮演通过设计具体的情境，让学生模拟不同角色的身份和行为，亲身体验并理解各类社会现象、伦理道德及法律规则。这种教学形式能够促使学生对复杂的社会伦理问题进行多角度思考。在模拟不同角色时，学生需要站在他人的立场思考问题，这不仅有助于培养其换位思考的能力，还能帮助他们理解不同社会角色和个体背后的情感与动机。通过这一过程，学生能更全面、客观地看待问题，减少因片面认知而产生的偏见或误解，从而对相关问题形成科学且理性的认知。

角色扮演的情境设计通常具备较强的现实感和情境代入感，这使学生能够在模拟过程中真切感知所扮演角色的内心世界和行为选择。这种身临其境的体验，有助于学生更好地理解他人的行为动机以及不同选择背后的道德判断，使其在未来的社会交往中更具同理心和责任感。同时，角色扮演还能引导学生从具体情境中提炼出普适的价值观和行为规范，树立健康的社会行为模式和法律意识。

1. 角色扮演在思政课堂中的必要性

在思政课堂中，角色扮演的价值不仅体现在教学过程的互动性和实践性上，还在于其能够有效促进学生对社会主义核心价值观的认同与内化。作为一项重要的教学方法，角色扮演在思政课堂中的应用，既是教学模式创新的体现，也是实现教学目标、提升学生综合素养的必然要求。

（1）增强学生的批判性思维与社会责任感

在传统的教学模式下，学生往往处于被动接受知识的状态，而角色扮演打破了这一局限，转变了学生的学习方式。在模拟不同角色的过程中，学生需要从多个维度主动思考问题，并在决策和行为中体现责任与担当。在角色扮演中面对实际问题与伦理的抉择，不仅有助于学生培养更加成熟的价值判断力，还能在实践中培养他们的批判性思维，使他们学会从不同角度审视问题，形成独立的思考方式。

（2）促进学生团队合作精神与沟通协调能力的培养

在实际角色扮演活动中，学生通常需要与其他同学共同完成任务或解决问题，这不仅要求学生具备较强的沟通与协作能力，还能帮助他们在互动中增强集体意识和集体责任感。在这一过程中，学生的社会交往能力、团队协作能力以及领导力都能得到有效的锻炼，这对于他们未来步入社会、适应团队合作和社会化环境起着积极的推动作用。

（3）深化思政课教师的教学方法与理论素养

思政课教师在组织和引导角色扮演活动时，必须具备充分的教学设计能力和敏锐的教育洞察力。通过精心设计情境和角色，思政课教师能够将抽象的价值观念和理论知识融入实践教学中，使其更贴近学生的实际生活与心理需求。这就要求思政课教师不仅要具备深厚的理论功底，还要具备创新意识和实践能力。

（4）强化思政课的情感教育功能

思政教育不仅是知识的传授，更注重学生情感的培养与价值观的塑造。在角色扮演过程中，学生通过身临其境的体验，能够与所扮演角色的情感和心理产生共鸣，从而加深对他人立场与行为动机的理解。这种情感的共振，能够帮助学生增强同理心，提升他们社会责任感与公民意识。通过与他人的情感和思想碰撞，学生在价值观认同上得到进一步升华，使社会主义核心价值观在他们的内心深处生根发芽。

（5）增强思政课堂教学的现实感与代入感

在思政教育中，许多理论知识与核心价值观具有一定的抽象性，这种抽象性常常导致学生难以在实际生活中充分理解和应用。而角色扮演通过具体的情境模拟，将理论与实践紧密结合，使学生能够在模拟的情境中"亲身体验"不同角色的感受与思维方式，从而更深刻地理解和领悟相关的思想道德观念与法律规则。

2. 角色扮演的设计思路

角色扮演的核心在于通过模拟不同情境，让学生扮演不同的角色，进而引导学生从多角度、多维度思考问题，并在实践中加深对道德、法律以及社会责任等重要观念的理解。在思政课程中，角色扮演的设计不仅是教学内容的拓展，更是对学生综合素养培养的深化。

（1）紧密贴合教学目标和学生的实际需求

在思政课堂教学中，尤其是在涉及核心理论内容时，思政课教师需要精心设计，引导学生从不同的角色出发，思考并体验人际交往、社会互动以及道德判断的多样性。通过角色扮演，学生能够置身于假想的情境，扮演社会中的各类角色，从而在实践中体验与他人互动的多种可能性。

（2）注重情境的真实感和互动性

情境的设计应尽量贴近现实，尤其是在处理与人际关系、社会责任以及个人道德相关的教学内容时，要让学生能够在活动中真切感受各种角色所经历的情感冲突与道德抉择。具体来说，角色扮演的设计应包括角色身份、情节背景以及具体任务的详细规划，使学生在有限的时间内能够全身心投入，既能扮演角色，又能思考角色的行为动机和决策背后的价值取向。此外，角色扮演还应注重不同角色之间的互动与冲突，通过多方角色的参与，让学生在协作与对抗中更深刻地理解社会互动的复杂性与多样性。

（3）考虑学生的专业背景与兴趣点

在活动设计过程中，角色扮演需考虑学生的专业背景与兴趣点，使角色扮演与学生的专业知识和生活经验相结合。这不仅能提高学生参与的积极性，还能增强角色扮演活动的教育实效性。通过将学生所学的专业知识与思政课内容有机结合，思政课教师可以帮助学生在实际情境中发现理论与实践之间的联系。例如，法律专业的学生可以通过模拟法庭情境，深刻体会法律与道德之间的微妙关系，并反思自己未来职业生涯中的责任和担当。通过这种方式，学生不仅能学到课外的知识，还能通过角色扮演活动理解这些知识在实际生活中的应用和重要性。

（4）实施多元化的评价机制

评价不仅是对学生在角色扮演过程中的表现进行打分，更重要的是通过评价引导学生深入思考自己的行为与思维方式。评价主体应当包括教师、学生以及其他参与者的多维度反馈。思政课教师作为评价核心，其评价标准应聚焦于学生是否真实地扮演了角色、是否能够充分展现角色的思维方式与行为动机、是否能够准确理解角色的情感与道德取向等方面。同时，学生之间的互评也至关重要，参与评价的学生可以从旁观者的角度对角色扮演过程中的表现进行客观分析，这不仅能够帮助角色扮演者反思自己的表现，还能促使其他学生从不同视角理解和反思问题。

3. 角色扮演的注意事项

角色扮演的成功与否高度取决于学生对所扮演角色的理解和内化，因此，学生在扮演过程中必须深刻揣摩角色的心理状态。这一过程要求学生不仅要理解角色的外在行为，还要从角色的内心世界出发，探索其行为动机与情感波动。为了达到这一点，思政课教师应引导学生在准备阶段进行充分的思考和分析，帮助他们深入把握角色面临的情境和挑战，从而在表演中实现情感的自然流露与行为的精准还原。

角色扮演不仅是对角色行为的表演，更重要的是要展现角色在特定情境中的内在逻辑和情感反应。学生需要将所扮演角色的言行演绎得更加逼真、具体且富有层次感。思政课教师在设计角色扮演活动时，应充分考虑不同角色所处的社会、文化和历史背景，确保每个角色的言行均具有合理性和真实性。同时，思政课教师应防止让学生的表演脱离情境或过度夸张，避免学生对角色特质形成表面化理解，这不仅会削弱角色的教育意义，还可能导致学生对角色本身产生误解，从而影响整体课堂的教学效果。

角色扮演活动必须紧密结合思政课堂的教学内容。思政课教师在设计角色扮演活动时，应当确保其内容与课堂的教学目标和主题高度契合。在角色扮演过程中，思政课教师应适时提醒学生关注教学重点，确保角色扮演的情节和表现能够促进学生对思政课中所涉及的核心理念、价值观和道德观的理解和认同。通过这种方式，学生不仅能够通过角色的角度深化对思政课内容的认知，还能通过亲身体验和情感认同加深对理论知识的内化与实际应用。

对于思政课教师而言，角色扮演活动的效果不仅取决于学生的表演质量，还很大程度上受到课堂氛围和学生参与度的影响。思政课教师需要有效引导课堂节奏，确保学生能够集中注意力并积极参与其中。教师的职责不仅在于指导学生的表演，还在于通过精准的课堂管理调动学生的情感和思维，避免学生因缺乏兴趣或理解不到位而对角色扮演产生抵触情绪。此外，思政课教师还需根据教学目标的要求，合理设计评价机制和反馈环节，以便对学生的表现进行及时和有效的评价，从而进一步优化角色扮演活动的设计。

（四）思政课堂分享会

思政课堂分享会致力于促进学生对思政课内容的深度理解与实际应用。通过这种形式，学生不仅能够展示自己在课外阅读、影视观赏或社会实践中的收获，还能在分享过程中锻炼表达能力与思辨能力。思政课教师通过定期组织分享会，能够及时把握学生的思想动态，了解他们关注的热点问题，从而为课堂教学提供更具针对性和时效性的素材。

分享会的实施，不仅能引导学生对日常接触的碎片化信息进行整理和思考，还能培养学生的批判性思维。每次分享前，学生需对分享的内容进行深入分析和反思，这一过程本身就是思政教育的有效延伸。通过不断的分享和反思，学生逐渐养成思考的习惯，能够更加敏锐地观察社会现象，思考人性、道德与法律等社会价值问题，提升其综合素质和社会责任感。分享会的频繁开展，有助于学生树立自主学习和终身学习的意识。学生通过分享和倾听，能够从集体智慧中获得启发，推动个体思维的升华，进而形成更加健全的世界观与价值观。

1. 思政课堂分享会的设计思路

思政课堂分享会的设计思路在于通过创新的教学方式，使学生在思政教育中实现从理论到实践的深度转化。在这一设计框架下，分享会不仅是教学活动的一部分，更是促进学生全面发展的有效平台。其核心在于通过学生自主分享生活中的所见所闻，结合课堂内容，激发思考，帮助学生树立正确的世界观、人生观、价值观，进而提升思政课的教学效果。

（1）将教学内容与学生兴趣相结合

分享会的设计必须考虑教学内容与学生兴趣之间的紧密联系。分享会作为重要环节，能够有效促进学生对人生、社会、世界的多维理解。在思政课学习中，学生不再是知识的被动接受者，而是通过分享自己生活中的所感所想，将课堂知识与个人经历相结合，从而增强理论学习的实践意义。通过这种方式，学生能够在交流中相互启发，碰撞出思想的火花，深化对人生、社会及个人价值的理解。

（2）注重实践活动的多元性与开放性

分享会的内容不拘泥于某一固定形式，可以包括书籍、影视作品、新闻事件、个人经历等多种素材，但所有这些素材的分享都必须围绕思政课的主题展开，力求在表达个体体验和感悟的同时，与课堂所学内容有效结合。这种灵活多样的形式，既能引发学生对社会现象的关注，又能培养学生独立思考的能力。

（3）注重学生自主性和参与感

实践活动的实施方案应当以学生为主体，思政课教师作为引导者和支持者。在具体操作上，教师应根据班级规模合理安排每次分享的学生数量，并提前一周通知参与者，让学生有充分的时间准备。通过这种方式，学生能够在分享之前对自己的内容进行深入的思考和梳理，使分享的内容更加充实和有深度。同时，也避免了分享环节的仓促和随意性，使得每个学生都能在充分准备的情况下展示自己，增强课堂活动的互动性与参与感。

（4）全面考量学生的能力

分享会的评价体系需要全面考量学生能力。除了对分享内容的时代性与启发性进行评价外，评价指标还应包括学生语言表达的清晰度、PPT制作的质量、媒体技术的运用等方面。教师与学生共同担任评价主体，可以使评价过程更加客观与公正，评价标准则侧重于内容的创新性、深度以及学生的理论分析能力。在这一过程中，教师不仅要关注学生的课堂表现，还应重视学生在思政课中的知识掌握情况及综合素质发展。

2. 思政课堂分享会的注意事项

思政课堂分享会的成功举办不仅依赖于学生的主动参与，还需遵循一定的组织原则和注意事项，以确保活动的有效性与教学目的的实现。为了达到最佳教学效果，教师在设计与实施分享会时，应从多个方面予以关注，确保分享内容的质量、参与者的积极性以及分享环节的深度和互动性。

分享会的准备工作至关重要。为了确保学生能够充分展示自己的观点和思考，教师应提前一周通知学生准备相关内容，避免课堂上的即兴分享，这样的安排能够保障学生有足够的时间进行思考并整理自己的分享材料。在准备过程中，学生应着重选择与课程内容紧密相关的主题，内容应真实、切合实际。真实的个人经历或亲身感悟能更好地激发学生的参与热情，使分享会更具深度与感染力。在此基础上，学生还需结合课堂所学理论对分享内容进行深入分析，从理论与实践相结合的角度进行阐述。

分享会的组织与评价需具备充分的互动性。分享会的核心在于信息的交流与互动，因此，思政课教师在安排活动时，应确保每位参与者都能获得有效的反馈和交流机会。如果分享会仅仅是单向的分享，缺乏反馈机制，学生可能会逐渐失去分享的兴趣，甚至将分享视为一种负担。为此，思政课教师在组织分享会时，必须设计合理的评价和互动环节，可以包括同学间的相互点评与教师的专业指导。

分享会应赋予学生一定的仪式感，以提高其对活动的重视程度。学生在准备分享内容时应认真、专业，精心挑选分享主题并制作相关的展示材料，如PPT或视频。思政课教师应鼓励学生采用多样的形式展示自己的思考成果，如运用多媒体技术辅助表达，以调动学生的创新性与表达能力。此外，思政课教师可以通过记录和展示学生的分享内容，激发学生在分享过程中的积极性和责任感。

分享会的内容应注重多元性与广度，鼓励学生从不同的视角分析社会现象与人生观、价值观的多样性。通过分享不同的人生经历与社会观察，学生不仅能够拓宽自己的视野，还能深刻理解社会多元化的现实。同时，思政课教师要引导学生对分享的内容进行理论性分析，助力他们从更高层次思考如何树立正确的价值观和人生观。在这一过程中，思政课教师应关注学生对不同人生观、价值观的理解，帮助学生树立社会责任感，引导他们理性看待社会中的各类观点与行为，从而塑造学生健康、积极的世界观与人生观。

(五)专题讲座

专题讲座通常围绕某一具体热点或难点问题展开,邀请具备专业背景和学术造诣的专家学者或拥有深厚研究经验的教师,为学生提供系统且深入的讲解。专题讲座的设计多依据学生的兴趣和需求,主题内容紧跟社会热点问题或者普遍存在的社会难题。通过专家学者的讲解,学生能够获得更为详尽的知识,填补传统课堂教学中因时间限制而未能深入探讨的知识空白。这一过程不仅涵盖理论知识的传授,还包括对当前社会现象、政策变动和学科前沿理论的解读。借助专家的视角,学生可以从更深层次、更专业的角度理解社会问题的本质及其发展趋势,进而培养批判性思维和创新性思维。通过专题讲座,思政课的教学不仅在形式上更加多样化,在内容上也得到了更深层次的丰富和拓展。它推动理论与实践相结合,提升了学生的学术素养、社会责任感以及思想政治觉悟。

1.专题讲座的设计思路

专题讲座作为课堂教学的重要形式,具有弥补传统教学方式局限性的独特优势。在思政课中,专题讲座通过对特定问题或知识点的深入讲解,能够帮助学生更全面、系统地理解和掌握相关理论,增强其对当下社会现象的认知和分析能力。与传统课堂教学相比,专题讲座不仅拓展了教学内容,还提供了一个更为灵活、互动的学习平台。

(1)基于明确的教学目的和教育目标

专题讲座的选题必须具备高度的时代性和学术性,能够紧密结合当前社会热点和学生关注的焦点问题。同时,选题内容应当与思政课的教学大纲相契合,尤其是课堂上难以深入讲解的内容,如社会发展中的重要理论问题、政策变化的背后逻辑等。通过专题讲座,学生不仅能够对特定问题或现象进行深刻分析,还能借助专家视角,了解和把握学科的前沿理论,进而培养批判性思维和解决实际问题的能力。因此,专题讲座的选题要充分考虑学生的认知需求和思维发展,确保内容既具深度又具广度,从而促进学生在知识体系和思想认识上的全面提升。

(2)注重系统性和逻辑性

每一场专题讲座的实施,都应当从全局出发,对相关问题进行深入剖析。在具体的教学过程中,应采用循序渐进、由浅入深的方式,帮助学生从理论到实践、从历史到现实,逐步建立对问题的全面理解。例如,在思政课中涉及"生态文明建设"这一主题时，讲座的设计不仅要讲解生态文明的起源、内涵和意义，还要着重强调其在当代中国社会发展的战略地位及实践路径。这要求教师在讲解时，既要涵盖该主题的历史背景，也要展示其在当前中国发展中的具体应用，确保学生对该主题有全方位认知。

（3）确保信息传递的层次性和逻辑性

通常而言，专题讲座的内容设计应围绕核心问题展开，并通过多个维度进行详细论述。讲座可以从宏观层面讲解问题的总体框架，再从微观层面深入剖析细节问题，帮助学生将理论知识与实际情况相结合，形成综合性、系统性的理解。讲座过程中，教师应引导学生思考问题的多维度，帮助他们建立跨学科的视野，并通过理论和实践相结合的方式，培养学生的综合分析能力和创新思维。

（4）满足实践要求

除了选题和内容的设计外，专题讲座的实践要求也是重要的一环。在实际开展专题讲座时，应确保学生具备一定的基础知识储备。由于专题讲座往往建立在学生已掌握一定理论框架和背景知识的基础上，因此教师在讲座前应要求学生提前学习相关教材和参考材料，为后续的讲座内容理解奠定基础。此外，在专题讲座实施过程中，思政课教师应结合学生的反馈和疑问进行动态调整，确保学生能够在讲座中不断加深对问题的理解与思考。专题讲座应注重与学生之间的互动性，教师应设计一定的讨论环节，鼓励学生提问、分享见解，从而促使学生在互动中深化对问题的认知，提升其批判性思维能力。

（5）重视活动评价的效果

活动评价环节不仅是对学生学习成果的总结，更是对教学效果的反馈。在专题讲座中，评价体系通常应从两个层面进行：①从学生在讲座过程中的参与度与纪律性进行评估；②从学生对讲座内容的理解与掌握情况进行考核。评价的目标在于考查学生是否真正掌握讲座的核心内容，并能够将所学知识有效应用于实际问题的分析和解决中。

2. 专题讲座的注意事项

为了确保专题讲座能够达到预期的教学效果，在教学设计和组织过程中，需遵循一系列原则，涵盖主题选取、教师选择、讲座内容的呈现形式以及学生参与方式等方面。具体而言，在进行专题讲座设计与实施过程中，必须重点关注以下事项：

（1）专题讲座的主题选取

如果专题讲座的选题过大或过于宽泛，容易使讲座内容流于表面化，难以深入探讨问题的核心，导致学生所获得的知识碎片化，缺乏深度和系统性。为了确保讲座达到预定的教学目标，思政课教师应根据教学目标和学生的实际需求，合理确定讲座的主题范围。选题应具有一定的针对性，明确聚焦于某一具体问题或方面，以便通过深入剖析提升学生的理解能力。精准的主题定位可以确保专题讲座在既定的时间内深入讲解关键内容，避免泛泛而谈。

（2）专题讲座的主讲教师选择

主讲教师不仅需要具备深厚的学术功底和丰富的理论知识，更应在所讲授的主题领域有深入的研究和独到的见解。主讲教师应凭借其研究成果和学术积淀，为讲座内容赋予权威性和说服力，确保学生能够从讲座中获得切实的知识和思维启发。因此，教师的学术水平和讲解能力直接影响到讲座的效果。除了学术能力外，主讲教师还应具备较强的讲座组织与互动能力。讲座不仅是知识的单向传递，更是思维碰撞与观念交流的过程。主讲教师应通过精心设计的互动环节，激发学生的思考，鼓励学生提出问题，并进行探讨和回应，以促进学生深度理解知识并培养批判性思维。

（3）充分利用现代信息技术手段

多媒体技术的应用能够丰富讲座内容的表达形式，使抽象的理论内容更加生动易懂。例如，通过图表、动画或视频等方式，教师可以直观地呈现某一问题的发展过程或影响力，从而帮助学生更好地理解复杂的概念和理论。此外，适时的提问和互动也是增强讲座效果的有效手段。通过互动，思政课教师可以及时了解学生对讲座内容的掌握情况，并根据反馈调整讲座节奏，使教学过程更加灵活，契合学生的实际需求。

（4）讲座的时间管理

专题讲座通常时间有限，教师需合理安排讲座的结构和内容，避免因时间过长导致学生产生疲劳感，也避免因时间过短而无法深入讲解主题。在时间分配上，教师应将讲座的核心内容置于重点位置，确保在有限的时间内清晰讲解最重要、最具代表性的知识点，同时预留一定的时间进行总结和讨论，帮助学生梳理所学知识的脉络，巩固学习效果。

（六）案例分析

案例分析通过引入特定的案例，助力教师引导学生将抽象的理论知识与实际的社会现象或历史事件结合起来,从而实现理论与实践的有效衔接。案例分析不仅有助于学生深化对复杂概念或理论的理解,还能提升学生的思考与批判性分析能力。在思政课堂教学中,案例分析的运用具有多样性,它可以帮助教师引导学生理解重要知识点,也可以作为分析历史事件或社会现象的工具。此外,案例分析还能促使学生从个别现象中提炼出普遍的理论规律,进而提高他们运用理论知识解决实际问题的能力。案例分析能够有效地激发学生的学习兴趣。通过与实际生活或历史事件的联系,学生感受到所学内容的现实意义,进而提高他们的学习动力和积极性。

1. 案例分析的设计思路

在思政课的教学过程中,案例分析作为重要的实践教学环节,不仅能够增强学生对课程内容的理解,还能帮助学生更好地将理论与实际相结合,提升其政治素养。设计案例分析时,应当从选题目的、实践要求以及活动评价等方面进行系统思考,以确保该教学环节有效达成教学目标,推动学生全面发展。

(1) 案例分析的选题目的

坚定理想信念是思政课教学中的核心内容之一,旨在帮助学生树立正确的世界观、人生观、价值观。在追求个人理想的过程中,学生不仅需要具备扎实的知识基础和能力储备,还需拥有坚定的理想信念。通过案例分析,教师可以帮助学生认识到理想与现实之间的差距,意识到在追求理想的道路上会遇到各种困难、挑战和诱惑。在这种情况下,学生的理想信念将发挥至关重要的作用,它决定了他们能否在艰难困苦中坚持自己的目标,进而实现个人价值与社会价值的统一。

案例分析的设计应当围绕这一教学目标展开,选择能够体现理想信念对个体成长、成才和社会贡献的重要作用的案例。通过分析正面和反面的典型案例,学生能够直观感受理想信念在实现理想过程中的决定性作用。正面的案例能够激励学生追求崇高理想并坚定信念,而反面的案例则能够警示学生认识到理想的实现并非易事,需时刻保持对现实的清醒认知,以便在面对诱惑和困难时作出正确的选择。案例分析不只是对个别事件进行讲解,更是通过具体的情境分析,使学生认识理想信念与个人成长、社会进步之间的深刻关系,从而激发其内在动力,坚定不移地追求自己的理想目标。

（2）案例分析的实践要求

在设计案例分析环节时，思政课教师应当选取具有典型意义且符合课程主题的案例。这些案例应当具备普遍性和代表性，以便学生从中汲取经验教训，并结合本节课的理论知识进行深入分析。案例的选择需遵循科学性原则，即所选案例必须与课程内容紧密相关，能够帮助学生深化对理想信念这一概念的理解。

案例分析不应是单纯的讨论或分享过程。在思政课教学中，案例分析要求学生基于课堂所学知识进行理性分析，而非脱离理论框架自由发挥。思政课教师应当引导学生在分析案例时始终围绕理想信念这一核心概念，避免偏离主题或陷入感性认识的误区。通过结合理论与案例，学生能够学会运用课堂知识分析现实问题，进而提升批判性思维能力。

（3）案例分析的活动评价

在评价过程中，教师和学生共同参与，形成多维度评价体系。教师评价主要聚焦于学生是否结合本节课所学的理论知识进行案例分析，分析是否具有理论依据和逻辑支持。学生评价侧重于分析过程的参与度与创新性，评估学生是否能够从不同角度思考问题，并提出有价值的观点。具体而言，评价指标可以从以下四个方面考量：①学生是否能够在案例分析中有效地结合本节课的理论知识，避免理论和实践脱节；②学生在分析案例时是否能准确把握问题的核心，提出合理的见解；③学生是否能够纠正分析过程中可能出现的偏激观点或误解，保持分析的客观性和合理性；④评价应包括学生在小组讨论中的互动情况，评估其团队合作能力与表达能力。

评价主体的多元性可以有效提升评价的全面性和公正性。教师作为主要评价者，能够从专业角度提供学术性的反馈；学生作为评委，能够从同伴的角度提出切实可行的改进建议。通过这种综合评价机制，学生不仅能了解自己的优点和不足，还能激发自主学习的积极性，不断提高自己的分析能力和思维深度。

2.案例分析的注意事项

在案例分析中，思政课教师需要遵循一定的设计原则和注意事项，以确保该教学方式达到预期的教学效果，助力学生深刻理解课程内容，并提升分析能力和思辨能力。案例分析不仅是对单一事件的描述或表面现象的讨论，更是引导学生进行深层次思考、锻炼批判性思维的有效途径。因此，教师在组织案例分析教学时，需从选题、内容呈现、教学引导、学生分析等多个方面严格把控，确保其兼具学术性与教育性。

案例分析的首要环节是案例的选取，这一过程对整体教学效果至关重要。思政课教师应从时代的角度出发，精心挑选能够引发学生共鸣、紧跟时代发展步伐的案例。时代性不仅意味着案例内容要符合当下的社会背景与学生的生活经验，还需反映现代社会的价值观和思想潮流。

案例分析的成功与否还取决于案例的呈现方式。思政课教师在课堂上阐述案例时，需提供完整且详细的信息，包括事件的时间、地点、人物、背景、起因、经过和结果等。完整的背景信息有助于学生准确把握案例的基本情况，进而深入分析。因此，思政课教师要特别注重案例信息的完整性和准确性，确保学生能够从全局角度把握事件的真相。

在案例分析过程中，教师应通过设计逐步深入、层层递进的问题，引导学生逐步展开分析。问题的设计不仅要与案例的核心内容密切相关，还要能够激发学生对事件内在机制、人物动机、社会背景等多维度的思考。通过问题引导，学生能够在思考中不断深化对案例的理解，从而避免简单的表面分析或情感化判断。

案例分析不仅是讨论具体事件的过程，更是将思政知识与实际问题相结合的过程。在分析过程中，学生需学会运用课堂上所学的思政理论知识，对案例进行理性分析，并将个人见解与学术理论结合起来。思政课教师应当引导学生通过思政课的理论框架和话语体系对案例进行解构，培养学生理论联系实际的能力。学生在分析案例时，应明确自己的观点，并用理论来支撑自己的分析。通过这样的分析，学生能够深入理解思政理论的现实意义，并提升运用理论解决实际问题的能力。

第三节 高校思政课实践教学和课堂教学融合的跨越式发展

高校思政课在教学过程中，必须建立和完善全覆盖、多样化的实践教学体系，充分挖掘和拓展校内实践教学资源，不断提升实践教学的可操作性，才能精准有效地解决实践教学中的各种实际矛盾与问题，真正实现理论与实践相结合、实践教学与课堂教学的有机融合，使实践育人方针得到切实有效的贯彻与落实。①

一、从多维的社会实际到思政课教学的理性飞跃

（一）社会热点事件为思政课提供教学素材

社会热点事件作为思政课教学素材的引入，为课堂提供了具有强烈现实性和针对性的教学资源。随着社会的不断发展，热点事件日益成为公众关注的焦点，且其背后往往蕴含着复杂的社会、政治和文化意义。将这些事件有效地转化为思政课的教学素材，不仅能够提升课堂的互动性和学生的参与度，还能为学生呈现真实的社会图景，引导他们正确认识社会现象，增强社会责任感，从而增强思政课的教育效果。

社会热点事件能够切实提高思政课教学的针对性。大学生正处于价值观和世界观逐步形成的关键时期，他们对社会现象和事件充满好奇与关注，但在思想上往往存在一定的模糊性与不成熟性，这一阶段的大学生缺乏足够的辨别是非能力，容易受到外界信息的影响而产生迷茫与困惑。引导学生分析当下的社会热点事件可以有效地激发他们的思考，帮助他们理解复杂的社会问题。在教学中，思政课教师应选择与学生生活和认知背景密切相关的社会热点事件，围绕其背后的社会矛盾、文化冲突进行深入剖析。借助这些具有现实感和吸引力的素材，学生不仅能够直观理解社会现象，还能感知其内在的道德与价值冲突，进而提升他们的批判性思维和独立判断能力。

社会热点事件作为思政教学素材，具有重要的情感传递功能。不同性质的社会事件会引发不同的情感共鸣，尤其是一些触及社会痛点的热点事件，可能引发强烈的社会反响。思政课的教学目标不仅是传授知识，更是引导学生形成正确的情感认知和价值观。选择与学生认知发展水平相契合的社会热点事件，能够帮助他们塑造健康的情感取向，建立积极向上的价值判断。在此过程中，思政课教师应精心挑选能够唤起学生情感共鸣的社会事件，并通过剖析这些事件所传递的情感和价值观念，引导学生对这些情感进行反思，从而在情感的碰撞与思考中深化对社会、对人生的理解。

---

① 陈位志. 高校思政课实践教学与课堂教学的协同与融合——以"概论"课为例[J]. 思想政治课研究, 2019（3）：61-65.

社会热点事件能够激发学生对社会问题的深入探讨，培养其批判性思维和社会责任感。社会热点事件之所以成为"热点"，往往是因为其在社会层面引发了广泛的关注和讨论，具有一定的思考价值。思政课的关键不仅在于引导学生超越现象层面，还要深入挖掘事件背后的社会、政治、历史等多重因素。通过对热点事件的多维度剖析，教师可以帮助学生认识到事件背后的复杂性和多样性，从而培养学生多角度思考的能力。对于一些具有争议性和反思意义的事件，教师可以引导学生思考其背后的深层次原因，探讨不同社会群体的立场与看法，并通过这一过程促使学生形成独立的思想和社会责任感。

在教学实践中，将社会热点事件与思政课有机结合，要求思政课教师不仅具备敏锐的社会观察力，还需掌握灵活的教学方法。思政课教师应根据学生的兴趣和认知特点，选择合适的热点事件作为教学素材，并通过巧妙的教学设计将其融入课堂。通过生动的案例分析、情境创设和小组讨论等形式，使学生在互动中充分理解社会现象的深层含义，激发他们的思考与探讨，从而增强思政课的教育效果。

（二）社会品德的养成方式推动思政课教学手段的改革

社会品德不仅是道德规范的集合体，还承载着国家、社会和公民三重维度的价值期许，是推动社会和谐发展的关键因素。为了适应社会发展的需求，推进社会品德的养成方式逐渐成为思政课改革的重要议题。思政课作为培育学生社会品德的重要阵地，如何通过教学手段的创新与改革，推动学生品德的内化和实践，已成为教育改革的核心课题之一。

在社会品德培育过程中，思政课教师的引导与学生的自主学习相得益彰。思政课的教学应当注重学生主体性的发挥，尊重学生的学习特点与认知发展规律。通过创设灵活生动的教学情境，如探究式学习、合作式学习和议题式学习等，教师能够有效激发学生的学习热情，增强其对社会品德的认同感与责任感。在这种教学模式下，学生不再是被动的知识接受者，而是主动的品德建构者，他们通过参与讨论、合作互动、情境模拟等实践活动，将社会品德的内涵与精神品质在实践中加以体现。

思政课教师在教学过程中应坚持"学有所得"的原则，即通过精准的教学设计，确保每个学生都能在知识的传授与品德的培养上有所收获。在实施过程中，教师要时刻关注学生的个体差异，根据不同学生的认知发展水平和兴趣特点，设计贴合其需求的教学活动。通过这种因材施教的方式，教师能帮助学生更好地理解社会品德的内涵，从而促进其内化与实践。

思政课的教学改革不仅要注重知识内容的更新，还要关注教学方法的多元化与灵活性。随着信息技术的迅速发展，现代教育手段的应用为思政课的教学开辟了新天地。例如，数字化学习平台和网络互动课堂等新兴技术的引入，不仅打破了传统教学的时间和空间限制，还为学生提供了更多自主学习与互动交流的机会。借助这些手段，教师能够更好地实现个性化教学与精准化教育，使学生在接受社会品德教育的过程中，能够根据自身特点进行深度学习与内化。

教学手段的革新并不意味着教师在课堂中的作用被削弱。思政课教师的引导在新的教学模式中依然至关重要。教师不仅是知识的传播者，更是学生品德养成的引路人。在教学过程中，教师应当注重对学生情感的培育与启发，引导学生深入思考社会品德的意义，帮助学生在情感上产生共鸣，使品德教育不只停留在知识的层面，更深入学生内心深处。

（三）社会发展要求提升思政课教师队伍的质量

社会发展要求全面推动物质文明与精神文明的协同共进，特别是在新时代背景下，精神文明建设显得尤为重要。思政教育作为精神文明建设的重要组成部分，承担着引领社会价值观、培育公民道德素养与增强社会集体意识的关键角色。思政课教师作为思政教育的主力军，其质量直接关系到社会精神文明的发展与深化。因此，从社会发展的战略需求出发，提升思政课教师队伍的素质，不仅是提升教育质量、强化思政教育的核心任务，也是推动社会全面进步、实现共同富裕目标的必然要求。

思政课教师队伍质量的提升是应对社会发展挑战的必然选择。随着社会的迅速变化和人民群众精神需求的日益增长，思政课教师在思想引领和社会价值观塑造方面的作用愈发重要。社会个体对精神层面的追求逐渐由单纯的物质满足转向更深层次文化、道德和精神层面的追求。这一转变要求思政课教师不仅要具备扎实的理论功底，还要具备敏锐的社会洞察力和高超的教育能力，能够在复杂的社会环境中准确把握教育方向，有效引导学生树立正确的世界观、人生观和价值观。

思政课教师的质量提升关乎社会精神文明建设的长远发展。精神文明作为衡量社会发展水平的重要标尺，其发展既依赖物质文明的稳步推进，也离不开思政教育的积极推动。在这一过程中，思政课教师通过课堂教学、思想引领和课外辅导等多种途径，向学生传递社会主义核心价值观，引导他们形成正确的道德观念和社会责任感。因此，思政课教师的专业能力、教学水平以及与学生的情感沟通能力，对社会精神文明的建设至关重要。

思政课教师队伍质量的提升需要立足当下、面向未来，注重教师后备力量的培养与选拔。当前，马克思主义理论等学科的学生作为未来思政课教师的重要储备力量，其培养质量直接决定了思政课教师队伍的未来发展走向。为了顺应社会发展对高质量思政课教师的需求，必须加强对学生的思政教育，培养他们扎实的理论基础和良好的道德修养。同时，应强化其对社会现实的敏锐感知力和批判性思维能力，确保他们在未来的教育实践中能够不断创新教学方法，提升教育效果。

（四）社会生活场域为检验思政课教学的实效性提供平台

思政课的核心目标在于培育具备科学理论知识、良好品德和积极情感认同的个体，助力学生在进入社会后能更好地适应社会发展的规律，融入社会，并为社会的共同进步贡献力量。在这一过程中，社会生活场域不仅为理论与实践结合提供了契合点，更成为评估思政课实效性的重要平台。

社会生活场域为思政课教学提供了理论应用的实践场所。思政课作为一门理论性极强的课程，涉及的知识庞大且精深，特别是马克思主义基本原理，其核心内容是对社会发展规律的科学总结。这些理论不仅要求学生在课堂上学习和理解，还需学生将理论知识与实际社会生活相结合，并验证其普适性与实践价值。社会生活场域正是这样一个实际场景，能够有效地推动学生将课堂上学到的知识应用于日常社会活动和工作实践中。通过对社会现实问题的深入观察与分析，学生能够进一步理解和检验理论的实践效果，从而在社会生活中真正掌握并运用马克思主义的思想方法与分析工具。

社会生活场域为思政课教学提供了道德品质检验的空间。思政课教学不局限于理论传授，更注重道德和价值观的培育。学生在课堂中通过对社会现象、历史事件以及人物行为的反思，逐步形成对社会道德规范和价值理念的认同。这一过程要求学生将课堂上所学到的道德标准内化为自身的道德行为准则，而这一内化过程常常需要通过社会生活中的实践来完成。在社会生活的互动中，学生的道德选择和行为表现成为对思政课教学效果的直接检验。通过与社会成员的交流、与社会规范的碰撞，学生能够在实践中对自己所学的道德理念进行验证，并在此过程中逐步塑造并强化个人的道德品质。

社会生活场域在思政课教学中的重要性还体现在它对教学内容和效果的反馈作用上。思政课的教学内容必须符合学生的认知发展规律，教学重点应与学生的实际需求和社会发展趋势相契合，只有这样，才能确保教育内容真正具有实践意义；思政课的教学效果应能够对社会的进步和发展产生积极影响，学生在社会生活中的积极参与和自我成长是对教学效果最直接有效的评价。因此，社会生活场域不仅是一个检验平台，更是一个动态反馈机制，能够为思政课的教学目标、教学内容和教学效果提供重要的评价依据。

二、从思政课的抽象认知到深入社会的实践飞跃

思政课以教师的课堂授课为主要呈现方式，但思政课并非只关注学生认知、情感、思维等抽象性知识的培养与提升，更需要教育行动的实践落实。将思政课的抽象认知融入社会大课堂，不仅是对思政课自身定位的肯定，更有助于个体更好地适应社会规律，开展社会实践。

（一）政治立场为社会生活指引前行方向

在当代社会，政治立场的正确性不仅关乎个体对自身角色的认知，还关系到社会治理与国家发展的根本方向。因此，理解政治立场在社会生活中的引领作用，对构建和谐社会、推动国家持续进步具有重要的理论与实践价值。

政治立场决定了个体在社会生活中的价值定位。每个人都身处特定的社会环境中，其行为和思想受制于一定的政治框架。政治立场提供了对社会现象的解读视角，指引个体在面对复杂社会问题时，能够秉持清晰的价值判断与原则。社会生活中的每一个决策、每一次选择，都受不同政治立场影响。一个坚定的政治立场能够帮助个体在多变的社会环境中保持价值的一致性与方向性。政治立场不仅是个人的思想基础，更是参与社会生活、推动社会进步的动力源泉。

在社会中，政治立场的主流性决定了该社会的价值取向和发展道路。正确的政治立场能够确保社会制度稳定、社会行为和谐，有助于各类社会资源的合理配置与有效利用，从而推动社会持续健康发展。政治立场作为社会生活的指引，通常通过影响公共政策、法律制度、社会风气等方面，促进社会成员在认同共同价值观和社会目标的基础上协同合作，形成推动社会进步的强大合力。

政治立场有助于培养个体的社会责任感与使命感。社会生活中的每个人都是社会整体发展的参与者和推动者，个体的行为不仅影响自身的命运，还在一定程度上塑造着社会的面貌。政治立场的正确与否直接关系到个体的社会责任意识及其在社会实践中的积极性。一个具备正确政治立场的个体，能够在社会变革和国家发展中发挥积极作用，坚定地维护社会公义，促进社会公平正义的实现。政治立场是培养个体社会责任感和使命感的关键因素，通过引导个体认知社会的整体利益，推动其为公共利益和社会进步而不懈奋斗。

政治立场对个体的思维方式、行为方式产生深远影响。政治立场塑造了个体看待问题的角度与思维的深度，引导个体在复杂的社会情境中做出合乎理性的判断。通过政治立场的引导，个体能更加科学、理性地看待和处理社会问题，避免在利益冲突中陷入偏激或极端的立场。同时，政治立场还会影响个体的行为选择，推动其遵循社会规范、积极参与社会活动，维护社会的公共秩序与稳定。

（二）正向情感的培养促进良好社会风气的形成

正向情感，作为个体与社会之间情感认同的核心因素，实现了社会价值的内在认知与外在实践的统一。它不仅是个体情感态度的体现，更是社会共同体文化氛围的塑造力量。在此背景下，探讨如何通过正向情感的培养来促进良好社会风气的形成，不仅具有学术意义，更能对社会的长远发展起到推动作用。

情感的形成是个体基于自我认知与体验而内化的结果。正向情感的形成尤其如此，它依赖于个体对外界刺激的感知、理解与评价，并经过个体内在情感机制的作用，转化为具有积极、健康、正向的情感体验。因此，正向情感是一种内在生成、需要主体积极引导与自我调节的情感类型。通过教育与引导，尤其是在思政课中，个体能够从内心深处激发出对社会共同价值的认同与认知，进而形成与社会发展目标相契合的正向情感。教师通过系统的理论传授和情感引导，帮助个体形成对社会规范、道德准则的积极情感体验，从而使个体的情感与社会的集体价值趋于一致，进而推动社会风气的改善与正向氛围的构建。

从影响层面来看，正向情感具有积极性，这种积极性不仅体现在个体的行为反应上，更渗透到社会整体的价值引导与氛围营造之中。正向情感在社会层面的积极作用，具体表现为对公共利益和社会责任的关注与践行。个体通过培养自身的正向情感，顺应社会发展要求，主动承担相应的社会角色和责任。这种积极性还体现在个体遵循社会基本规范的过程中，通过情感认同社会发展的目标，从而积极参与社会事务，做出利他行为，促进社会的和谐与稳定。当个体在情感层面认同并支持社会发展的正向价值时，社会的风气和氛围也必然会受到积极的影响，从而形成良性循环。

正向情感的培养具有主动建构性。主动建构性强调正向情感并非自然天成，而是需要通过教育、引导与社会实践的不断推进，进行主动构建与完善的过程。在思政教育的过程中，教师与学生之间的互动关系，既是正向情感构建的直接动力，又是社会风气养成的关键环节。思政课教师通过榜样示范、道德引领和情感熏陶，不仅是传递知识的主体，更是学生正向情感培养的重要引导者。教师的教育引导作用使得学生能够主动地在社会情感与个体情感之间找到平衡点，并在此基础上逐步形成符合社会发展要求的情感态度。在这一过程中，学生个体的主观能动性得到充分激发，通过对思政课中所传授的社会价值理论的理解与吸收，最终内化为自我情感的构成要素，并在实践中得以体现。

正向情感的培育对全社会风气的形成具有深远影响。随着个体情感与社会情感认同的逐步统一，社会的整体情感氛围得以显著提升，从而有力推动社会道德、法治与和谐的建设。正向情感通过教育、社会互动与文化传播等多种渠道，渗透到社会各个层面，从而全面提升社会整体的情感水平。在这一过程中，教育系统起到了核心作用，尤其是思政教育，它不仅关注对学生个体的知识传授，更关注通过情感的培育来促进社会良好风气的形成。教师通过细致的情感引导和文化传递，使个体逐步形成符合社会发展规律的情感认知，进而为社会风气的形成提供强大的情感支持。

（三）道德认知的形成为社会行为提供价值判断标准

道德认知不仅是个体内心的价值观念体系，更是在社会实践中得以体现和落实的标准。它通过对社会行为的认知和反思，构建对行为的价值预设和评价体系，从而为社会行为提供价值判断的依据。这一过程不仅是社会认知的积累，更是一个动态的实践转化过程，涉及个体的认知发展、社会化进程以及道德感知的内化。

道德认知的形成是一个复杂且多维的过程，涉及感知、思考、情感、信念等多个方面。个体在认知层面，通过感知社会现象和行为，积累有关道德规范和伦理价值的知识。在这一过程中，教育系统起着至关重要的作用。尤其是在高等教育中，思政课作为道德认知的主要教育途径之一，肩负着道德教育的重任。思政课通过对社会行为的分析、伦理价值的讲解和道德规范的培养，帮助学生建立起对社会行为的价值判断标准。这种教育的目的是使学生在面对社会行为时，能够清晰地知道自己应该做什么，应该避免什么，从而为社会行为提供规范化的指导。

　　道德认知不仅仅是知识的传授，更是情感的培养与观念的塑造。通过道德认知的培养，个体能够对社会行为进行更加理性的反思，深入理解行为背后的伦理意义与价值。道德认知的形成是个体在社会化过程中逐步接纳社会群体的道德观念、价值体系和行为规范的过程。这一过程不是孤立存在的，而是与社会的历史背景、文化传统以及个体所处的社会环境密切相关。

　　道德认知的核心功能之一，是为社会行为提供价值判断的标准。在这一层面，道德认知不仅是对行为的评价，更是对行为后果的预测和评判。每个个体在参与社会行为时，都会在内心进行价值选择，判断某种行为是否符合社会规范或个人的道德信念。这种判断是道德认知的直接体现，是个体对社会行为意义的深刻理解。道德认知通过构建道德框架，使个体在面对复杂的社会行为时，能够遵循一定的标准做出价值评判，进而影响个体的行为选择。

　　社会行为的价值判断标准涉及行为的动机、过程、结果以及对他人影响的综合评价。这种评价不是单一的，而是多维的，考虑到行为的多重后果以及其与社会秩序、社会规范的契合度。道德认知在这一过程中扮演着决定性的角色，它为个体提供了评判行为的理论依据和实践指导。通过道德认知，个体能够明确自己的行为是否符合社会的道德要求，是否符合社会群体的期望。

　　从实践层面来看，道德认知与社会行为之间存在着紧密的互动关系。道德认知水平的高低，直接决定了个体社会行为的道德性。换言之，个体的道德认知水平越高，面对社会行为时做出的判断就越准确、越符合道德标准。因此，道德认知的准确性与社会行为的规范性密切相关，二者共同构筑了社会行为的道德基础。

（四）辩证思维方式的培养促进社会规律性的发展

　　辩证思维的核心在于，它能够帮助个体在纷繁复杂的社会现象中发现本质，把握事物的内在联系与发展规律，从而在社会实践中做出更为精准、有效的判断与决策。因此，培养辩证思维方式对促进社会规律性发展具有深远意义。

辩证思维方式的培养可以有效促进个体对社会发展规律的深刻理解。在社会实践中，个体面对各种看似矛盾和冲突的现象，若采用简单、片面的思维方式，极易导致对社会现象的误判，甚至加剧社会问题的复杂化。辩证思维则能够引导个体从多维度、多层次去分析问题，关注事物的两面性和发展的不确定性。通过辩证地看待问题，个体不仅能够更全面地理解事物的本质，还能在面对复杂的社会问题时，更加从容地作出决策，从而为社会的稳定发展提供理论支持和实践保障。

辩证思维的培养有助于个体在社会发展中发挥更积极的作用。在现代社会，个体不仅是社会的组成部分，也是社会变革的推动者。辩证思维能够帮助个体认清自己的社会责任与历史使命，进而更有意识地参与社会发展，推动社会的全面进步。辩证思维要求个体从历史、发展的角度看待社会现象，认识到每一项社会变革、每一场社会运动的背后，往往蕴含着更深层次的社会变迁和历史规律。这种思维方式不仅能增强个体的社会责任感，还能够激发其在社会生活中更加关注和推动符合社会发展规律的创新与变革。

辩证思维的培养能够促进社会矛盾的有效化解。矛盾是社会发展的内在动力，社会矛盾的解决不仅依赖于外部压力或短期措施，还需要在辩证的思维框架下，从根本上理解矛盾的性质与解决之道。通过辩证思维的培养，个体能够从多个角度去分析矛盾的根源和发展趋势，避免片面看待或草率处理。在社会矛盾面前，辩证思维引导个体看到矛盾双方的统一性，从而探寻出一种既符合社会发展要求，又能够实现不同利益群体之间平衡的解决方案。社会矛盾的有效化解，不仅能够促进社会稳定，还能够为社会的长远发展创造条件。

辩证思维方式的培养，对社会文化的传承与创新具有重要作用。社会文化既包含丰富的历史传统，也蕴含着创新的潜力。辩证思维能够帮助个体在尊重传统的基础上，对文化的创新进行理性思考与引导，从而避免文化断层和急功近利的变革。通过辩证地看待社会文化中传承与创新的关系，个体能够在保留文化精髓的同时，推动文化的发展与繁荣。社会文化的创新是社会发展的动力之一，而辩证思维无疑是推动这一进程的重要方式。

三、以"两次飞跃"为关键推动"两个课堂"的融合

思政小课堂与社会大课堂的融合,既是实现思政课教学提质的必由之路,也是社会逐步规范化、秩序化的重要体现。社会大课堂的感性认识为思政小课堂的理性认知奠定了基础,思政小课堂中系统的理论知识又通过社会大课堂得到实践性的检验与延伸,由此实现"两个课堂"融合的"两次飞跃"。在融合的过程中,要精准把握关键契机、辨明关键主体、上好关键课程、注重关键落实,最大限度地发挥"两个课堂"的作用。

(一)辨明思政小课堂与社会大课堂融合的关键主体

思政教育不仅是学校教育体系的一部分,更是党和国家对于社会主义核心价值观传播、思政教育布局的系统性工程。实现思政小课堂与社会大课堂的有效融合,辨明关键主体至关重要。深入剖析这些主体可以推动思政教育课堂内外的有机衔接,逐步构建符合社会需求和时代进步的思政教育体系。

思政教育的关键主体之一是学校及其党委。作为党和国家思政教育政策的具体执行者,学校及其党委在"两个课堂"的融合过程中具有举足轻重的作用。学校不仅是知识传授和技能培养的场所,更是思政教育的主阵地。党委在思政教育内容创新和实施过程中,发挥战略领导和方向引领作用。通过完善学校思政课程体系、优化教育内容和教学方法,党委能够为思政教育提供坚强的制度保障与组织保障。因此,学校党委必须深刻认识到自己在融合过程中的核心地位,并通过合理规划、有效监管、严格反馈机制,确保思政教育在不同课堂间协调推进。

思政课教师作为思政教育的直接执行者,是融合过程中不可或缺的主体。教师在思政教育中不仅要传授理论知识,更要引导学生树立正确的世界观、人生观、价值观。思政课教师的教学方式既要扎实细致,又要灵活创新,既要注重理论的深度与广度,又要关注学生的情感体验与价值认同。教师通过多样化的教学方法,如启发式教学、情景模拟、互动讨论等,将思政理论与实际生活紧密结合,让学生在思考与讨论中加深对思政问题的理解。在教师的引导下,学生能够形成适应社会发展需求的思想素质和行为方式,进而在社会大课堂中不断验证、完善与升华自己的思政认知。

班主任和辅导员在日常思政教育中的作用也不可忽视。班主任和辅导员是学生日常生活中的思想引领者,他们不仅承担着学生学业管理的责任,更是学生思政教育的重要推动力量。通过与学生的日常互动,班主任和辅导员

能够及时掌握学生的思想动态，发现并解决他们在思政教育中存在的问题。在与学生的交流中，班主任和辅导员可以通过面对面的谈话、集体讨论等形式，帮助学生理清思想困惑，指导他们在社会实践中如何践行社会主义核心价值观。

社会各界的广泛参与也是"两个课堂"融合的关键主体之一。社会大课堂并非单纯的知识传递平台，而是一个多元互动的综合体。社会实践、媒体传播、公共文化活动等，都是思政教育的重要组成部分。通过与社会各界的深度联系与合作，学校能够将课堂学习与社会体验相结合，使学生在真实的社会环境中践行思政理论，进一步加深对社会责任、集体主义精神、法治意识等方面的理解。因此，社会各界的积极参与不仅能为思政教育提供丰富的资源和实践机会，还能够促进学校与社会的协同发展，实现资源共享与优势互补。

（二）全方位、多形式上好思政课这一"关键课程"

思政课作为落实立德树人根本任务的重要课程，肩负着培育德才兼备的时代新人、推动社会主流价值观传承与弘扬的重任。全方位、多形式地上好思政课，不仅是对这一关键课程内涵的深度解读，更是对当前教育体系中思政教育功能的积极探索和实践。要上好思政课，必须全面强化其政治引领功能，深化其育人本质，挖掘其德育价值，并通过创新教学方式和评价机制，确保教育目标的切实达成。

思政课的核心价值在于其独特的政治引领作用。通过系统的理论教育和价值观塑造，思政课能够帮助学生深刻理解社会主义核心价值观，树立正确的世界观、人生观和价值观。作为全体学生的必修课程，思政课不仅是知识的传递，更是思想的洗礼。其教学内容涵盖马克思主义基本原理、党和国家的政策方针以及当代中国社会的热点问题，这些内容会对学生的思想形成和价值取向产生深远影响。因此，思政课教学必须全面、深入地传授相关理论知识，将理论与学生的生活实际、社会实践紧密结合，增强课程的现实意义和吸引力。

思政课教师不仅要传授知识，更要重视对学生的价值观培养。与其他学科不同，思政课不仅要求学生掌握一定的知识，还需要他们在思想深处树立起对社会、集体和个人的责任感和使命感。这一过程的关键在于通过情感教育提升学生的内心认同感，激发他们积极向上的精神。要做到这一点，教学方法和教学内容的选择至关重要。思政课教师应通过创设情境，引导学生在情感的共鸣中思考社会问题，培养他们的社会责任感与历史使命感。在教学过程中，以小见大，通过细腻的情感体验带动学生对宏观价值观的认同，从而实现思想与情感的双重塑造。

全方位、多形式的思政课教学应注重学生能力的培养。除了传授知识和塑造情感外，思政课还应关注学生综合素质的提升。培养学生的批判性思维、理性思维能力及社会实践能力，是思政课教学的重要目标。思政课不仅要传授社会发展和历史进程中的重要理念，更要助力学生提高分析和解决实际问题的能力。这一过程需要教师运用问题导向的教学方法，引导学生思考、讨论，在互动中深化对社会问题的理解。此外，课程要结合时代发展变化，灵活运用多种教学方式，如合作式教学、探究式教学等，提升学生的学习主动性和自主思考能力，让学生真正成为思政课学习的主人。

在教学实施过程中，思政课教师必须注重教学的多样化与创新。传统的教学模式在一定程度上限制了学生的自主性和思维发散。因此，创新教学方式、采用更为灵活的教学手段，已成为思政课改革的必然方向。思政课教师应通过丰富多彩的教学素材和互动方式，激发学生的学习兴趣和参与热情。如借助现代科技手段，结合多媒体、网络资源等开展课堂教学，既能增强课堂的吸引力，又能提升教学的效果。通过跨学科的整合，引入社会热点话题，让学生在互动中思考、在思考中学习，逐步提高分析问题和解决问题的能力。

思政课的评价体系也需要相应改革，应当注重过程性评价和实质性考核。传统的终结性考试评价方式难以全面反映学生在思政课中的综合素养，因此，构建一个以过程性表现为主、注重实践效果的评价体系至关重要。思政课的评价应关注学生在课堂讨论、社会实践中的表现，以及其思想观念和价值观的变化，综合评定其学习成效。同时，对思政课教师的考核评价也应从单纯的知识掌握转向对其教学效果、师德师风等方面的综合评价，形成全方位、多层次的评价机制。

（三）注重社会体验与检验的"关键落实"

在当今社会背景下，注重社会体验与检验的"关键落实"已成为思政课教学不可或缺的一部分。这一过程不仅提升了思政教育的实效性，更使思政课成为紧密联系社会发展的重要纽带。社会实践作为思政教育的有效延伸，不仅能够助力学生深化对社会现实的理解，还能够通过真实的社会体验检验其所学的理论知识。实现这一目标的核心在于深化社会体验、强化思政课内容的现实检验，从而确保思政教育的全面性与系统性。

思政教育的社会体验不仅是对理论的补充，更是对理论的验证。传统的课堂教学多以理论灌输为主，然而，理论知识往往局限于书本和讲义，缺乏与现实生活的紧密联系。因此，思政课的关键落实在于通过社会实践将理论与现实问题对接。学生走出课堂、走进社会，可以亲身体验社会中的种种现象，并通过观察、分析、反思等手段，将思政教育中的理论知识与社会实践紧密结合，形成真实且具有深度的认知。

社会实践是学生形成自我认知和社会认知的重要途径。学生通过参与社会实践活动，能在实际操作中积累经验、提升解决实际问题的能力，还能通过亲身体验发现社会存在的问题，进一步检验思政课内容的正确性和实用性。例如，学生参与志愿服务、社会调研等活动，不仅能够认识到社会的复杂性和多样性，还能反思自己的价值观和社会责任感。在这一过程中，学生从课堂的受教者转变为社会的参与者，这种转变使思政教育的"真理性认识"得到更加具体和生动的检验。

社会实践并非单纯地参与活动，而是要求学生在实践中主动思考与反思。学生通过对社会现象的观察与分析，能够将所学的思政理论知识应用于实际问题的解决中，从而深化对思政课内容的理解。这一过程贯彻了"理论与实践相结合"的教学原则，以理论指导实践，在实践中检验理论的有效性。在社会实践过程中，学生不仅要实现理论的应用，还要通过实践优化和补充理论知识，使其更具针对性和实效性。经过一系列的思辨与实践，学生的社会认知将得到极大的拓展与升华，思政课的教育效果也将显著提升。

思政教育的"关键落实"需要学生的主动参与来实现。社会实践活动的深度与广度直接影响着学生对社会问题的认知水平，进而影响思政课教学的成效。学生不仅要参与社会服务、社会调研等实践活动，还应在活动中主动承担责任，通过团队合作、问题解决、方案实施等方式，检验和提升自己的社会实践能力与理论素养。学生参与社会实践不仅是对个人能力的提升，更是对思政课内容在社会中适用性的深刻体验与检验。因此，培养学生的主动性和实践性是思政教育中不可忽视的重要环节。

社会实践对思政课教学的意义不仅体现在学生个体层面的提升，更在于其对思政教育体系的深化与完善。通过社会实践，学生能够更加清晰地把握社会变革与发展的脉络，并在此基础上提出更具建设性的意见和建议。而思政课内容的不断修正与完善，正是其在社会实践中得到验证和补充的过程。思政课教师应鼓励学生在社会实践中不断进行理论与实际的对照，通过总结经验和反思不足，推动思政教育向更高层次发展。

第二章 高校思政课实践教学模式与保障

随着高等教育的不断发展，高校思政课实践教学模式的创新与完善日益成为教育改革的重点。本章旨在深入探讨高校思政课实践教学的多种模式及其保障机制，以应对新时代大学生思想政治素质培养面临的新挑战。通过构建多样化的实践教学模式和健全的保障机制，推动高校思政课实践教学迈向更高水平，为培养德智体美劳全面发展的社会主义建设者和接班人贡献力量。

第一节 高校思政课校园实践教学模式

高校校园历来是思想政治理论教育的核心阵地，也是我国意识形态传播的关键平台，其重要性不言而喻。在校园范围内，思政课的实践教学将高校校园作为重要的教学实施场所，依托丰富多样的校园活动作为实践教学的主要载体。这些活动形式多样、主题广泛，旨在通过一系列精心设计的实践活动，培育并提升高校大学生的道德修养和综合素质，进而提高他们未来适应社会变迁、把握人生方向的能力。

一、校内调研模式

高校思政课校内调研模式遵循一切从实际出发、实事求是的马克思主义基本原理，这一原理也是思政课旨在传授给学生的基本价值理念。大学生沉浸于各种理论知识的学习，而理论的生命力在于与实践紧密联系并对实践的指导作用。因此，理论联系实际、一切从实际出发、实事求是，成为高校大学生成长成才的基石。调查研究作为接触生活、社会及实际的基本途径，能够促进大学生将课堂所学理论知识与现实社会生活相融合，从而更全面、深入地理解生活与社会，进而深化对课堂理论知识的认知。

具体而言，校内调研是思政课教师依据教学目标与学生培养目标，以大学校园为平台，结合思政课教学内容，引导和组织大学生开展贴近校园及大学生实际的实地调查研究活动。当代大学生个性鲜明、思想活跃，但部分学生可能存在思想偏激、与社会脱节的问题。思政课教师若仅依靠课堂讲授或说教，难以有效说服这类学生，无法帮助他们树立客观理性的思想和观点。而校内调研则能有效实现这一目标。通过实地调研，学生能够与同学进行直接交流、观察和访谈，深入了解他们的思想、行为及情感，从而发现大多数大学生怀有爱国热情，乐于助人，关心同学和社会，并非全然是所谓的"精致的利己主义者"。

学生通过实地调查研究，拓宽了个人的视野，转变了原有的观念，实现了知行合一。由此可见，校内调研在了解当前大学生的思想动态、行为习惯与价值观念方面成效显著，同时也有助于培养大学生知行合一、实事求是的严谨学风。

二、图书寻访模式

书籍作为人类进步的阶梯，其价值不仅在于传授知识，更在于蕴含生活哲理。阅读习惯的养成能让个体终身受益。在传统时代，图书对人们的意义重大，是知识的主要来源，"读万卷书，行万里路"的箴言便彰显了书籍与实践对人类发展的同等重要性。然而，在当今多媒体、信息化的时代背景下，随着电子产品与电子媒介的普及，人们能通过微博、微信、短视频平台及门户网站等获轻松取海量信息，这导致许多人逐渐失去了阅读书籍的习惯。尤其在高校大学生群体中，除必修课程的教科书外，定期阅读书籍的现象已不常见，这一现象值得我们高度关注。对于大学生而言，丢弃阅读习惯不仅会影响学业，更可能对未来的人生发展造成不利影响。

图书寻访模式旨在以一种贴近现实的方式，重新激发大学生对书籍的热情和兴趣。具体而言，思政课教师结合教学内容，充分利用高校图书馆丰富的图书资源，通过多种形式推广对大学生人生发展、价值引领具有积极作用的经典著作和名家名篇，鼓励学生在学习期间深入阅读这些经典，领悟其内涵，而非仅停留在对名著梗概的了解或仅知其名而不知其实的表层。同时，思政课教师还可根据大学生的兴趣和喜好，推荐优质新书，并鼓励学生向教师和图书馆推荐好书、新书，以丰富图书馆馆藏。通过阅读，学生不仅能获得关于理想、信念的深刻思考，还能形成个人独特的见解。更重要的是，它能让学生从电子媒体的碎片化阅读与娱乐中解脱出来，重新唤起对阅读的热爱，其意义深远。因此，充分利用高校校内图书资源，激发大学生读书热情，培养阅读习惯，这一实践教学形式在高等院校思政课校内教学中显得尤为重要。

三、主题演讲模式

当代大学生群体普遍思想活跃、视野开阔，且有着强烈的自我表达意愿。演讲作为一种交流形式，恰好为他们提供了一个展示自我、抒发见解的平台，因而深受这一群体的青睐。演讲并非空洞的说教，亦非社会现象的简单罗列，更非陈词滥调的堆砌，而是要求演讲者全面、深入、透彻地阐述某一观点，确保听众能够准确理解并把握演讲的核心内容。这一过程对演讲者的综合素质提出了较高要求，既需要其具备清晰敏捷的思维逻辑和流畅的语言表达能力，又需要对演讲素材进行深入分析、高度概括、精炼提炼及适度延伸。同时，演讲者还需运用富有理性的语言，通过有效的表达技巧和情感渲染，激发听众的心理共鸣，引导听众的思维向更高层次升华，从而使演讲主题得到深化和提升。

在充满活力的高校环境中，主题演讲成为一种能够有效激发大学生参与热情和提高实践能力的方式。具体而言，思政课教师根据教学需求，精心选取一系列贴近大学生生活、能够引发深入思考的议题或观点作为演讲主题，并在校园范围内广泛动员学生参与。这类演讲活动往往围绕具有时代意义或教育价值的主题展开，如借国庆节之际组织"我与祖国共成长"的演讲活动。大学生在成长过程中，每个人都有着独特的经历，且共同见证了中国在改革开放进程中的繁荣与发展，因此，在谈及祖国时，他们都能有话可说、有情可抒。此外，思政课堂，尤其是"毛泽东思想和中国特色社会主义理论体系概论"等课程，为学生提供了丰富的历史背景知识，使他们在演讲中能够引用大量史料，这不仅增强了演讲的内容深度，也进一步巩固了学生在思政课堂上所学的理论知识。

四、微电影制作模式

在微时代背景下，高校大学生广泛接触并熟练使用各类微媒体及相关软件，尤其是高像素智能手机，这为他们制作微视频与微电影提供了便利条件。微电影作为一种综合性的影像表达形式，通过声音、图像、动作、台词、道具、场景以及特技等多种元素的融合，能够生动再现特定场景，传达观点与情感，为观众带来真实且深刻的情感体验。这一特性使微电影在众多媒介中脱颖而出，契合高校大学生的审美需求与认知特点。

将微电影制作引入高校思政课，旨在提升教学效果，促使学生将思政课所学知识与校园或社会现象相结合。学生可以个体或小组形式演绎与拍摄视频内容，并经过剪辑、整合形成完整的视频资料。这种实践教学模式不仅要求学生具备敏锐的观察力，关注校园内外各类事件与现象，并从思想政治教育视角进行思考，还对学生的综合能力提出了较高要求。学生需要在微电影制作过程中明确主旨与立意，团队成员需紧密协作，完成脚本撰写、场景布置、演员指导以及视频软件的熟练运用与制作等任务。

微电影制作对高校思政课教师也提出了挑战。教师须全程参与指导，确保微电影主旨鲜明且正确，严格把控质量，助力学生提升制作水平。微电影制作作为一种校园实践教学形式，能够充分激发教师与学生的热情与创造力，展现大学生的思想觉悟与专业技术能力，促进教学相长，推动思政教育的创新发展。

五、校园文化节模式

在高等院校这一多元文化交融的环境中，校园文化活动以其丰富多样的形式为大学生提供了广阔的发展空间，成为其展示才华与个性的重要平台。校园文化活动不仅包括与学术技能紧密相关的竞赛，还包括舞蹈、民乐演奏等艺术形式，以及结合时代特色的网络文化活动，如最美志愿者网络评选等。这些活动的开展，不仅丰富了大学生的课余生活，更在潜移默化中对其思想观念产生深远影响。党中央、国务院高度重视校园文化的建设，强调其在育人中的重要作用，致力于通过校园文化的建设与推广，促进大学生的全面发展，彰显素质教育的成效。

校园文化节作为校园文化的重要组成部分，其核心目的在于通过多样化的文化活动，潜移默化地塑造高校大学生的世界观、人生观、价值观。在此过程中，思政课教师、学生工作部门以及团委等多方协同合作，共同推进校园文化节的建设与发展。学生工作部门专注于学生的培训与管理，团委致力于学生文化社团的组织与协调，而思政课教师则在文化节主题的确定以及社团活动的指导与提升方面发挥关键作用。

校园文化节的活动形式丰富多样，但不应只追求热闹的场面与形式，而应通过贴近大学生实际的活动内容，引发学生对人性、社会、国家与民族的深入思考。在思政课教师的引导下，学生能够深刻认识到自身肩负的责任与使命，并通过社团活动积极影响身边的同学，进而推动校园文化环境与氛围的优化，使其更具思想性与深度。

六、知识竞答模式

在高校思政课教学中，知识竞答作为一种实践教学形式，为大学生开辟了知识掌握与能力提升的多元路径。它不仅是普及科学知识的有效手段，更是激发学生学习积极性、增强知识理解与记忆的教学活动。学生参与知识竞答，需要进行系统的知识准备，广泛收集和阅读课内外相关资料，而这一过程本身就是一种实践与历练。因此，知识竞答不仅是校内实践的重要形式，也是调动大学生知识学习积极性的有效方式，近年来在高校中受到广泛欢迎。

知识竞答的实施基于思政课教学大纲和教材内容，由教师拟定竞答题目及参考答案，组织学生以竞赛形式参，以巩固所学知识。这种教学形式非常灵活，能够适应不同规模和层级的组织需求。知识竞答可以在全校范围内开展，也可在二级学院或班级层面实施，无论规模大小，其核心目标均为促进大学生对思政课及相关内容的深入理解和掌握。

知识竞答的开展能够有效提升学生自我学习能力。在准备竞答的过程中，学生需要广泛涉猎与竞答主题相关的知识领域，涵盖政治、经济、文化及社会生活等多个方面。这种学习过程不仅具有针对性，还能激发学生的学习主动性，使其在高强度的学习中对相关知识形成深刻记忆。例如，以"改革开放四十年"为主题的知识竞答活动，因其内容广泛，学生在准备过程中需要查找大量资料，这一过程不仅增强了学生对改革开放历史时期知识的掌握，还培养了其自主学习和信息收集的能力。

作为一种思政课校园实践教学形式，知识竞答能够营造积极向上的学习氛围。通过知识竞答，学生在学习过程中相互竞争、相互促进，形成了全员学习、热爱学习的良好风尚。这种氛围不仅有助于学生对思政课知识的深入理解，还能够在校园内形成一种积极的学习文化，推动思政课教学目标的实现。知识竞答以其独特的形式和内容，将知识学习与实践能力培养有机结合，为高校思政课教学提供了新的思路与方法。

七、课外作业模式

在高校思政课的教学实践中，课外作业作为重要的教学环节，对巩固学生对知识点的理解与掌握具有不可替代的作用。由于课堂教学时间有限，学生需要在课后投入更多的时间与精力进行思考和练习。高校丰富的图书馆藏资源以及发达的互联网技术为学生提供了广阔的自主学习空间。学生在查阅资料的过程中，不仅能够获取丰富的信息，还能锻炼对海量资讯的甄别与选择能力，从而在去粗取精、去伪存真的过程中获取真正有价值的知识。

课外作业的设计是思政课教学的重要组成部分。教师应根据教学目标和学生课堂上的知识掌握情况，有针对性地布置思考性或实操性的作业。这些作业不应局限于教材中具体知识点的背诵与读写，而应超越教材内容，引导学生将理论与个人生活、家庭、社会乃至国家层面的具体问题相结合，进行深入思考与实践探索。这类作业要求学生在查找资料的基础上，自主思考、建构与实践，通过自身的努力获取答案。课外作业不仅能够检验学生对课堂所学知识与理论的掌握程度，更能培养学生运用理论解决实际问题的能力，是思政课实践教学的有效方式。

第二节　高校思政课社会实践教学模式

社会实践教学不同于课堂实践环节中的学生自主参与，也有别于学生在校园内部参与的各类实践活动，它是根据课程的教学任务和要求。在教师的指导下，有计划、有步骤地组织学生走出校园，参与各类社会实践活动[①]。鉴于大学生大部分时间都在校园内学习和生活，社会实践教学通常安排在寒暑假或节假日，以便学生能够深入社会，积累实践经验。思政课涉及人生观、社会发展、经济运行、政治制度等诸多理论知识，这些内容往往较为抽象，仅依靠教师课堂讲授，学生难以深刻理解。而通过社会实践，学生能够在真实的社会环境中感知和体验，进而加深对相关知识的理解，使认知更加立体、全面。

一、基地实践

理论教学与实践锻炼的有机结合，是高校思政课实现教学目标、提升教学实效的关键路径。高校向来重视实践教学基地的建设，期望在培养学生专

[①] 黄河，朱珊莹，王毅．高校思政课实践教学探究[M]．长春：吉林大学出版社，2022：104．

业能力的同时，提升其社会认知和综合素养。然而，当前高校的实践教学基地大多以专业技能训练为导向，专门针对思政课的实践教学基地建设仍相对薄弱。在当代社会思想多元、价值观念多样的背景下，青年大学生的思想意识和行为方式日益多样化。为更有效地引导学生树立科学的价值观、培养符合社会规范的行为方式，思政课教学亟需构建一套科学合理、理论与实践相结合的教学体系。

基地实践作为思政课实践教学的重要形式，是引导学生走出课堂、走向社会、提高实践能力的重要途径。具体而言，基地实践要求教师带领学生深入高校指定的校外实践基地，开展生产、服务或社会调研等实践活动，使学生在实际劳动和社会服务中深刻理解社会运作规律，培养社会责任感。通过基地实践，学生能够摆脱单纯的理论学习模式，在真实的社会情境中思考问题、解决问题，进而深化对个人成长、职业发展及社会现实的认知，逐步确立科学的世界观、人生观和价值观。

高校所在地区往往蕴含丰富的红色文化资源、历史文化遗产及社会发展典型案例，这些均可作为思政课实践教学的重要依托。例如，高校可组织学生担任红色教育基地的讲解员或志愿者，使他们在讲解和传播红色文化的过程中深化对革命历史、民族精神及社会主义核心价值观的理解。相较于被动接受课堂讲授，主动进行知识讲解不仅能够增强学生对理论知识的掌握，还能提升他们的表达能力，增强社会责任感。只有当学生能够准确、生动地向他人传授相关史实时，才能真正实现知识的内化与升华。因此，基地实践不仅是一种有效的教学方式，更是促进学生理论知识向实践能力转化的重要途径。

推动思政课教学改革创新，必须坚持理论与实践相统一，依托科学理论开展育人工作，同时高度重视实践教学环节。学生的思想政治教育是一个知、情、意、行相统一的过程，任何一个环节的缺失都可能削弱思政课的教育成效。因此，单纯的课堂理论教学难以满足思政课育人目标的需求，必须辅以实地考察、社会调研、志愿服务等多元化的实践教学方式，以增强学生的体验感和认同感。思政课实践教学作为课堂理论教学的延展和深化，是促使学生在社会实践中将理论知识转化为对现实思考和行动的关键环节。高校应高度重视思政课校外实践教学基地的建设，建立一批稳定、高效的实践教学基地，并充分发挥其育人功能，以期在实践教学中深化爱国主义教育、历史文化教育、革命文化教育及社会主义核心价值观教育，切实提高思政课教学质量，提升学生实践能力，增强大学生的社会责任感。

二、校外参观

　　观察和模仿是人类学习过程中不可或缺的重要途径，尤其在青年学生的成长与认知过程中，二者常成为激发其学习兴趣、提高其实践能力的有效方式。通过观察他人的行为，个体能够快速掌握某些行为规范或技能；而模仿他人的成功实践，则能帮助学生在有限的时间内提升自己的能力。尤其对于当代的大学生而言，尽管他们求知欲望强烈，然而由于时间和精力有限，许多知识和经验只能通过间接的学习途径获得。此时，校外参观作为一种实践学习方式，成为帮助学生拓宽视野、深化理解的重要手段。

　　校外参观是教师根据教学进度和目标，组织学生走出校园，前往具有文化、历史或教育价值的场所，通过接触与体验真实场景，帮助学生深入了解特定历史时期或特定人物的思想、行为及其对社会产生的影响。在参观过程中，学生不仅能够通过观察、倾听和体验获得直观的知识，还能够在面对历史遗址、革命文化、社会发展成果等实际案例时，形成更加深刻和生动的理解。

　　校外参观看似简单，实则对教师的教学设计和组织能力提出了较高要求。教师需要结合课堂教学内容，选择合适的参观地点，并制定好参观的具体目标和任务。不同的参观场所能够带给学生不同的思考与启示，教师必须精准把握每次参观活动的教育意义，确保其对学生的思想和行为产生积极引导作用。例如，通过参观红色革命基地，学生不仅能够更深刻地理解历史事件的背景和意义，还能在接触革命先辈的奋斗精神和价值观时，激发对社会责任和个人使命的认同感。

　　尽管教材和课堂讲授为学生提供了知识的基础，但要真正深化思政课的教学效果，单一的理论学习远远不够。校外参观将理论与实践紧密结合，能够有效弥补课堂教学的不足，助力学生在实际体验中内化所学内容。通过参观历史遗迹、文化遗址以及了解社会典型人物，学生不仅能够更好地理解教材中涉及的理论知识，还能够通过现场学习，对思政课内容形成更为深刻的认同和理解。这种基于实践的学习方式，不仅拓展了学生的知识面，还提升了学生思考问题、分析问题的能力，进而增强了思政课在学生思想与行为上的实际影响力。

　　因此，校外参观作为思政课社会实践教学的一部分，具有重要的教育意义。它不仅能帮助学生深化对思政课内容的理解，更能在真实情境中提升他们的社会认知和历史使命感。为了更好地推动思政课的改革与创新，高校应当充分利用社会资源，精心设计与组织有意义的校外参观活动，从而为学生的全面发展提供更为广阔的学习平台。

三、社会调查

深入系统的社会调查是认识社会现实、理解社会发展规律的重要途径，也是大学生提升理论联系实际能力、培养批判性思维和综合分析能力的有效方式。在高校思政课的教学体系中，社会调查作为一种实践教学手段，能够引导学生主动观察社会、分析问题，并通过数据收集与研究，增强社会责任意识，提高问题解决能力。借助精心设计的调查课题，学生可以深入社会各个领域，搜集并整理相关数据，进行统计分析，最终形成具有科学性和现实意义的研究结论。

社会调查的第一步是数据和资料的搜集。这一过程不仅涉及对客观事实的观察与记录，还要求学生掌握一定的调查研究方法。教师在组织社会调查时，应结合思政课教学目标，指导学生科学制订调查方案，明确调查对象、方法及内容。例如，学生可以通过问卷调查、访谈、实地观察、文献查阅等方式获取信息。在此过程中，学生需要保持严谨的学术态度，确保所搜集资料的真实性、完整性和代表性。

在获取数据和资料后，学生需要进行系统整理和分析，以揭示调查对象的基本特征及其内在规律。数据分析不仅包括对调查数据的简单归纳与统计，更包括对社会现象深层次原因的探讨。学生可以运用定量分析方法，如数据统计、回归分析等，也可以采用定性分析方法，如文本分析、案例研究等，以确保研究的科学性和严谨性。通过对调查数据的深入分析，学生能够更全面地理解社会现象，并从思想政治理论的角度进行合理的阐释和评价。

社会调查的选题范围广泛，涵盖国家发展、民族文化、家庭结构、社会变迁、大学生心理发展、生活方式、价值观念等多个领域。这种多维度的调查研究不仅拓宽了大学生的视野，使他们能够从更高的层面审视社会现实，还促使他们关注社会现实问题，增强社会责任感。例如，通过对基层社区治理的调查，学生可以更加直观地理解社会管理的运行模式及其存在的问题，从而增强对国家管理体系和治理能力的认同感；又如，对大学生消费观念的调查，可以帮助学生反思自身的消费行为，促进理性消费习惯的养成。

社会调查不仅是思政课实践教学的重要环节，更是学生将理论学习转化为现实应用的重要桥梁。通过深入开展社会调查，学生能够培养独立思考能

- 59 -

力，提升发现问题、分析问题和解决问题的能力，从而更好地领悟思政课的核心理念。在推动思政课教学改革的过程中，高校应进一步强化社会调查这一实践教学环节，科学指导学生开展社会调查研究，使他们在实践中深化对中国特色社会主义理论体系、社会发展规律及个人社会责任的理解，真正实现思政课"立德树人"的根本目标。

四、公益活动

公益活动作为高校思政课社会实践教学模式的重要组成部分，旨在引导青年大学生深入社会实际，在实践中培养社会责任感与奉献精神。教师通过组织公益活动，促使大学生关注社会各类群体的生活状况，培养学生的社会关怀意识，并鼓励学生运用自身的专业知识与技能，为社会发展贡献力量。这不仅有助于学生全面认知社会的复杂性和多样性，还能帮助他们在实际行动中深化对社会主义核心价值观的理解和认同。

在现代社会背景下，公益活动的类型日益丰富，涵盖法律援助、环境保护、灾害救助、扶弱助困等多个领域。大学生可结合个人兴趣和专业特长，选择符合社会需求且自身有能力参与的公益项目。例如，法律专业学生可通过法治宣传活动增强公众的法律意识，环境科学专业学生可投身环保知识普及工作，而医学专业学生则可在健康义诊等活动中发挥专长。这种基于专业背景的公益实践，不仅能够提升大学生的社会服务能力，还能促进其专业知识的实践应用，增强其实践创新能力。

随着信息技术的迅猛发展，公益活动的形式也在不断拓展。青年大学生不仅可以在线下直接参与公益活动，还可以借助互联网平台开展线上公益行动。例如，通过社交媒体发起公益筹款、参与公益宣传、组织线上志愿服务等，进一步扩大公益活动的影响力。这些线上线下相结合的公益实践，使大学生得以跨越校园界限，深入社会实际，以更加直接的方式感知社会问题，从而增强社会责任意识，提高社会实践能力。

第三节 高校思政课实践教学的保障机制

自高校思政课设立以来，在国家对实践教学的高度重视和大力倡导下，各高校针对思政课的实践教学进行了大量的尝试与探索，取得了令人欣喜的成果，也积累了一定的经验。然而，面对新形势、新任务、新情况、新变化，思政课实践教学仍然是教学中的薄弱环节，还存在着诸多亟待解决的问题。因此，要确保思政课实践教学科学、持续、有效地开展，必须建立并完善实践教学的保障机制，探索实践育人的长效机制。

一、高校思政课实践教学的组织保障

实践教学是思政课教学的重要环节，也是对大学生开展思想政治教育的有效途径。在充分认识思政课实践教学重要意义的基础上，建立健全思政课实践教学的领导体系、加强思政课实践教学的师资队伍建设，是思政课实践教学的重要组织保证。

（一）领导体制和工作机制

高等学校要切实加强对思政课的领导，学校应有一名副书记和一名副校长主管思政课教学工作；学校宣传、教务、思政课教学单位等部门应各负其责、相互配合，共同做好思政课教育教学工作。实践教学作为思政课教学的重要组成部分，应纳入这一组织保障体系。学校党委和行政部门要站在"培养什么人""如何培养人"的战略高度，将思政课教学作为重要工作纳入议事日程，高度重视实践教学，制定实践教学总体规划与相关政策，定期了解、分析大学生思想政治状况及思政课教学情况，并对理论教学和实践教学给予指导；教务、科研、人事、财务等有关部门应坚持以人为本，确保思政课实践教学在大学生培养计划中的合理设置和必要的经费投入，在思政课师资队伍编制、培训及思政课实践教学研究等方面给予支持和帮助。如此，思政课实践教学才能形成由思政课教学单位具体组织实施、学校及各部门共同关心和支持的合力机制与联动效应。

（二）教学科研组织机构

思政课教学科研组织机构是思政课教学部门和马克思主义理论研究机构，也是马克思主义理论学科点的依托单位。因此，它不仅承担着统一管理思政课教师、负责马克思主义理论学科建设和人才培养等职责，还肩负着组织思政课教学、科研等任务，其中包括思政课实践教学与研究。具体来说，思政课教学科研组织机构应制订实践教学计划及实施方案，发掘和整合实践教学资源，检查和考核实践教学的组织和运行情况，组织开展实践教学改革与研究，加强思政课教师队伍建设，以及组织开展社会实践和学习考察活动等。

思政课教学科研组织机构的建立，是思政课实践教学有效开展不可或缺的组织依托和机构保障。

（三）优势互补的教师队伍

思政课教师是马克思主义理论和党的路线、方针、政策的课堂讲授者，更是思政课实践教学的直接执行者。提高思政课教师的实践教学能力和水平，是思政课实践教学有效开展的关键环节，也是重要的人力保障。为此，高校应将思政课教师队伍建设纳入学校事业发展和人才队伍建设的总体规划，加强领导、统筹安排。

高校应以教学科研组织建设为依托，以选聘配备为基础，以培养培训为抓手，以学科建设为支撑，以制度建设为保障，以实践教学实效为目标，合理核定教师编制，配备足够数量且高质量的思政课专任教师，并积极创造条件、采取多种措施，努力提升教师的理论素养、教学能力和科研水平。高校还应拓展实践教学的师资来源渠道，吸引并鼓励学生思想政治工作干部和辅导员承担一定的思政课实践教学任务，充分发挥他们在组织学生活动方面的优势，使思政课实践教学与学生日常思想政治教育相互结合、相互促进，从而建立专兼结合、优势互补的实践教学协作机制。

二、高校思政课实践教学的制度保障

（一）组织运行规范化

在确保思政课实践教学学时与学分落实到位的基础上，注重其组织与运行的制度化、规范化管理，是思政课实践教学持续、有效开展的关键。高等学校思政课所有课程都要强化实践环节，围绕教学目标，制定教学大纲，规定学时，并提供必要经费。这要求思政课教研部门和任课教师准确理解和把握实践教学的内涵与外延，根据思政课的教学要求及课程内容，坚持理论联系实际，贴近现实、贴近生活、贴近学生，精心设计实践教学的内容和形式，周密安排实践教学活动的组织与实施，通过规范性教学文件体现思政课实践教学的计划性和严肃性，避免活动的盲目性和随意性。

（二）监管考评科学化

为确保思政课实践教学落到实处，必须对实践教学过程进行严格的监管，对实践教学结果进行全面的考评。

一方面，建立并完善相关的规章制度，确保所有学生参与培养计划和实践大纲所规定的实践教学活动。例如，教师在实践教学活动前向学生下达实践教学任务书，明确活动主题、内容及相关考核、纪律要求；任课教师需对学生实践教学活动过程进行指导；学生参加社会实践需如实填写实践日志和思政课社会实践活动登记表，并经实践接收单位签署意见和盖章；实践教学活动结束时，学生需独立完成一份有质量的实践报告等。

　　另一方面，结合学生在实践教学中的表现、实践报告或总结的完成质量，通过学生自我评价、实践小组评价、实践接收单位评价和教师评价等方式，对学生参加实践教学进行综合评定，努力做到定性与定量相结合、过程评价与结果评价相统一，使之成为规范实践教学、调动学生学习积极性的有效手段，从而保证实践教学朝着良性方向持续开展，真正达到提升思政课教学实效的目的。

三、高校思政课实践教学的物质保障

　　思政课实践教学是一个系统且复杂的过程。与课堂教学相比，它在教学的时间和空间上均发生了较大变化，需要具备一定的软硬件环境才能持续且有效地开展。

（一）基地建设

　　实践基地是高校思政课实践教学的重要场所和物质依托，是理论结合实际进行思想政治教育的有效途径。高校应根据思政课教学内容和人才培养目标的要求，结合学生的思想实际、专业特点，以及学校当地的现实条件，遵循教育性、典型性和就近就便等原则，有针对性地在校内外建立起形式多样、设施健全、规范稳定的实践教学基地。校内实践教学基地的建设，主要着眼于学校党政齐抓共管、各部门紧密配合，以形成实践教学和课堂教学的合力，提高师生的参与度，体现师生双向互动；校外实践教学基地的建设，主要着眼于充分利用社会实践资源，通过书本理论知识学习与社会实践活动相结合，培养学生观察、思考、分析、解决理论问题和现实问题的能力。

　　学校在借助企事业单位及社会各类实践资源建立实践教学基地时，应当坚持优势互补、资源共享、合作共建、互惠双赢的原则，将实践教学与服务社会结合起来。同时，企事业单位也应增强社会责任感，努力构建科学合理的管理机制，以开放、热情的姿态接纳大学生参与企事业实践活动，为大学生提供更多"受教育、长才干、做贡献"的平台。各个高校之间也应实现资源共享,可组织学生互到对方的实践教学基地开展活动,既开拓了实践教学的领域,又节约了实践教学的经费。此外,实践教学基地建设应根据思政课教学改革的不断深化和社会经济生活的发展变化而调整、扩充和完善。

(二)经费投入

长期以来,经费短缺成为制约高校思政课实践教学正常开展的重要因素。

一方面,由于经费限制,许多高校的思政课教师多年未走出校门参加社会实践、参观考察、学术交流、业务培训等活动,教师的理论修养及教学水平得不到及时提高,对实践教学的思考与设计视野不够开阔,对实践教学资源和素材的挖掘不够深入;另一方面,专项经费投入的不足使学生的实践教学大多局限于课堂和校园文化活动,即使有校外社会实践也往往是以部分学生参加的小分队形式来组织,这不仅降低了实践教学活动参与主体的人数和比例,而且最终导致思政课实践教学整体效果降低。

经费投入是开展思政课实践教学的必要条件。高等学校每年应拨出一定数量的专项经费并列入预算,使思政课实践教学得到最基本的物质保障。与此同时,思政课教学单位应采取积极措施,探索和建立社会实践与专业学习相结合、与服务社会相结合的模式,以及通过校地、校企"共建"的模式,吸引和鼓励社会参与,充分利用社会各界的力量,多渠道筹措资金,以有效保障思政课实践教学的深入发展。

(三)资源利用

思政课实践教学资源,是指在进行实践教学过程中,能够促进学生将所学知识、理论与实践活动有机结合,影响和改变学生的认知结构或推进学生认知结构发生变化的一系列支持条件的总和。实践教学必须以丰富的实践教学资源作为基础。因此,教学资源的开发利用直接影响到实践教学的效果。

思政课实践教学资源的类型多种多样的。从时间角度看,既可以结合传统节庆日、重大历史事件纪念日开展特色鲜明、吸引力强的主题实践教学活动,也可以利用寒暑假组织学生走出校门进行社会调查、参观考察和志愿服务。从空间角度看,既有校内资源,又有校外资源。校内不仅拥有图书馆、校史馆、电教馆、网络中心等提供的各种文本、影像资源,还有演讲、辩论、知识竞赛、文艺演出、专题讲座、社团活动等丰富多彩的校园文化活动;校外资源既包括革命遗址、文化遗迹和各类博物馆、纪念馆、展览馆等历史文化资源，也包括厂矿、农村、改革开放前沿地区、经济发展欠发达地区等现实资源。思政课实践教学要合理整合校内资源、积极发掘校外资源、科学利用时间资源、善于开发网络资源。只有这样，思政课实践教学才能以丰富的内容、多样的形式有效开展。

第三章　高校思政课课堂教学内容与方法

　　思政课不仅肩负着传授知识的任务，更承载着引导青年学生树立远大理想、坚定信念、厚植爱国主义情怀、践行社会主义核心价值观的使命。基于此，本章将探究爱国主义教育与理想信念教育、中国梦教育与"四个自信"教育、社会主义核心价值观教育以及高校思政课课堂教学方法等方面的内容。

第一节　爱国主义教育与理想信念教育

一、爱国主义教育

（一）爱国主义教育的内涵阐释

　　爱国主义教育是一种旨在培养公民对国家的热爱、忠诚以及责任感的教育活动，其核心目标在于通过教育手段激发个体对国家的真挚情感，并培育其为国家利益与荣誉而奋斗的实践意识。爱国主义教育不仅是一种情感的表达，更是一种行动的指引，它要求公民以实际行动为国家的繁荣、强大及民族的复兴作出贡献。

　　爱国主义教育的本质在于培养个体对祖国的深厚道德情感，并促使其形成正确的爱国观念、坚定的爱国信念以及高尚的爱国行为。这一教育实践活动注重塑造个体在面对国家利益时所应承担的责任。当国家遭遇外部威胁与挑衅时，爱国主义教育强调维护国家利益与尊严，鼓励每个公民站出来捍卫国家安全与权益，保障国家的稳定与发展。

　　爱国主义教育强调对国家法律与制度的尊重与维护，认为这是每个公民的基本职责。在全球化背景下，爱国主义教育要求公民既具备"家国情怀"，也应有"全球眼光"。它不仅关注公民对国家内部事务的积极参与，还强调公民在国际事务中的责任感和宽广视野。这种教育理念有助于培养具有国际视野的公民，使其在全球化的背景下，既能忠诚于祖国，又能理解和融入国际社会，为世界和平与发展贡献力量。

爱国主义教育是对民族文化的传承与弘扬。每个国家都有其独特的文化和历史，爱国主义教育通过培养公民对民族文化的认同与尊重，促进民族文化的持续发展与繁荣。与此同时，爱国主义教育倡导民族团结，要求公民在多民族国家中促进各民族之间的和谐共处与友好交流，共同为国家的进步与繁荣而努力奋斗。

（二）新时代大学生爱国主义教育的内涵阐释

新时代大学生爱国主义教育在继承和发展传统爱国主义教育理念的基础上，同时紧密结合新时代的特点和社会发展要求，彰显出时代的创新性与拓展性。其核心目标是培育大学生对中华人民共和国的热爱，坚定支持中国特色社会主义道路，强化国家统一、民族团结和社会稳定的意识，传承中华优秀传统文化，并为实现中华民族伟大复兴的中国梦贡献力量。

新时代爱国主义教育强调大学生对中华民族历史的了解，促使他们认识到新中国的来之不易，从而增强历史责任感和珍惜当下的意识。此教育模式特别重视法治观念的培养，鼓励大学生树立法治观念，明确爱国不仅仅是情感表达，更是在日常生活中遵守法律、维护国家法治秩序的实际行动。同时，新时代的爱国主义教育强调文化自信，要求大学生深入了解并传承中华优秀传统文化，在全球化的背景下展现民族文化自信，同时尊重并理解其他民族文化。

新时代的爱国主义教育着眼于培养大学生的国际视野，促使他们了解全球形势并认识到中国在国际事务中的重要地位与作用，增强他们的国际竞争意识；强调创新精神的培养，鼓励他们为国家的科技进步和社会发展作出贡献。此外，应增强大学生的社会责任感，激励他们积极参与社会公共事务，并为社会的和谐、稳定与进步发挥积极作用。新时代爱国主义教育还特别注重各民族团结，倡导民族团结的思想，帮助大学生树立为维护国家统一与民族团结而共同努力的理念。

（三）大学生爱国主义教育的内容

在新时代的背景下，《中华人民共和国爱国主义教育法》（以下简称《爱国主义教育法》）对爱国主义教育的内容进行了必要且及时的补充，并提出了更高的要求。教育内容的制定必须紧密结合国家的实际情况，并顺应时代的发展潮流。《爱国主义教育法》自2024年1月1日起实施，明确更新了爱国主义教育的主要内容。具体而言，应以党的指导思想为核心，结合国家和民族的历史、中华优秀传统文化、中国共产党领导下的重大成就及历史经验，深化法律与国家安全教育。

1. 党的指导思想教育

将党的指导思想纳入爱国主义教育体系，是强化爱国主义教育的重要途径和必然要求。在新时代背景下，高校的爱国主义教育应始终以习近平新时代中国特色社会主义思想为指导。这一理论体系贯穿中国共产党不同历史时期的指导思想，对提升大学生的政治觉悟、加强思想认识具有深远的历史意义和现实价值。

在爱国主义教育过程中，必须注重理论与实践的紧密结合。教师应引导学生将党的基本理论、基本路线与实际工作相结合，推动大学生深入学习并理解党的方针政策，培养他们增强"四个意识"、坚定"四个自信"，并自觉做到"两个维护"。这一过程不仅有助于大学生在思想上形成坚定的政治定力，还能增强他们对国家和民族发展的认同感与责任感。此外，教师应帮助大学生树立正确的世界观、人生观和价值观，使他们能够在纷繁复杂的社会环境中自觉抵御外来错误思潮的影响，始终保持清醒的头脑与政治定力。党的指导思想不仅是学生思政教育的重要内容，也是引导学生全面认识中国特色社会主义道路、理论体系和制度优势的关键。通过系统的理论学习，大学生能够更深刻地理解中国特色社会主义制度的独特性和优越性，并增强自身的国家认同与责任担当。

在全球化进程加速、国际环境日趋复杂的背景下，面对新的矛盾和挑战，强化党的指导思想教育显得尤为重要。特别是在当前百年未有之大变局的背景下，逆全球化思潮抬头，世界格局和时代背景的剧烈变化对国家安全与发展产生了巨大影响。在这一过程中，高校的爱国主义教育应围绕中国特色社会主义制度的显著成就进行阐释，强调中国共产党领导的社会主义现代化建设，教育学生全面了解中国取得的历史性成就、积累的宝贵经验及其伟大实践历程。

2. 国家和民族历史教育

在新实施的《爱国主义教育法》中，国家明确将"五史"教育——中国共产党党史、新中国史、改革开放史、社会主义发展史、中华民族发展史，以及英雄烈士和先进模范人物的事迹，列为爱国主义教育的重要内容。这一举措体现了国家全面、系统地推进爱国主义教育的战略决心，凸显了历史教育在培育民族认同感、增强国家意识中的关键作用。

国家和民族历史教育涵盖了国家与民族的起源、发展演变、文化遗产、历史地理等丰富内容。尤为重要的是，它着重展现中华民族的悠久历史以及在近现代时期全国人民反抗外来侵略、捍卫国家主权与领土完整的顽强斗争精神。中国共产党领导中国人民开展的革命斗争，尤其是为争取民族独立和人民解放而不懈奋斗，也在历史教育中占据重要地位。通过深入了解中国共产党在建立中华人民共和国过程中的英勇奋斗事迹，学生不仅能深刻认识到这些历史事件的重大意义，更能增强民族自豪感和历史责任感。

通过学习新中国史，大学生可以更加深刻地理解新中国"从站起来、富起来到强起来"的伟大飞跃，特别是中国特色社会主义制度的巨大优越性，这对增强国家认同和政治凝聚力至关重要。改革开放史作为其中不可或缺的一部分，有助于人们理解改革开放不仅是决定当代中国命运的关键一招，更是推动中国式现代化的必由之路。通过对社会主义发展史和中华民族发展史的学习，学生能够全面了解社会主义运动的曲折历程以及中华民族悠久的历史文化，从而坚定对社会主义事业的信仰，并进一步强化对中华民族历史的认同感。此外，英雄烈士和先进模范人物的事迹为爱国主义教育提供了生动的教材。这些人物的奋斗历程和崇高精神，能够激发大学生的爱国热情和社会责任感，进而引导他们以实际行动践行爱国主义精神。

3. 民族优秀文化教育

民族优秀文化教育在新时代的思政教育中占据重要地位。中华优秀传统文化作为中华民族的精神命脉，是培育社会主义核心价值观的重要源泉，也是中华民族在全球文化竞争中立足的根基。这一文化体系蕴含着丰富的哲学思想、道德观念、艺术形式和科学智慧，如儒家思想、道家哲学、传统医学等领域，为社会的道德建设、文化认同提供了坚实基础。对中华优秀传统文化的学习和传承，不仅能增强学生的民族自豪感和文化自信心，还能使他们更好地理解并弘扬中华民族的优秀传统，确保文化的延续与发展。

革命文化作为中国共产党领导人民进行革命实践过程中孕育的独特文化，具有深远的历史和现实意义。它体现了中国人民在反帝反封建斗争中的英勇精神，展现了革命英雄主义和革命理想主义。革命文化继承和发展了中华优秀传统文化，同时也是中华民族精神的重要组成部分。学习和传承革命文化，能够激励新时代青年铭记历史、缅怀先烈，并以此为动力，增强爱国热情和革命精神。

社会主义先进文化是在社会主义实践中逐渐形成并不断发展的，体现了社会主义制度的优越性和精神文明建设的成果。社会主义核心价值观、社会主义道德观、社会主义文艺观等内容构成了这一文化体系的核心。学习和传播社会主义先进文化，能够提升国民思想道德水平，推动社会主义精神文明建设，进而促进社会的全面进步与发展。这些文化内容共同构筑了中华民族的精神家园和文化根基。民族优秀文化教育不仅能够促进青少年对文化根源的认知，更有助于他们理解并继承中华民族的文化基因，保持文化的连续性和独特性。

4. 红色基因与革命传统教育

红色基因，指的是从共产主义、社会主义传统中传承而来的思想观念和价值体系，它强调对革命斗争的坚持、对社会公平正义的追求。这种思想观念的传承对保持革命理想、坚定革命信念具有至关重要的作用。而革命传统教育，则是通过教育活动、文化宣传等方式弘扬革命精神，培育新一代对革命理念的坚守与传承。总体而言，红色基因与革命传统教育不仅是思想的传递，更是激发学生爱国主义情怀、集体主义精神和社会责任感的核心教育内容。

第一，红色基因与革命传统教育聚焦于对革命历史的理解与传承。中国共产党在争取民族独立和人民解放的道路上历经艰难险阻，一代又一代先烈们付出了巨大牺牲。学习革命历史，能帮助人们认识这些艰难历程以及先烈们为此英勇事迹的精神内涵。通过深入了解这些历史与事迹，激励新时代的青年传承革命精神，坚定理想信念，践行革命传统。这种历史教育不仅是对过往的深情回望，更是对未来发展的明确指引，它要求新时代的青年继承与发扬革命精神，传承红色基因，为社会进步和国家发展贡献力量。

第二，红色基因与革命传统教育致力于培养深厚的爱国主义情怀。革命历史的学习不仅是对革命先烈的深切追忆，更是对革命时期所体现的爱国主义精神的赓续。深入了解革命先烈们为民族解放和国家独立所做出的巨大牺牲与无私奉献，能够激发当代青年热爱祖国、忠诚于人民的炽热情感，使他们在实践中更加坚定地捍卫国家利益，勇于承担社会责任。爱国主义情怀的培养，不仅是情感上的深刻认同，更是行为上的积极践行，它要求人们时刻牢记民族复兴的伟大使命，在工作和生活中不懈奋斗，贡献自己的力量。

第三，红色基因与革命传统教育注重集体主义精神的培育。在革命斗争的峥嵘岁月中，革命先辈们无私奉献、团结合作的精神是革命取得胜利的重要原因之一。红色基因教育通过讲述革命英雄的感人事迹，强调团队协作与互助友爱的价值，促使当代青少年树立正确的人际关系观念，强化团队精神。这种集体主义精神的培养，能够引导人们形成合作共赢的良好社会氛围，为国家的团结与进步提供坚实的社会支撑。

第四，红色基因与革命传统教育强调社会责任感的培养。革命先烈的高尚品德和勇于担当的社会责任感，为今天的社会注入了源源不断的正能量。通过学习革命历史和先辈的奉献精神，当代青年不仅能够树立正确的社会责任观，还能在实践中积极投身社会公益事业，推动社会和谐与稳定发展。这种责任感的培养要求每个公民在生活和工作中积极履行自己的社会义务，为社会的进步与国家的繁荣贡献自己的力量。

（四）大学生爱国主义教育的意义

当前，国际环境复杂多变，我国正处于百年未有之大变局的关键时期。作为新时代的建设主力军，大学生肩负着报效祖国、服务社会的时代重任。鉴于此，强化爱国主义教育，引导大学生树立正确的世界观、人生观、价值观，对推动中国特色社会主义事业的发展具有举足轻重的意义。

1. 为大学生成长成才提供长久支持

在新时代背景下，大学生爱国主义教育为培养符合新时代要求的青年人才提供了长久支持，其意义深远，关乎国家的未来发展与民族复兴。确保新一代接班人始终保持对国家的忠诚与热爱，是国家持续发展的重要保障。加强大学生的爱国主义教育，不仅可以塑造他们的家国情怀，还能赋予他们实现国家振兴的动力与担当。

新时代的大学生爱国主义教育强调对中国特色社会主义理论的学习与践行。通过教育引导，大学生能够树立正确的世界观、人生观和价值观，提升理论思想觉悟，以中国特色社会主义理论为指导，坚定理想信念，培养社会主义建设的责任感与使命感。通过对国家历史、文化和民族精神的学习，大学生能够更好地理解中国的悠久文化传统与伟大复兴的目标，从而增强爱国情怀与民族自豪感，明确自己肩负着建设中国特色社会主义的重任。

爱国主义教育与社会主义核心价值观的有机结合，使大学生在思想和行为上形成良好的道德观念和行为准则。通过合理的引导，大学生可以培养高尚的社会责任感与奉献精神，进一步增强集体主义精神，提高团队合作能力。这为大学生积极参与国家建设、服务社会创造了有利条件，积极推动他们成为合格的社会主义建设者和接班人。爱国主义教育体系有助于大学生提升创新能力，激发参与社会发展的热情，培养理论与实践相结合的能力，从而为国家的创新与发展提供智力支持。

与此同时，新时代大学生爱国主义教育还注重培养学生的国际视野与全球责任意识。随着全球化的深入发展，大学生不仅要关注国家内部的发展，还需要具备全球化的思维方式。通过学习国际事务与国际关系，大学生能够更全面地了解国际形势、国际竞争以及中国在国际舞台上的地位，从而培养跨文化沟通能力和全球责任感。这样的教育不仅使大学生能够为推动全球可持续发展与世界和平贡献智慧，还能帮助他们拓展全球视野，成为具有国际影响力的时代新人。

2. 为促进国家稳定发展提供持久动力

在新时代的背景下，大学生作为国家未来发展的中坚力量，他们的思想观念、价值观和行为方式对国家的稳定与发展具有深远的影响。因此，加强大学生的爱国主义教育，对促进国家的长远稳定与发展起着关键作用。

爱国主义教育有助于大学生树立正确的世界观、人生观和价值观。全球化和信息化的迅速发展使大学生接触到各种信息和观点，这些多元化的思想与信息使他们在价值观的选择上面临更多挑战。在此背景下，如何帮助大学生在纷繁复杂的社会环境中坚守初心、保持对国家的忠诚与热爱，成为新时代爱国主义教育必须重点解决的课题。通过爱国主义教育，大学生能够更加明确自身的人生目标与价值取向，从而为国家的稳定与发展贡献更大的力量。

爱国主义教育能够激发大学生的民族自豪感与责任感。在新时代，国家面临着诸多挑战与机遇，国家的稳定与发展不仅依赖于政府和企业的努力，更需要每一位公民的积极参与和奉献。通过爱国主义教育，大学生能够深刻了解国家的历史与文化，珍惜现有成果，并为国家的未来发展付出更多努力。这种深厚的责任感使他们能够主动参与国家建设，并在全球化的背景下捍卫民族的尊严和利益。

爱国主义教育能够帮助大学生形成正确的社会责任观。新时代的国家稳定与发展，不仅仅依赖于政府政策或企业行为，更依靠每一位公民的积极投入。通过爱国主义教育，大学生能够明确自己肩负的社会责任，并积极参与社会和国家的建设，贡献自己的智慧与力量，从而推动国家持续稳定发展。

3. 为增强民族凝聚力提供坚强支撑

大学生作为国家未来的中流砥柱与引领者，其思想观念、价值取向和行为方式，对民族的团结与凝聚力产生着直接且深远的影响。因此，开展大学生爱国主义教育，不仅是增强民族凝聚力的关键举措，更是推动中国特色社会主义伟大事业的重要力量。

（1）爱国主义教育有助于培养大学生的民族自豪感

在全球化不断深化的当下，外来文化和多元价值观的冲击给大学生的身份认同带来了挑战。通过爱国主义教育，大学生能够深入理解本民族的历史、文化和传统，进而激发强烈的民族自豪感。一个人对自己民族的认同感越强，其对民族团结和国家发展的认同度也会越高，从而为增强民族凝聚力提供强有力的情感支撑。当大学生内心树立起强烈的民族自豪感时，他们也更容易与其他同胞产生情感共鸣，携手促进社会的和谐与进步。

（2）爱国主义教育引导大学生树立正确的民族观念

在多元文化交织的现代社会中，如何看待自身民族以及其他民族，如何协调和处理不同民族之间的关系，是每一位公民必须面对的课题。爱国主义教育不仅能够培育大学生对本民族的深厚热爱，还能助力他们树立尊重多元文化的观念。通过对民族历史、文化及其多样性的深入理解，大学生能够更加理性地看待不同民族间的差异，推动民族间的和谐共处。这种正确民族观念，将为促进社会稳定与民族团结奠定坚实基础。

（3）爱国主义教育能培养大学生的责任感

民族的凝聚力不仅是一种情感联系，更是历史赋予的一种责任。在新时代的中国，大学生作为国家的未来建设者，必须清晰明确自己的责任与使命。通过爱国主义教育，大学生能够深刻理解到自己的生存发展与国家、民族利益息息相关，个人与集体之间存在着紧密的联系。爱国主义教育可以帮助大学生认识到，为国家的繁荣富强、民族的伟大复兴作出贡献是他们义不容辞的责任。通过这一过程，他们会主动投身到国家的建设与社会发展之中，成为推动民族团结与社会进步的重要力量。

（4）爱国主义教育注重团结合作精神的培养

面对国内外日益复杂的挑战和机遇，只有团结一致、携手共进，才能实现民族复兴的宏伟目标。爱国主义教育使大学生深刻认识到团结合作是应对复杂社会问题、实现国家发展和民族振兴的关键要素。它通过培育大学生的集体主义精神，鼓励他们在集体中发挥积极作用，促进彼此之间的团结与合作。团结合作的精神有助于增强社会各界对国家目标的认同感，推动国家整体凝聚力的提升。

二、理想信念教育

（一）理想信念教育的重要意义

理想信念教育在培养高素质人才和推动社会进步方面具有重要意义。大学生作为新一代的社会主义建设者和接班人，理想信念教育对他们塑造健康积极的人生态度、增强社会责任感、培养创新精神与担当精神具有重要影响。

第一，理想信念教育有助于大学生塑造积极的人生态度。理想信念作为对美好未来的价值追求和信仰，能够启迪大学生对人生意义的思考，促使他们树立正确的世界观、人生观、价值观。在教育过程中，通过系统的理论阐释与实践引导，大学生能够深化对社会进步与自身发展的理解，进而形成积极进取的人生态度。

第二，理想信念教育有助于大学生增强社会责任感。大学生作为社会成员，应具备对社会发展承担责任的意识。理想信念教育能够促使大学生深刻认识到自身在社会发展中的重要作用，强化责任意识，关注国家与民族的未来，积极投身社会实践，以实际行动推动社会进步。

第三，理想信念教育有助于大学生培养创新精神与担当精神。理想信念教育不仅能够拓宽大学生的思维视野，促进他们对知识的探索和创新能力的培养，还能够激励他们在面对困难与挑战时保持坚定信念，勇于承担责任。通过对未知领域的探索和实践，大学生能够不断提升创新能力，并在社会发展中发挥积极的作用。

（二）理想信念教育的指导方向

1. 联系学生实际

大学生理想信念教育须紧密结合学生实际，顺应全球化背景下思想多元化的趋势，以提高教育的针对性和实效性。在此过程中，应关注学生在生活、学习、交往、修养、心理及职业发展等方面的现实需求，将理想信念教育与学生成长成才过程中面临的具体问题相结合，实现思想引导与现实关怀的有机统一。

（1）侧重解决深层次思想问题

学生在接受思想政治教育时，往往会有选择性地接受特定知识、理论与价值观，并通过内化过程将其转化为自身观念和品质，最终在实际行动中得以体现。这一从认知到信仰再到实践的过程，具有长期性和渐进性。因此，教师应给予学生充分的时间和空间，使他们在理性思考和自主选择中逐步形成稳定的理想信念。培育社会主义核心价值观需遵循循序渐进的原则，由易到难、由近及远，逐步内化为学生的行为准则，最终成为学生稳定的思想信仰。

（2）侧重对个人理想的引导

个人理想是个体基于社会现实和历史发展所形成的未来愿景，既包含对物质生活的追求，也涉及精神层面的价值追求。坚定理想信念需要基于对人类社会发展规律的科学认识，使个体能够在历史发展进程中找到自身价值定位。在当代中国，学生的个人理想应与中华民族伟大复兴的时代使命相契合，以社会主义、共产主义远大理想为指引，建立在对马克思主义科学信念的认同之上。在理想信念教育中，一方面，应加强个人理想教育，引导学生确立正确的生活理想、职业理想和道德理想，使他们在社会理想的指导下实现个体价值；另一方面，也要加强社会理想教育，让学生认识到个人理想的实现依赖于社会理想的实现，只有将个体理想与国家发展、民族命运紧密结合，才能使个人理想具备实现的可能性。

2. 联系第二课堂

加强大学生理想信念教育，不仅需要强化思政课等课堂教学环节，更应紧密结合社会实践、团学活动等第二课堂，增强教育内容的实践性。第二课堂在理想信念教育中发挥着重要的补充作用，能够有效提升教育实效，使学生在实践过程中加深对社会主义和共产主义理想信念的认同感。

（1）走进社会，了解社会

理想信念的确立不仅需要理论基础，更需要通过实践加以验证。学生在全面掌握课堂理论知识的基础上，应积极投身于社会实践，以提升自身对社会现实的认知，提高服务社会的能力。社会实践作为课堂教学的延伸，是连接校园与社会的重要桥梁，为学生提供了将理论应用于实践的机会。通过社会实践，学生能够深入社会，了解自身所承担的社会责任，实现个人理想与社会理想的有机融合。

在第二课堂的建设中，应积极引导学生根据实际情况，开展实地考察活动，如参观革命旧址、爱国主义教育基地等，调研社会现实，并通过照片、影像等方式记录相关资料，撰写调查报告，总结实践经验。学生通过实践活动，能够深刻体会革命先烈的爱国精神和奋斗精神，从而增强对社会主义理想信念的认同。同时，这种实践活动也能够帮助学生全面、客观地认识社会主义建设过程中面临的挑战，提高分析问题和解决问题的能力。

（2）参与组织，提高认识

在理想信念教育推进过程中，应充分发挥党团组织、学生社团及寝室公寓等多元组织的作用，使其成为教育实践的重要载体。通过科学整合资源，优化文化活动安排，引导学生积极参与健康文明的校园文化建设，在潜移默化中完善其世界观、人生观和价值观，提升道德素养，坚定理想信念。

学生社团作为校园文化建设的重要平台，是第二课堂的核心组成部分，其思想性、知识性、趣味性和多样性吸引了广大学生积极参与。社团活动不仅丰富了学生的课余生活，也为其提供了施展个人才能、实现自身价值的空间，同时增强了学生的团结协作能力和社会交往能力。学生社团应在社会主义核心价值观的引领下，充分发挥文化育人功能，通过组织征文比赛、演讲比赛、学术论坛、文艺演出等活动，使学生在校园文化氛围中陶冶情操，提升文化素养。

（3）走出校园，奉献社会

志愿服务作为学生第二课堂的核心内容，体现了社会服务与个人价值实现相结合的理念，强调在不求回报的前提下，积极投身社会公益活动。大学生参与志愿服务活动，不仅为社会进步作出贡献，还能够陶冶情操、提升自身的道德境界。这一过程中，学生能够培养起强烈的责任感和无私奉献的精神，展现大公无私的社会担当。通过参与如"三下乡"和边远山区支教等活动，大学生深入社会基层，传递所学知识，并通过与当地群众的接触与互动，体验生活、感悟社会。此类实践不仅有助于学生在实际操作中提升自我，还能在潜移默化中强化他们对共产主义理想信念的认同，使理想信念内化于心、外化于行，进一步实现个人成长与社会价值的统一。

第二节 中国梦教育与"四个自信"教育

一、中国梦教育

中国梦的理论教育在当代大学生教育体系中具有关键作用,它通过多维度教育路径,促进大学生在情感与实践层面对中国梦的深刻理解与积极践行。中国梦理论教育主要涵盖历史教育、理论阐释与相关知识教育三个方面,它们共同推动大学生认知向实践的转化进程。

其一,历史教育是中国梦理论教育的基石。中国梦的生成深深植根于历史土壤,承载着中华民族五千余年的历史记忆与对近代史的深刻反思。通过历史教育,大学生能够深入理解中国梦的起源、演变及历史内涵,进而将其融入个人的思想体系与行动指南,为中国梦的理论教育奠定坚实基础。

其二,理论阐释着重于对中国梦的内涵、地位及实现路径的深入解读。在理论教育过程中,需清晰阐释"国家富强""民族振兴""人民幸福"等核心概念,并将它们整合为统一的理论体系。同时,从社会发展视角剖析中国梦在中国特色社会主义建设中的战略意义,将其与其他国家战略布局及执政理念相联系。在讲解中国梦实现路径时,不仅要详述"中国道路""中国精神""中国力量"等要素,还需深入探讨它们内在的关联,从而为大学生提供清晰的思想指引,助力他们将理论知识转化为实际行动。

其三,相关知识教育将中国梦置于广阔的国际视野中进行审视。通过与其他国家"国家梦"的比较分析,大学生能够拓宽视野,汲取有益经验,强化对中国梦的认同感与自信心。此外,将国家战略策略纳入教育范畴,及时融入国家发展新观点与新理念,可确保中国梦教育理论的完整性与前瞻性。这种教育模式有助于大学生从全球视角深刻理解中国梦与国家发展战略的紧密联系,为实现中国梦筑牢根基。

(一)爱国主义情怀与中国梦实现

中国梦作为对国家未来发展的美好愿景,蕴含着丰富的爱国主义情感与价值追求。大学生作为国家发展的中坚力量,他们民族自尊心、自豪感的塑造以及社会责任感的培育,对于中国梦的实现具有重要意义。通过历史教育、情感激发与责任担当培养，大学生能够更好地融入中国梦的实现进程。

中国梦所蕴含的爱国主义情怀是大学生应当积极培育与践行的核心价值。爱国意识与行为相互促进，而民族自尊心与自豪感则是培养爱国意识的基础。通过深入了解历史，回顾中华民族的辉煌成就，大学生能够增强对祖国的自尊心与自豪感，进而更加坚定地投身于中国梦的实现。同时，对近代史的反思能够激发大学生的民族自尊心，使他们在实现中国梦的过程中保持信心与决心。

社会责任感的培育是大学生爱国主义情怀培育的关键环节。只有具备强烈的社会责任感，大学生才能自觉地将个人梦想与国家、社会的发展目标相结合，为中国梦的实现贡献力量。这要求大学生深刻认识到自身与中国梦的紧密联系，并主动参与社会实践与志愿活动，增强社会责任感，实现个人价值与国家发展的有机统一。

（二）理想信念与中国梦实现

大学生作为社会发展的未来中坚力量，其理想信念的塑造与中国梦的实现进程具有内在的逻辑关联。理想信念教育的核心目标在于引导大学生树立契合社会发展需求的理想信念，促使他们在个人成长与国家发展的互动中实现价值统一。在中国梦的引领下，大学生的理想信念应当与国家理想、社会理想深度融合，具体体现为精神追求与物质追求的统一，以及目标设定与奋斗实践的统一。

首先，大学生的个人理想需与中国梦相契合。中国梦并非个体梦想的简单堆砌，而是对全国人民梦想的高度提炼与系统整合。理想信念教育应引导大学生将中国梦内化为自身的个人理想，实现国家利益、集体利益与个人追求的有机统一，进而为中国梦的实现注入个体动力。

其次，大学生的理想信念应兼顾物质追求与精神追求的内在统一。中国梦既包括物质层面的富足，也涵盖精神层面的升华。理想信念教育需让大学生明晰物质追求与精神追求的辩证关系，既要关注物质生活的改善，又要重视精神文明建设，共同推动中国梦在物质与精神两个维度的全面实现。

最后，大学生的理想信念应实现目标确立与奋斗过程的有机统一。中国梦的实现需通过一系列阶段性目标的达成来逐步推进，而这些目标的实现离不开大学生的积极实践与不懈奋斗。理想信念教育应引导大学生树立远大理想，并通过脚踏实地的实践将其转化为现实成果，从而推动中国梦的实现进程。

二、"四个自信"教育

（一）"四个自信"融入思政课的必要性

当前，将"四个自信"融入思政课具有显著的时代意义。这一融合不仅是应对现实需求的必然选择，更是推动思政教育创新和加强意识形态阵地建设的关键举措。通过这一过程，思政教育能够更加契合时代要求，促进大学生在理论学习中的深刻理解，进而为中国特色社会主义事业的发展贡献力量。

首先，将"四个自信"融入思政课是引领思政教育的客观需要。习近平新时代中国特色社会主义思想作为党和国家的指导思想，是中国特色社会主义理论体系的重要组成部分。在新时代的社会变革和经济发展进程中，思政教育必须紧密围绕这一思想展开，培养学生的道路自信、理论自信、制度自信、文化自信。通过课程教学，引导学生深入理解中国特色社会主义道路、理论、制度和文化的内在优势与实践成果，帮助他们树立正确的世界观、人生观和价值观。这样的培养不仅是思政教育的基础任务，更是为新时代中国特色社会主义事业培育合格建设者和接班人的关键环节。

其次，融入"四个自信"是创新思政课的必然要求。在新的历史阶段，思政教育必须与时俱进，契合中国历史文化传统，适应时代发展特点以及国际形势的变化。大学生作为社会的未来力量，只有认同"四个自信"并深刻理解其内涵，才能树立对中国特色社会主义道路、理论、制度和文化的坚定信念。在思政课中加强对"四个自信"的讲解与分析，可以让学生更全面地理解中国特色社会主义的理论优势与实践成就，进而增强其对国家发展战略的认同感。这样的教育不仅为学生提供理论支撑，还能够激发他们的社会责任感和使命感，推动他们在未来的发展中自觉为国家繁荣、社会进步和人民幸福贡献力量。

最后，融入"四个自信"是加强意识形态阵地建设的时代诉求。当前，中国正处于社会主义初级阶段，面临国内外复杂多变的局势和诸多挑战。在这种背景下，加强意识形态阵地建设尤为重要，尤其是在高校中，要引导大学生树立正确的世界观、人生观和价值观，以抵御西方不良思潮的影响。思政课作为意识形态教育的主阵地，应当发挥引领作用，通过"四个自信"的内容教学，帮助学生形成对中国特色社会主义道路的坚定信仰。通过深化对"四个自信"的理解，学生能够提高辨别和抵御西方意识形态渗透的能力，从而更加坚定支持走中国特色社会主义道路的决心。这样的教育不仅有助于强化大学生的理论武装，也为巩固党的执政地位、保障国家长治久安提供了坚实的思想基础。

（二）"四个自信"融入思政课的基本原则

思政课是落实立德树人根本任务的关键课程，为了更好地推进"四个自信"融入思政课，必须遵循同一性与差异性相结合教育与自我教育相结合、显性教育与隐性教育相结合、理论教育与实践教育相结合的原则，以实现"四个自信"稳步、有序融入。

1. 同一性与差异性相结合原则

在将"四个自信"融入大学生思政课的过程中，必须贯彻同一性与差异性相结合的原则。大学生群体在思想观念、价值取向和生活方式上呈现多样化特点，个体间存在显著差异。因此，在开展"四个自信"教育时，既要坚持统一的教育目标和价值导向，又要灵活应对个体差异，确保教育效果的最大化。

首先，教师应充分认识到大学生的思想特点和需求，实施分层次、差异化的教育策略。针对不同思想水平的学生，设计符合他们实际情况的教育方案，确保每一个学生都能深刻理解"四个自信"的内涵与核心价值。教育过程应循序渐进，避免片面追求速度而忽视教育质量，确保学生在理性思考的基础上逐步形成坚定的信念。

其次，教师应根据不同层次学生的情况，进行个性化的教育规划，采用科学合理的教育方法与手段，激发学生的主体意识，充分发掘他们的潜能，满足中国特色社会主义事业对人才的多样化需求。这种方式可以确保每个学生在思政课中都能获得有针对性的引导，促进他们个人成长与社会责任感的提升。

最后，良好的教育环境和轻松的氛围对思政教育效果至关重要。通过营造宽松的教育氛围，增强学生的自主性，提高他们参与思政教育的积极性，提升教育的时效性与实践性，从而使"四个自信"的教育目标得以实现。

2. 教育与自我教育相结合原则

教育与自我教育相结合的原则，本质上是实现价值引导与个体自我构建的有机统一。在大学生思政教育中，主动学习与自我觉醒尤为重要。相较于被动接收信息，大学生更倾向于通过自我认知与自我调节来完善自身。因此，教师需注重激发大学生的内在需求，引导他们进行自我教育，以提升教育的实效性。

将"四个自信"融入大学生思政课的关键，在于将教师的外在期待转化为大学生内在的学习动力与自觉信念。教师应通过多种途径与形式，激发大学生对"四个自信"的自我培养意识，帮助其养成自我教育的良好习惯。在此过程中，教师不再局限于知识的传授者，而应成为学生的引导者与启发者。通过与学生的密切互动与沟通，教师能够更好地把握学生的思想动态与需求，从而更有针对性地引导其进行自我教育。

此外，教师应赋予学生充分的自主权与自主空间，鼓励他们勇于表达与探索，培养他们的自信心与创新精神。社团活动、辩论赛、知识竞赛等形式能够引导大学生在积极参与中实现自我反思与自我教育，进而塑造思想品德与价值观念。这种教育模式不仅有助于提升大学生的思想政治素养，更能促进他们全面发展，为实现"四个自信"的内化与践行奠定坚实基础。

3. 理论教育与实践教育相结合原则

思政教育作为一项系统性的工作，理论教育是其核心内容之一。对党的理论和国家政策的讲授，旨在引导学生树立正确的世界观、人生观和价值观。然而，随着当代大学生独立性和个性化特征日益凸显，单一的理论灌输模式已难以满足教育需求，往往难以取得理想的教育效果。因此，将理论教育与实践教育相结合，尤其是在培育"四个自信"方面，已成为推动思政课教育改革与发展的必然选择。

理论与实践相结合的原则，旨在通过实践活动增强学生对"四个自信"理论的理解和认同。在课堂教学中，教师通常通过讲解党的理论和国家政策，让学生了解"四个自信"的内涵、特征及其价值。然而，单纯的理论学习往往难以让学生深刻体会其现实意义和精神内涵。因此，将理论教育与实践教育相结合，能够使学生在实践中更直观地感受"四个自信"的重要性，进而在思想上建立更加坚定的信念。

在实践教育过程中，组织学生参与社会实践活动，走出校园、深入社会，有助于他们亲身体验中国特色社会主义道路的现实成果与优势，感受国家发展历程中的艰辛与成就。通过这种身临其境的感知，学生不仅能更全面地理解"四个自信"所蕴含的历史使命和时代价值，还能加深对中国特色社会主义发展模式的认同。在此过程中，学生能够将抽象的理论知识与自身的生活经历相结合，形成对"四个自信"的深刻理解，并转化为坚定的政治信仰。

理论教育与实践教育的结合，不仅能够增强学生对"四个自信"的认知深度，还能够提升他们的思想政治素养，培养他们的实践能力和创新精神。通过这种教育模式，学生能够在实际行动中践行"四个自信"，并在学习、工作和社会实践中展现这些信念。因此，将理论教育与实践教育相结合，不仅能够促进思政教育的有效实施，更能够为国家长治久安和民族复兴提供有力支撑。

4.显性教育与隐性教育相结合原则

显性教育与隐性教育的有机结合，是提升思政课效果的重要原则，尤其是在将"四个自信"融入大学生思政课的过程中，这一原则具有更为重要的意义。显性教育通过有计划、目标明确的教学活动，直接向学生传授理论知识；而隐性教育则通过环境和社会氛围的潜移默化影响，塑造学生的思想和行为。二者结合能够更全面地推动思政教育的深入实施。

通过课堂教学，教师可以系统地向学生讲解"四个自信"的核心理念、特征以及它们在中国特色社会主义实践中的重要意义。课堂教学为学生提供了理论知识的框架和基础，帮助他们在认知上理解"四个自信"的内涵及深远影响。同时，实践教学作为显性教育的一部分，通过引导学生参与社会实践和相关活动，使学生能够从实践中体验"四个自信"的现实价值和实践意义，进一步增强对这一理论的认同感。显性教育通过这些直接、明确的形式，有效地帮助学生将理论知识转化为内在的认同和信仰。

然而，单纯依赖显性教育的传授方式往往难以达到最佳的教育效果。隐性教育在此过程中起到了重要的补充作用。隐性教育并不直接传授知识，而是通过潜移默化的方式，利用社会环境、校园文化和网络平台等多方面的影响，逐渐渗透到学生的思想深处。校园文化作为隐性教育的重要载体，通过传播主流价值观和弘扬社会主义核心价值观，能够在学生的日常生活中潜移默化地塑造他们的思想和信仰。社会氛围和网络环境同样具有重要作用，它们通过网络舆论、社交平台和信息传播，影响学生的价值观和思维方式，帮助他们在无形中形成对"四个自信"的认同。

因此，显性教育与隐性教育相结合，能够发挥有效的补充和协同作用。显性教育为学生提供了明确的理论指导和思想框架，而隐性教育则通过环境的潜在影响，使学生的思想和行为发生内在的变化，两者相辅相成，共同促进"四个自信"教育的深入开展。这种结合不仅能够提升思政教育的实效性，还能增强大学生对"四个自信"的认知深度，使其在理论和实践中更加坚定信念，进而在实际生活中将思想转化为行动。

（三）"四个自信"融入思政课的内容体系

将"四个自信"融入大学生思政课是一个理论与实践相互作用、相互促进的动态过程，体现为全方位、多维度的深度融合，而非简单的拼凑或生硬嫁接。这种融合具有内在的活力与发展潜能，旨在实现两者的有机统一。因此，融入过程并非无序混合，而是遵循内在逻辑的全方位渗透。"四个自信"作为有机统一体融入思政课时，不能仅停留于形式层面，不能以空洞理论的形式呈现道路自信、理论自信、制度自信、文化自信，而是要深刻领会其内涵，整合融入的内容体系，确保融入的实效性。

1. 以共产主义理想为核心

在"四个自信"融入思政课的过程中，将共产主义理想作为核心内容至关重要。这一理念的实践不仅是对"四个自信"各个维度的深刻阐释，更是对共产主义远大理想信念的必然追寻。在中国特色社会主义的伟大实践中，"四个自信"所体现的道路自信、理论自信、制度自信、文化自信，都是在中国共产党的领导下，在中国特色社会主义的实践中逐步发展和积淀起来的。这些自信的核心目标始终是实现共产主义理想，推动社会向更加公平、正义和幸福的方向发展。

共产主义理想作为一种强大的精神力量，具有深远的历史意义和实践价值。它不仅是理论的抽象概括，更是中国特色社会主义事业的最终指引。新时代的大学生必须认清这一理想的核心地位，并将其内化为指导实践的力量。坚定共产主义理想信念，是实现个人理想和社会整体进步的必要前提。无论社会如何变迁，始终以共产主义理想为目标，不断强化理想信念，是思政教育的重要任务。

因此，高校思政课必须致力于帮助学生清晰认识共产主义理想的现实意义，并纠正他们对这一理想的错误理解。课程的关键在于通过系统的理论教育和实践引导，助力学生树立正确的人生观和价值观，坚定他们追求共产主义理想的信念。

2. 以爱国主义为重点

爱国主义作为中华民族的精神支柱，始终是推动社会前行的重要力量。在历史的长河中，中华民族在追求独立、解放以及现代化建设的进程中，始终坚定地秉持爱国主义精神，团结奋进。在当代中国，爱国主义精神体现为对中国特色社会主义的自信、自尊与自豪。"四个自信"凝聚了中国特色社会主义对未来发展的信心，以及对国家发展道路的坚定自信，具有浓厚的爱国主义色彩。因此，将"四个自信"融入大学生思政课，必须将深厚的民族情感和爱国主义理念根植于每一个大学生的心中，以促进他们全面发展。

爱国主义精神不仅在国家面临危难时意义重大，在社会和谐稳定发展时期同样不可或缺也具有重要意义。当前，随着经济全球化和政治多极化的不断发展，大学生正处于世界观、人生观和价值观形成的关键时期，面临着各类社会思潮的冲击，易受到外来不良思潮的影响，进而削弱爱国主义意识。因此，将"四个自信"融入大学生思政课时，必须注重培养学生的文化认同感、民族自豪感与国家归属感，引导他们树立奋斗目标，坚定理想信念，使他们在日常生活中逐步内化爱国主义精神。

高校思政课不仅要注重理论知识的传授，更要注重爱国主义情感的培养。只有通过爱国主义精神的内化，大学生才能深刻认识到自身的社会责任与历史使命，从而更好地为国家、民族与社会的发展贡献力量。具体而言，教师应通过课堂教学、社会实践、校园文化建设等多种方式，引导学生全面了解国家的发展历程与取得的显著成就，增强学生的国家认同感和民族自豪感，激发他们的爱国热情。通过多维度的培养，大学生能够在思想上认同爱国主义精神，并将其转化为实际行动，为国家和民族的未来发展贡献力量。

3. 以服务人民为目标

全心全意为人民服务是中国共产党始终坚持的根本宗旨，贯穿党的整个历史进程。这一宗旨自党成立之日起便被确立，并在历代领导人的实践中得到了充分体现。无论在何种历史背景下，党始终将人民的利益作为工作的出发点和落脚点。马克思在青年时期便立下为人民幸福不懈奋斗的志向，体现了对人民利益的深切关怀。中国共产党继承并发扬了这一思想，确保党的一切行动都紧密围绕人民的根本利益展开。

在中国特色社会主义新时代背景下，"四个自信"不仅是对中国特色社会主义道路、理论、制度和文化的自信，也是对党全心全意为人民服务宗旨的自信。将"四个自信"融入高校思政课的核心目的，是引导学生深入了解中国特色社会主义的发展历程，并深刻理解党全心全意为人民服务的宗旨。通过深入学习中国共产党为人民谋幸福的各项实践，大学生可以更加明确个人理想与国家发展和民族命运之间的内在联系。这样，学生不仅能够增强对中国特色社会主义事业的认同，还能在思想上树立起以人民为中心的根本立场，进一步提升投身国家发展、为人民谋幸福的责任感。

对于大学生而言，未来步入社会，应将服务人民作为工作和实现人生价值的核心目标。在工作岗位上，要秉持全心全意为人民服务的理念，尽职尽责完成本职工作。面对生活中的挑战与困难，应积极应对，不断提升自己的综合素质和专业能力。通过这些努力，大学生能够为国家的富强、民族的复兴以及人民的幸福作出积极贡献。在实现个人价值的过程中，应时刻牢记光荣的历史使命，将个人的奋斗目标与国家的发展需求紧密结合，并肩负起时代赋予的责任，为实现中华民族伟大复兴的中国梦贡献力量。

4. 以知行合一为归宿

将"四个自信"融入高校思政课的最终目标是实现知与行的统一。实践原则在高校思政课中占据重要地位，马克思主义强调理论必须与实践相结合，与现实世界紧密联系。实践是大学生与社会环境和客观事物相互作用的桥梁，也是思政课的关键环节。高校思政课所传授的知识与理论，必须最终落实到实践中，才能切实发挥其效用。

知是行为的起点，正确的知识指导的行动才是有效的，若没有正确的知识作为指引，行动便会失去方向，陷入盲目之境。经过实践检验得出的知识才能称之为"真知"，而脱离实践的知识则只是空洞的理论。将"四个自信"融入高校思政课的关键，在于将其作为"真知"引导大学生坚定政治信仰、抵御不良思潮的侵蚀，并指导他们实践行动。在实践中，大学生能够通过实际行动来践行这些理论，最终实现知行合一。

大学生作为社会主义事业未来的中坚力量，必须在理论学习和实践活动中真正理解和贯彻"四个自信"，将知识转化为行动，积极参与社会发展进程，推动中国特色社会主义事业的实现。因此，知行合一不仅是"四个自信"融入高校思政课的最终目标，更是其核心要义所在。大学生只有在实践中将理论与行动统一，才能成为实现国家发展目标的重要力量。

第三节　社会主义核心价值观教育

一、社会主义核心价值观的践行意义

社会主义核心价值观教育是实用性的，而非纯粹的理论研究，它可以用来解决思想问题。大学生之所以要践行社会主义核心价值观，不仅是为了体现出社会主义核心价值观的价值，更重要的是将其与教育相结合形成合力，产生"1+1 ≥ 2"的效果。

（一）落实社会主义核心价值观的教育内容

我国通过总结多年的改革开放经验，逐步提炼出社会主义核心价值观。这一价值观体系已经成为全国人民普遍认同的理想信念，且与时代发展紧密契合。社会主义核心价值观内容简明易记、逻辑严谨，充分体现了中国特色社会主义的本质要求，并具有较强的凝聚力和系统性。其倡导内容从国家、社会和个人三个层面，明确了社会主义的价值目标、准则以及导向。

1. 国家层面的价值目标

国家层面的价值目标居于社会主义核心价值观的主导地位，指引我国社会主义建设的发展方向。该目标反映了全体人民的价值取向与理想，具体包括"富强、民主、文明、和谐"。这一价值目标从宏观层面对国家的政治、经济、文化及社会的建设提出了要求。国家的富强与民众的幸福密切相关，国家的强大依赖于民众的积极参与和贡献，经济和生产力的发展是提升国家综合国力的核心要素。富强的国家能够为人民创造更加丰富的物质财富，并推动共同富裕的实现；社会主义民主政治建设强调人民的主人翁地位，提升人民行使民主权利的能力，进一步完善社会政治结构；文明的提升则强调公民在物质文明和精神文明方面的双重发展，推动国家成为文化强国；和谐则倡导人与社会、自然以及人与人之间的和谐共处，强调社会的整体平衡与每个人的全面发展。从本质上看，政治、经济、文化及社会是一个相互联系、相互依存的有机整体，只有协调好各方面的关系，才能实现全面发展与进步。

2. 社会层面的价值导向

社会层面的价值导向明确了公民的基本权利，保障每个人的自由与全面

发展。平等和法治是这一层面的核心内容，公民享有法律保障的基本权利，包括人身自由、言论自由及发展自由等。制度的基础是平等，只有在法律、机会、权利等方面实现平等，才能为每位公民创造公平的环境。平等是实现公正与法治的前提，只有确保每位公民的平等地位，社会才能更加公正、和谐。法律在这一体系中发挥着至关重要的作用，全面依法治国的推进为社会提供了必要的法律保障，确保公民的合法权益不受侵害，同时也促进了社会整体道德与法律意识的提升。

3. 公民个人层面的价值观要求

公民个人层面的价值观要求是社会主义核心价值观的重要组成部分，其核心在于培育具有高度责任感和良好道德素养的公民。一个和谐的社会、完善的制度以及强大的国家，都离不开高素质公民的支撑。国家的兴衰成败直接取决于人民素质水平与共同努力程度。每个国家都依赖于民族的凝聚力，这要求公民具备爱国主义精神。

个人在职业生涯中应展现出无私的奉献精神，坚守岗位、爱岗敬业，通过实际行动推动社会进步。诚实守信、真诚待人是每个公民应遵循的基本准则。诚信是社会稳定的基石，只有通过真诚与信任的互动，才能建立稳定和谐的社会关系。因此，每个公民在日常生活中都应恪守道德规范，保持友善的态度，并积极参与社会建设，确保民族的延续与活力。

社会主义核心价值观的三个"倡导"体系为国家、社会和个人提供了明确的价值方向，强调以实现"富强、民主、文明、和谐"的社会为最终目标，而"自由、平等、公正、法治"为发展进程中的关键保障。与此同时，"爱国、敬业、诚信、友善"则是社会与个人发展的基础。个人的价值观不仅要与社会和国家的目标保持一致，个人还需主动参与其中。公民的个人发展与社会和国家的进步密切相关，因此，个人在追求自我实现的同时，也应承担起应有的社会责任。这一系统的价值观要求，强调了国家、社会与个人三者之间的紧密联系，必须综合考虑，避免偏颇，才能实现全面的社会发展与进步。

（二）实现社会主义核心价值观的价值目标

1. "法治"

我国坚持依法治国基本方略，明确提出法律是治理国家的基本手段，与人治、德治相区别，强调通过法律制度对国家的各个领域进行规范与管理。法治的核心要义在于建立健全法律体系，并强化全体公民的法治意识。每个人都应明确自身的法律责任，严格遵守法律规定，学会依法保护自身权益，杜绝违法乱纪行为，从而推动社会的有序发展与进步。

大学生作为国家未来的栋梁，肩负着推动国家法治社会建设的重要责任。他们的法律意识和行为规范不仅直接影响其自身的发展，还将对整个社会的法治氛围产生深远影响。因此，高校在培养大学生的过程中，除了传授学术知识，还应高度重视法治教育，确保大学生深刻理解法律的重要性，并养成遵纪守法的良好习惯。大学生应通过学习法律知识，从自觉遵守校规逐步过渡到践行社会法律，将法治观念内化为个人行为准则。

2."民主"

"民主"作为社会主义核心价值观，体现了人民当家作主的理念。历史上，人类始终未曾放弃对民主的追求。民主不仅是一个政治概念，还与经济基础紧密相连，反映了特定社会制度下民众的参与权和决策权。从经济制度角度来看，社会主义民主与资本主义民主在内容、性质与形式上存在显著差异。因此，不同的国家和社会体制往往呈现出不同的民主模式，即使在同一国家，随着经济发展与社会变革，民主的形式和内涵也会发生相应变化。

随着我国经济发展与生产力水平的不断提升，人民的民主意识逐渐增强，民主制度和形式也在逐步完善。在此背景下，大学生群体逐渐认识到我国社会主义民主制度的重要性，并了解其基本框架和运行机制。作为国家和社会发展的重要力量，大学生不仅是社会主义民主建设的见证者，更是参与者和推动者。因此，提高大学生对社会主义民主价值观的认同，增强其民主意识，已成为当代社会对大学生的重要要求。

3."诚信"

诚信作为中华民族传统美德的重要组成部分，具有深厚的文化底蕴与道德价值。儒家所倡导的"仁义礼智信"中，"信"是核心要素之一，为人们的行为规范提供了基本准则，强调了诚信在个人修养与社会交往中的重要地位。诚信不仅是中国传统文化中君子之德的重要体现，更是现代社会中个体行为的基本要求。

在全球化背景下，诚信依然是个人立足社会的根本。我国的市场经济与社会主义建设对诚信提出了更高要求。市场经济的运行依赖于平等、信誉与竞争，其中，信誉是市场主体生存与发展的关键要素。在这一语境下，诚信不仅是道德层面的约束，更是经济行为与社会交往的基石。

大学生作为社会主义未来建设的主力军，肩负着推动社会发展的重任，更应将诚信作为社会主义核心价值观的重要内容。他们需要在思想与行为上遵循市场经济与社会主义建设对诚信的要求，将诚信内化为自身的行为准则，以实现个人价值与社会价值的统一。

4."友善"

当代大学生需具备团结协作精神，以应对社会高速发展带来的行业竞争。唯有通过团结协作，个人、社会及国家的发展才能得以实现，因此团队建设的重要性不容忽视。在进行社会主义核心价值观教育时，教师应科学规划，通过实践活动巩固理论知识，确保活动紧密围绕社会主义核心价值观展开，以充分发挥团结协作的作用。此举旨在让大学生深刻认识到团结协作的重要性，进而增强其团结协作意识。大学生应学会独立思考和解决问题，在为社会贡献力量的同时，也要增强社会责任意识，感受集体的力量与作用，从中获得成就感和归属感，深刻体会社会主义核心价值观的意义与魅力。

二、社会主义核心价值观的培育方法

（一）合力育人法

合力育人法强调通过整合校内外多方教育资源，形成协同作用，共同推动大学生社会主义核心价值观的培育。该方法的核心在于构建多元互动的教育环境，促使家庭、学校和社会形成三方联动机制，共同关注学生的思想道德建设。高校在这一过程中扮演着重要的引导角色，既要加强与家庭的合作，又要借助社会的支持形成合力。

具体实施方面，高校应通过开展家校合作、社会实践等活动，让学生在实践生活中深刻领悟社会主义核心价值观。通过这种方式，学生能够在真实的社会情境中感知、理解和认同核心价值观，从而将这些抽象的理念转化为自觉的行动。高校还应积极邀请社会知名人士、道德模范等外部力量进入校园，通过他们的榜样示范和言传身教，进一步增强学生对社会主义核心价值观的认同感，并激发践行的动机。

（二）网络教育法

网络教育作为一种新兴的教育方式，借助互联网和现代信息技术手段，创新了社会主义核心价值观的教育内容和形式，极大地提高了教育的针对性和实效性。在当今信息化时代，网络已经成为大学生获取信息、交流思想和形成价值观的重要平台。因此，高校应当充分利用网络资源，搭建专门的社会主义核心价值观教育平台，通过开设网络课程、建立主题网站、开展网络讨论等方式，将社会主义核心价值观以更加生动和形象的方式呈现给大学生，以提高他们的学习兴趣和接受度。

通过网络教育，高校能够突破传统课堂的时空限制，将社会主义核心价值观教育与大学生的日常生活和思想动态相结合，使学生在网络环境中更加主动地参与学习和讨论，促进其思想的深化和价值观的升华。然而，网络教育的开展不仅仅是知识的传递，还需要高度重视网络舆情的引导和管理。高校应通过有效的舆论监控和引导机制，确保网络教育环境健康、积极，避免受到不良信息的影响，营造有利于社会主义核心价值观传播的网络氛围。

（三）自我教育法

自我教育法是一种以激发大学生内在动力和自我意识为基础，引导其自觉学习和践行社会主义核心价值观的教育方法。大学生作为具有独立思考能力和自我发展需求的个体，在高校思政教育中占据主体地位，其自我教育能力是实现价值观内化与外化的关键。

在社会主义核心价值观的培育过程中，高校需充分发挥大学生的主体作用，通过开展主题班会、座谈会、辩论赛等多样化的活动，为学生提供思考与讨论的平台。这些活动能够促使大学生在思想碰撞中深化对社会主义核心价值观的理解，形成正确的价值判断与价值选择。同时，高校应注重引导大学生将社会主义核心价值观内化为个人的行为准则与价值追求，并通过实际行动践行这些价值观。自我教育法不仅有助于提升大学生的思想政治素养，还能提高他们自主学习与自我完善的能力，从而实现个体成长与社会主义核心价值观教育目标的有机统一。

第四节 高校思政课课堂教学方法分析

一、高校思政课教学的方法体系

加强对思政课教学方法的研究与发展，对于推动思政教育学科理论的深化具有显著意义。这不仅有助于系统梳理中国思政课教学方法在理论与实践层面所面临的多重问题,还能有效提升思政课教学的实际效果。通过深入探讨教学方法的内在逻辑与实践路径,可以进一步丰富和完善当代思政课教学方法论体系,从而为思政教育的创新发展提供坚实的理论支撑和实践指导。

(一)高校思政课教学的基本方法

1. 理论教育法

(1)理论学习法

理论学习法是一种通过阅读各类书籍、报刊、网络文本等材料进行自我提升的学习方式。它旨在通过系统化的信息获取与知识积累,引导学生进行独立思考与实践应用。在高校思政课中,理论学习法涵盖的内容不仅包括政治理论,还涉及历史知识、法律法规、伦理道德等多个领域的内容。通过理论学习,学生可以更好地了解社会发展、国家政策以及个人行为规范,从而促进思想提升和实践运用。

理论学习的有效性在于其能够促使学生通过自主学习获取知识,并加深对社会现象和政治经济体系的认知。这一过程需要将学习内容与个人实际生活和工作经验相结合,帮助学生实现知识的内化与应用。例如,学习政治理论并非仅仅是对理论知识的机械记忆,而是要通过对知识的深入理解,结合自身的生活实践,形成能够指导实际行动的思想体系。

(2)系统灌输法

系统灌输法是一种通过讲解、报告等形式全面阐述思想政治或道德伦理问题的教育方法。其主要目的在于提升学生的思想政治觉悟和道德认知,使学生在理论和认知层面得到系统的引导和强化。与理论学习法的自主性不同,系统灌输法强调教师通过系统的传授和讲解,使学生全面了解思想政治领域的知识,进而提升学生的道德认知,规范学生的行为。

在运用系统灌输法时,教师首先要准确评估学生的现有认知水平,识别其在道德认识、价值判断上存在的不足或偏差。只有在充分了解学生的知识背景和实际认知状态后,教师才能有针对性地设计教学内容,对学生进行有效的引导。例如,当学生对改革发展形势存在模糊认识时,教师可以邀请政策制定者或行业专家进行讲解,通过具体实例和权威解读,使学生理解改革的复杂性和艰巨性,从而加深其对改革理念和实践的认同。系统灌输法强调知识的全面性与结构性,它不仅关注学生在认知层面的提升,更强调通过理论阐释和实际案例的结合，使学生对社会、历史及政治经济等方面的内容具有更加深刻的理解。

（3）宣传教育法

宣传教育法作为高校思政课的关键方法之一，主要借助大众传播媒介向学生传播正确的理论和先进的思想，旨在助力学生系统地理解社会发展中的重大理论及实践成果。此方法涉及理论阐释与辅导，尤其注重通过典型事例的学习和示范，强化学生的思想认同感与实践意识。

专题讲座法是系统讲授特定思想政治问题的重要方式。通过专题讲座，教师能够深入浅出地阐述一些学生关注的热点问题，如国家发展战略、社会伦理问题以及公众人物的先进事迹等。专题讲座通常分为两个阶段：首先，演讲者系统地向学生介绍理论知识及其背景；随后进入双向交流环节，解答学生的疑惑，助力学生加深对专题内容的理解与思考。专题讲座法不仅能够有针对性地解答学生的疑问，还能有效提升学生对重大社会问题的认知，促进他们对社会主义核心价值观的深入理解。

在现代教育环境中，电子媒介特别是网络平台，已成为极具现代特色的宣传教育途径。网络凭借信息量大、传播速度快、受众广泛以及形式多样的特点，已成为影响大学生思想的重要渠道。通过网络平台，教师能够实时发布信息，开展形式多样的思政教育活动，帮助学生树立正确的价值导向。网络教育的广泛性和虚拟性不仅为思政教育提供了自由交流的平台，还使得思政教育更加贴近学生的生活，提升了教育实效性。

（4）个别谈心法

个别谈心法是教师通过和学生进行个别交谈，运用事实、经验以及政治理论、道德原则来分析和解决学生思想问题的方法。与集体教育形式不同，个别谈心法强调教师与学生之间的思想和情感交流。通过这种方式，教师能够更直接地了解学生的思想动态，增强学生对自己的信任感，帮助他们化解内心的疑虑。同时，谈心能促使学生进行自我反思，激发内在力量，从而提高教育的针对性和实效性。

实施个别谈心法需要教师注重几个方面的技巧与方法。首先，谈话要充满感情，与学生建立友谊和信任。只有在良好关系的基础上，学生才更容易敞开心扉，表达真实的思想和困惑。其次，谈心时要根据学生的思想水平和外部环境选择恰当的时机，使谈话产生最佳效果。再次，个别谈心的流程需精心设计，包括导入阶段、转接阶段、正题探讨以及结束阶段，每个环节都需要教师妥善处理，以确保谈心过程顺利进行。最后，教师应对谈心过程中知悉的涉及隐私的信息严格保密，对于必须在一定组织范围内讨论的情况，应严格遵循纪律，防止信息泄露。

（5）陶冶情操法

陶冶情操法是一种通过营造美的环境或开展艺术活动，潜移默化地影响学生思想情感和道德情操的教育方法。学生对美的事物天然具有亲近感，随着年龄增长和知识积累，他们对兼具思想性与艺术性的活动表现出强烈的参与意愿。文学、音乐、舞蹈、戏剧表演和绘画等艺术活动不仅能让学生开阔视野、增长知识，还能丰富课余生活，陶冶情操，促进其全面发展。

美的环境是学生身心健康成长的重要条件。教师应引导学生积极参与校园环境的美化与建设，通过绿化、美化校园，保持校园整洁美观，营造舒适、和谐的生活与学习氛围。教室内整齐的桌椅、明亮的门窗以及窗台上的盆花等细节，都能为学生提供良好的学习环境，促进其身心健康。

学校应结合自身特色，建设具有文化底蕴和艺术氛围的校园文化，营造文明、和谐的校园环境。例如，通过在走廊展示学生艺术作品，定期举办文艺晚会、艺术节、体育节等活动，让校园充满艺术气息与活力，提升学生的审美能力与文化素养。

班风与校风作为集体精神风貌的体现，是集体培育的结果，也是重要的教育因素。优良的校风与班风能够潜移默化地影响学生的道德情操，塑造他们积极向上的精神品质。因此，学校需注重校园文化的建设与传承，通过营造美好的自然与社会环境，对学生的思想情操发展进行积极引导，促进其全面发展。

（6）立体教育法

立体教育法是一种将思政教育工作视为多维度、网络化系统工程的教育方法，强调各方面合作与多层次交互的组织方式。与传统的思政教育主要依赖政教部门、教师和班主任协作不同，立体教育法更加强调分层次、网络化的教育结构，旨在通过多方力量的共同作用构建一个更加综合和立体的教育体系。其实施路径可从以下四个方面进行探讨。

第一，立体教育法要求党支部、学校领导、教务处、团支部、少先队组织、班主任、科任教师及全体学校工作人员共同参与学生的思想政治工作。通过这种系统性合作，各方面的力量应当保持教育目标一致，并在实践中积极配合，以提升思政教育的整体成效。学校内各层级人员的协同合作能够确保教育内容和价值导向在每个教育环节中得到充分贯彻和落实。

第二，立体教育法强调校园外部的合作与协调。家庭、社会与学校应保持一致的思政教育目标，形成强大的教育合力。在这一过程中，学校应当发挥主导作用，班主任主动与学生的家庭和社会建立联系，积极加强沟通与宣传。这种内外协同的合作模式有助于形成相互支持、协调一致的思想教育网络，为学生创造一个有利于思想政治成长的良好环境。

第三，立体教育法对各类组织的作用发挥提出了明确要求。共青团、学生会和少先队等学生组织应充分发挥其在高校思政课中的独特作用。通过鼓励学生自我管理和自我服务，学生不仅能够提升领导能力，还能在实际社会交往中提升思想道德素质。更重要的是，各级学生干部应当得到轮岗锻炼的机会，这种轮换机制能够确保每个学生都获得必要的实践机会，从而促进学生综合能力的发展。

第四，立体教育法高度重视社会环境对学生成长的影响。在当今信息化社会，学生面对复杂多元的信息流，可能难以有效辨识其中的真伪与价值。面对社会上消极信息的潜在影响，学校应通过适当的引导和教育干预，帮助学生树立正确的价值观，提升辨识能力，促进健康、全面的发展。

2. 激励教育法

激励教育法的理论依据源于人的需要这一客观心理现象。需要是个体在社会生活中对必要事物的主观反映，表现为愿望、意向、兴趣等形式，是驱动思想与行为的基本动力。激励教育法通过关注个体的"内在需求"与"外在目标"，研究如何激发人的内在动力。这种教育方法强调，需求不仅是人客观的心理反应，更是推动个体行为的重要驱动力。

（1）激励教育法的形式

在思政课教学过程中，激励机制的构建需要针对主体需求的多样性和"内在需求"与"外在目标"的辩证关系进行多维度设计。具体而言，可依据教育规律和个体发展特点，构建以下四种主要激励模式。

第一，情感激励法。教师应通过师生对话、情境体验等方式深入学生的情感世界。在课堂讨论中创设感人情境，在个别辅导时建立信任关系，将价值引导融入日常关怀。例如，借助抗疫英雄事迹唤醒学生的责任意识，利用校园文化活动培育家国情怀。这种寓理于情的教育方式，能使社会主义核心价值观自然内化为学生的精神追求。

第二，物质激励法。学校可通过设立奖学金、实践学分等制度，对积极参与志愿服务、创新实践的学生给予物质奖励。在实施过程中，必须建立公平透明的评价体系，确保奖励与学生的实际贡献相匹配。如在"红色文化传承"项目中，对优秀实践团队颁发证书并提供科研资助，既肯定学生付出，又激发他们持续参与热情。

第三，表扬激励法。教师应及时发现学生的进步表现，通过课堂点评、荣誉墙公示等方式强化正向行为。具体操作中要注意：在主题班会上公开表彰社会实践积极分子，在家长群中通报学生思想成长案例，在评优评先时突出品德表现。这种多维度认可机制能有效满足学生的尊重需求，形成见贤思齐的群体效应。

第四，目标激励法。教师指导学生制定个性化成长规划时，需把握两个关键维度：首先，将学业目标与职业理想对接，帮助学生在专业学习中树立服务社会的志向；其次，分解长期目标为阶段性任务，如将"成为思政课代表"细化为每月读书计划、课堂发言指标等可操作步骤。定期组织目标达成度评估，既保持适度挑战性，又避免产生挫败感。

（2）激励教育法的保障

激励教育法在高校思政课中的应用，强调通过激发学生的内在动机与积极性，促进他们思想成长与行为规范的内化。其核心保障体现在以下三个方面。

第一，把握激励的时机。时机对激励效果的实现至关重要。在高校思政课中，激励时机的选择要求教师根据学生的需求、心理状态及外部环境的变化，精准判断何时进行激励。教师应关注学生的心理变化及其对教育的接受程度，通过精准的时机选择，使激励措施更具针对性与有效性，从而最大化教育效果。时机的把握不仅是对时间的简单选择，更包括对学生状态的细致观察与判断，以确保激励在学生最需要的时刻发挥最佳作用。

第二，注重激励的渗透性。激励的渗透性指的是教师通过细致入微的激励手段，将激励效果扩展到学生学习、生活及日常行为的各个层面。这一过程要求教师采取灵活多样的激励方式，不只局限于课堂上的直接教育，还应将激励的理念、内容渗透到学生的日常互动、行为规范和思想活动中。教师通过长期的渗透与持续的激励，帮助学生将外部激励逐渐内化为自身的行为准则和价值观。

第三，注重激励的感染性。激励的感染性主要体现在两方面：一是通过情感的力量，使学生在情感上产生共鸣，从而乐于接受并内化教育内容；二是通过对个体或集体的激励，促使更广泛的群体受到感染。教师应善于运用情感因素，在激励过程中融入理性与感性，使教育不仅仅是理性知识的传递，更是情感和价值观的感染与传播。情感共鸣和集体激励可以激发学生的集体荣誉感与社会责任感，使他们在自觉接受教育的过程中，内心产生认同并转化为实际行动。

（二）高校思政课教学的创新方法

在思政课教学过程中，除了运用一些基本的方法来达到教育效果之外，还有一些特殊的思政教育方法可供采用和借鉴。

1. 典型教育法

典型教育法作为高校思政课中的重要教学手段，旨在通过展示典型人物或事件，发挥其正面或反面的示范作用，促进学生思想政治素质的提升，帮助学生形成正确的价值观和行为模式。该方法的有效运用，不仅能够激励学生树立正确的社会观念，还能增强其社会责任感与个人发展动力。

（1）正面典型教育法

正面典型教育法的实施，要求教师具备高度的敏锐性，能够识别并推广具有时代感和代表性的先进典型。这些典型人物和事件通常源自学生身边的实际生活，因而具有较强的现实感和亲切感，更容易引发学生的认同和模仿。在选择正面典型时，应注重其群众基础，确保其典型性和普遍性，并考虑其多样性，涵盖不同领域的榜样人物。教师应通过细致的培养和指导，确保典型的健康成长与正向影响的持续发挥。对于这些典型的宣传，应坚持实事求是的原则，确保信息的真实性与准确性。在宣扬典型时，既要突出其优秀品质与先进事迹，也应理性呈现其局限性与不足，避免过度美化或神化典型人物，以免造成学生的盲目崇拜和不切实际的期望。通过这样的方式，教师能够引导学生全面、客观地理解典型，鼓励他们汲取榜样的力量，对照自身的不足，从而促使学生的自我反思与自我提升。

（2）反面典型教育法

反面典型教育法的运用，侧重于通过揭示或批评错误观点与行为的危害，达到警示教育和预防教育的效果。反面典型尤其适用于思想教育中的警醒和反思，通过对反面教材的分析，帮助学生深刻认识到错误行为或思想的本质与后果，提高辨别是非、选择正确价值观的能力。在应用反面典型教育法时，教师应具备正确的判断力和敏锐性，避免反面典型对自身产生负面影响。选择适当的反面教材，是实施反面教育的关键。教师应根据学生的思想水平、接受能力与教育目标，审慎挑选适宜的反面案例，避免使用过于激烈的材料以免引起学生的反感或误导。同时，教师需要引导学生深入剖析反面典型的根源和危害，帮助他们了解错误行为的后果，从而自觉抵制负面影响，确立正确的价值观与行为准则。通过对反面典型的分析，学生不仅能认识到错误行为的严重性，还能够学习如何在日常生活中做出正确的选择与判断。

在实施典型教育法的过程中，教师的角色至关重要。教师不仅是典型教育的组织者和实施者，更是学生思想成长的引导者和促进者。因此，教师应不断提升自身的专业素养与道德修养，掌握教育技巧，以身作则，成为学生学习的榜样。此外，教师还应关注学生个性化的思想差异，采取灵活多样的教育方法，以满足不同学生的需求，确保教育的个性化与精准性。

高校思政课的典型教育法还需依托良好的教育环境和氛围。高校应为典型教育的开展营造一个开放、包容且积极向上的教育环境，鼓励学生主动参与典型教育活动，为学生提供多样化的学习资源和平台，促进学生的全面发展。与此同时，高校应建立科学有效的评估与反馈机制，定期对典型教育法的实施效果进行评估，及时总结经验，发现问题并进行反馈调整。

2. 冲突缓解法

人类社会的持续发展不可避免地伴随着各种冲突。高校学生群体也面临着不同类型的冲突，这些冲突既包括个体与外部环境的矛盾，也涉及个体之间的误解与分歧。这些冲突的产生，往往与个体的性格差异、社会环境的变化以及学业与心理压力密切相关。如何有效缓解这些冲突，已成为高校思政课的一项重要任务。

（1）情绪管理与情感调节

学生常常在情绪波动较大时引发冲突，因此，教师需要帮助学生认识并疏导自身的情绪。开展情绪管理课程或活动，教师可以引导学生学会自我调节情感反应，培养学生的情商，提升其心理素质。这种情感调节能力的提高，能够使学生在面对学业压力、人与人之间的冲突或外部挑战时，保持理性和冷静，从而有效减少冲突的发生或避免冲突的升级。

（2）沟通与交流能力培养

冲突的根源往往在于沟通不畅或信息误传。因此，在高校思政课教学中，需要特别注重学生沟通与交流能力的培养。通过组织团队合作、角色扮演、辩论赛等互动性强的活动，教师可以帮助学生提高表达与倾听能力，使学生在面对人际冲突时，能够清晰、有效地表达自己的观点、理解他人的立场并寻求共识。良好的沟通技巧能够促使学生更加理性地解决分歧，减少因误解或信息不对称引发的冲突。

（3）价值观教育与思想引导

由于当代学生的价值观念日趋多元化，冲突往往源于不同价值观的碰撞。因此，思政课中的冲突缓解法应重视学生的价值观教育与思想引导。教师可以通过讨论、案例分析等形式，帮助学生树立正确的价值观，培养他们积极向上的人生态度与社会责任感。通过思政课的引导，学生可以更加理性地面对社会现实和个人发展中的各种矛盾与挑战，从而减少因价值观差异引发的冲突和分歧。

3. 比较教育法

比较教育法是高校思政课中一种重要的教学方法，其核心在于通过对两种或多种不同事物的异同点进行分析、比较与鉴别，引导学生进行正确思考和判断，从而提升其思想认识水平。比较教育法通过揭示事物的内在联系与发展规律，帮助学生构建系统的思维框架，提高他们对复杂问题的分析与理解能力。

（1）比较教育法的形式

比较教育法主要包括纵向比较和横向比较两种形式。纵向比较是通过对事物在不同历史阶段的表现进行对比，揭示其发展脉络与演变规律，帮助学生理解事物的动态变化过程，从而深化对本质的认识。横向比较则是在空间维度上，对具有相关性的不同事物进行对比分析，通过揭示其异同点，帮助学生把握事物的本质特征，提高学生对不同事物的辨析能力。两种比较形式相辅相成，纵向比较关注事物的历时性，横向比较关注事物的共时性，二者结合能够为学生提供更为全面和深入的认识视角。

（2）比较教育法的操作原则

在运用比较教育法时，需遵循以下原则。

第一，可比性原则。比较的前提是事物之间具有可比性，即比较对象应在同一条件和同一标准下进行分析，以确保比较结果的科学性和有效性。只有在合理的比较框架内，才能得出准确的结论，避免因比较对象的不匹配而导致的逻辑错误。

第二，本质比较原则。比较不应仅停留在表面现象，而应深入事物内部，从本质层面进行分析与鉴别。通过揭示事物的本质区别，帮助学生把握核心问题，避免被表面现象迷惑。

第三，多项指标比较原则。为获得对比较对象的整体性认识，需运用多个互相独立且不可替代的指标进行分析。多指标比较能够从不同维度揭示事物的本质特征，避免因单一指标的片面性而影响对事物的全面理解。

第四，多样化比较形式原则。比较的形式应丰富多样，教师可采用组织讨论、案例分析、数据分析等多种方式，引导学生进行比较。多样化的比较形式能够激发学生的学习兴趣，增强教学效果，提高学生的思维活跃度和分析能力。

在实际教学中，教师运用比较教育法能够有效培养学生的综合分析能力、辨析能力、思维水平和认识水平。比较教育法的运用不仅有助于学生全面了解事物的本质和规律，还能促进他们思想的发展与进步，为其未来的学习和生活奠定坚实的思想基础。

二、高校思政课教学方法的选择依据

在思政教育的实施过程中，选择恰当的教学方法至关重要。教学方法不仅是实现教育目标的有效途径，也是提升教育质量、促进学生全面发展的关键。为了确保思政教育取得预期效果，教师需要根据不同的教育对象及其特征，科学地选择合适的教学方法。

第一，依据思政教育的目标与任务。思政教育的目标与任务是决定教学方法选择的基础。在教学实践中，教学方法作为实现教育目标的手段，应紧密围绕教育目标展开。思政教育的目标和任务具有多维性、层次性和系统性，教学方法的选择必须与这些目标任务的复杂性相契合。若未能充分考虑目标任务的要求，教学方法可能失去其应有的效能。因此，教学方法必须从目标和任务出发，确保最大限度地满足教育需求，推动思政教育目标的实现。这种目标导向的教学方法选择，有助于精准引导学生理解和践行社会主义核心价值观，达成思政课教育的预期效果。

第二，依据学生的具体特点。学生的具体特点是决定思政教育方法选择的重要因素。教育对象存在个性化差异，不同年级、不同学科背景以及不同思想道德水平的学生群体，对教学方法的适应性有所不同。因此，思政教育应结合学生的现实需求和思想状态进行针对性设计。不同学生群体适用不同的教学方法，同一群体内部不同个体的需求也可能存在较大差异。例如，低年级学生与高年级学生在思想成熟度、社会经验及价值观塑造上存在差异，教学方法的选择应因人而异。只有通过细致的分析和灵活的调整，才能确保教学方法的适应性和有效性。此外，学生的家庭背景、成长经历以及个性特征等因素，均应在教学方法选择中予以充分考虑，从而实现思政教育的个性化与精准化。

第三，依据教育中的实际问题。教学方法的选择应紧密结合教育实践中的实际问题，确保教学的实效性。学生所面临的具体问题往往决定了如何采取有效的教学方法。若能够准确识别并分析学生在思政教育过程中遇到的实际问题，如思想困惑、价值观冲突或行为偏差等，就能有针对性地选择和运用相应的教育方法。例如，面对学生对社会现实的误解或对社会主义核心价值观的认识不足，教师可以通过引导式教学、情境模拟等方法，帮助学生理清思路，理性看待问题。同时，教师应对问题的性质、程度以及可能的社会文化背景进行深入剖析，采取适当的教育策略，以确保思政教育在解决学生实际问题方面的高效性。这种基于针对性和实效性的教学方法选择，能够提高思政教育的实际操作性，使其真正发挥育人作用。

三、高校思政课教学方法的运用

（一）针对性的运用

在高校思政课教学中，确保教育效果离不开教育方法的针对性运用。教育方法的选择应基于具体的教育目标、教育内容以及教育对象的特点，以保证其有效性和针对性，从而达到最佳的教育效果。

首先，教师必须明确教育目标和内容。教育目标为教学活动指明方向，决定了教育方法的选择和运用。实现不同的教育目标需要不同的教学方法。例如，如果教育目标是培养学生的集体主义精神，那么教学内容和方法就应该围绕这一目标展开，采用能够激发学生情感共鸣、培养团队合作的方式。因此，教师应深入理解教学内容，明确其核心目标，以便选择最合适的教育方法来实现教学预期。

其次，了解教育对象的特点对于教育方法的选择至关重要。不同年龄段、学科背景和个体差异的学生，对教育方法的接受方式、反应以及效果各不相同。大学生群体思想和认知尚处于发展阶段，教师应注重选择符合学生心理和学习需求的教学方法，如互动式、参与式的教学方式，这有助于增强学生的学习兴趣和自主性。而对于思想较为成熟的高年级学生，可能需要通过辩论、讨论等方式激发批判性思维，提高独立判断能力。因此，教师必须根据学生的年龄、学科特点以及思想发展水平，灵活调整教育方法，以实现个性化和精准化教学。

最后，教师需要全面了解不同教学方法的特点及适用范围。每种教育方法在不同教学情境下有不同的优势和局限。教育方法的选择应依据教学内容的需求，确保能够有效激发学生的学习动机并促进他们知识的内化。例如，若教学内容强调情感体验与互动交流，那么案例分析、角色扮演等方法能够较好地实现这一目标。相反，对于理论性强的知识点，传统的讲授和讨论可能更为有效。因此，教师应对不同教育方法的特性进行综合评估，选择最符合教学需求的方式。

（二）实效性的运用

高校思政课教学方法的实效性是确保思政课教育达到预期效果的关键。实效性强调教育方法在实践中的可行性和有效性。只有经过实践检验、能够持续产生积极效果的教育方法，才能真正促进学生思想认识水平的提升。因此，保障思政教育方法的实效性，是提升思政教育质量的重要基础。

首先，实效性要求教师在选择教育方法时，需综合考虑教育目标、学生特点及教育环境等多方面因素。教师应根据不同的教育目标和具体任务，结合学生的认知特点、兴趣倾向和接受能力，选择最适合的教学方法。只有在实际教学过程中能够顺利实施且具有实际效果的教育方法，才能更有效地引导学生，达成思政教育的最终目标。

其次，实效性要求思政教育方法具备科学性和系统性。科学性意味着所采用的教学方法应建立在严谨的理论基础之上，经过充分的科学论证与实践验证，确保其方法论的有效性与可持续性。系统性则意味着教育方法应从整体上进行设计，需考虑教学过程中的各个环节和因素，确保教学活动具有内在的连贯性和逻辑性，从而帮助学生全面、系统地理解和吸收思政教育。

此外，实效性还要求思政教师在实施教育活动时，注重对教育效果的持续评估和动态调整。通过及时评估教学活动的实际效果，教师可以发现潜在的问题和不足，并采取必要的调整措施，使教学方法更具适应性和针对性。这一过程能够促进教学方法的不断优化和提升，更好地满足学生思想教育的需求，并提升思政教育的整体效能。

（三）创新性的运用

随着我国改革开放的不断深化以及社会变革的加速，学生的思想观念、学习习惯和信息获取方式都发生了深刻变化。因此，思政课的教学方法必须适应时代发展，不断创新，才能满足新时代的需求。

首先，高校思政课教学方法的创新性体现在教师对学生实际情况的深刻理解与把握上。教师应深入分析学生的思想状况、心理特点及学习习惯等，了解学生在特定社会环境和校园文化背景下所面临的现实问题。唯有对学生现状有充分了解，教师才能设计出更具针对性的教学方法，精准把握教学中的重点和难点，进而引导学生形成积极向上的世界观和价值观。

其次，高校思政课教学方法的创新性还必须依托现代科技手段和信息化技术的支持。在信息化时代，现代技术为教学方法创新提供了多样化的可能性。利用互联网、智能终端和社交媒体等现代工具，不仅能够拓展教学资源，丰富教学形式，还能提升课堂互动性和教学效果。此外，通过数据分析、人工智能等技术手段，教师能够实现个性化教学，精准识别学生的学习需求与困惑，从而为每个学生量身定制合适的教育方案。

最后，高校思政课教学方法的创新性还应在传统文化与国际教育理念之间找到恰当的平衡点。中华传统文化蕴含着深厚的教育思想和道德价值，教师在创新教学方法时，应充分挖掘并融入传统文化中的智慧与精髓，以增强学生的文化认同感。同时，在全球化背景下，教师应借鉴国际先进的教育理念和教学方法，尤其是批判性思维与跨文化理解等方面的教育经验，从中汲取有益的元素，推动思政教育理念的现代化和多元化发展。

（四）综合性的运用

在当今复杂多变的社会背景下，高校思政课教学方法的综合性运用愈发重要。综合性要求思政教师全面考量学生面临的实际问题、学生个体特点以及教育环境等因素，选择并有效整合多种教育方法，以实现更为理想的教育效果。

首先，综合性要求教师深入了解学生的思想状况及所面临的问题。学生的思想和认知发展受多重因素的影响，因此，教师必须全面分析学生的思想特征和存在的问题，并据此采取针对性的教育策略。只有了解学生的个性差异和思想需求，才能精准地选择合适的教学方法。

其次，综合性思政教育方法应充分考虑学生的个体特点。不同学生在性格、认知能力、学习习惯等方面存在显著差异，因此，教师需根据这些差异选择和调整教育方法，以确保每个学生都能以最适宜的方式接受有效的思政教育。这一方法强调个性化教育的实施，助力学生在多元化的教学模式中实现全面成长。

再次，综合性还要求教师充分考虑教育环境的特性。教学环境的不同，诸如课堂氛围、学校文化、社会背景等因素，都会对教育方法的选择产生影响。因此，教师应根据具体的教育情境和教学条件，灵活调整并优化教育方案，以适应不断变化的环境要求。这不仅能提升教学的适应性，也有助于取得良好的教育效果。

最后，综合性思政教育方法应通过科学的组合，最大限度地发挥多种方法的协同作用。不同的教育手段能够相互补充、彼此协调，从而形成一种有机的整体效应。教师应在教学实践中总结经验，不断优化教育策略，以确保教育目标的实现和教学效果的最大化。

第四章 高校思政课坚持理论性和实践性相统一的探讨

在高等教育领域，思政课作为塑造学生世界观、人生观、价值观的核心课程，其教学方法的科学性与实效性至关重要。本章主要探讨高校思政课坚持理论性和实践性相统一的科学内涵、必要性、可行性及实现方法。

第一节 高校思政课坚持理论性和实践性相统一的科学内涵

理论被视为时代的精髓，这一观点蕴含着双重意义。一方面，理论根植于特定的历史条件与时代背景，具有鲜明的实践特征，是对实践经验的凝练。它不仅是现实的反映，更是集体智慧的结晶，能够超越实践的局限，以抽象的观念形态再现社会历史的全貌。然而，随着时间推移及条件变化，对于理论接受者而言，原有理论可能与当前的实践情境产生偏差或错位。这种不一致性不仅源于环境的变化，还因个体差异所致。因此，深刻理解并践行理论性与实践性相统一的原则至关重要。理论应准确反映实践，并具备指导实践发展的能力；实践则应在理论的指导下进行，通过试错与调整，丰富理论内容，形成理论与实践相互促进的良性循环。只有如此，才能确保理论与时俱进，实践不断进步，为社会持续进步提供坚实的理论支撑与实践动力。

一、高校思政课理论性和实践性的内涵

就课程特征而言，高校思政课有其特殊性。它具有鲜明的政治性，而这种政治性指向现实，体现为实践性。同时，这种政治性并不是空洞的，而是建立在各类实践中概括形成的专门知识体系之上，也就是说它有学理性。

第四章　高校思政课坚持理论性和实践性相统一的探讨

（一）高校思政课理论性的内涵

理论性是高校思政课课堂教学不可或缺的内在特质，主要体现在其体系的系统性与逻辑严密性上。这类课程致力于对时代重大议题进行全面回应，这种回应并非孤立、零散的，而是系统性的、相互关联的整合，构建出一个完整的观念框架。该框架不仅反映客观现实的运作规律，还预示着未来的发展趋势。进一步而言，其回答问题的策略倾向于根本性探讨，借助高度抽象的形式与概念体系达成目标。这一过程虽省略了事物的外在繁复的细节，却也相应地提升了理解门槛。

首先，理论性的根基扎根于马克思主义基础理论。中国共产党的成功以及中国特色社会主义的优越性，核心在于马克思主义的科学性和实践力量。马克思主义不仅是国家意识形态的基石，也是高校思政课理论性的逻辑起点。该理论以对事物本质与规律的精准把握而著称，它在社会实践的土壤中孕育，又在理论发展中吸收自然、社会及人类思维领域的最新进展，经受了历史与时代的严苛检验，科学性是其本质特征，也为思政课奠定了坚实的理论基础。

其次，理论性的核心内容聚焦于马克思主义基本原理及其中国化的最新成果。以"毛泽东思想和中国特色社会主义理论体系概论"为例，该课程以马克思主义中国化时代化为主线，充分反映中国共产党不断推进马克思主义基本原理同中国具体实际相结合、同中华优秀传统文化相结合的历史进程和基本经验，集中阐述马克思主义中国化时代化理论成果的形成过程、主要内容、精神实质、历史地位和指导意义，引导学生深刻认识到中国共产党为什么能，中国特色社会主义为什么好，归根到底是马克思主义行，是中国化时代化的马克思主义行。马克思主义深厚的理论积淀，如同照亮社会主义事业奋斗者前行道路的灯塔，其光芒不因时光流逝而黯淡。相反，全球范围内的实践探索一再证明，马克思主义依然保持着强大的解释力，是指导各种创新尝试与进步探索的有力思维工具和发展阶梯。通过学习"概论"课程，学生得以深刻理解马克思主义中国化的历史背景、价值精髓及实践价值，从而坚定理论自信，为青年学子提供行动指南和思想基石，促进其理论认同与自觉践行。

综上所述，马克思主义深厚的理论底蕴，在时间的洗礼与历史的积淀中，通过与各国具体情况的深度融合，展现出蓬勃的生命力与创造力，持续闪耀着真理的光辉。马克思主义基础理论及其中国化形态作为理论支柱，贯穿思政教育的全过程，实现了思想性与知识性的交融，政治性与学术性的并重，彰显了高校思政课独特的价值与魅力。

（二）高校思政课实践性的内涵

实践性作为高校思政课课堂教学不可或缺的内在特质，与理论性相辅相成，共同构成了该课程体系的双重维度，二者既相互区别又彼此依存。高校思政课的实践性根植于现实的思政教育实践，其内容体系不仅是对社会实践的忠实反映，而且紧密关联着具体历史条件下的人类实践活动，从而确保了内容的丰富性与时代活力。这种实践性还体现在，理论不仅源自实践，更反作用于实践，并随着实践的发展不断自我丰富。它不仅是洞察与诠释时代变迁的有力工具，也是引领时代前行的鲜明旗帜。理论的生命力在于实践的持续创新，这要求我们紧贴现实情境，针对具体问题，勇于探索理论创新之路。

高校思政课的实践性还聚焦于其教育目的与根本任务——立德树人，旨在通过内化思想观念、外化行为习惯的教学设计，展现出强烈的实践导向性。该课程以培养能够担当民族复兴大任的新时代人才为目标，通过系统性的理论传授，促使学生将内在的思想观念转化为外在的具体行动，实现"知、情、信、意、行"五位一体的全面发展。内化于心、外化于行，正是高校思政课实践性特质的核心体现。

立足于社会主义社会现实，服务于新人的全面培养，高校思政课深刻体现了其实践性的本质要求。其实践性的现实关照功能，成为理解其内涵本质的关键路径。将实践性内涵与理论性内涵相对照，可以发现实践性是理论性在实际教学场景中的具体应用与体现。因此，对实践性内涵的把握，往往需要从理论性的核心要素出发进行深入探究。马克思主义基本原理及其中国化进程，正是随着社会实践的发展而不断演进的理论典范。依据马克思主义认识论，实践是认识的基石，是知识的唯一来源，人类社会的一切思想理论，包括马克思主义的基本理论，都源于实践活动的长期积累。马克思主义基本原理诞生于其创立者所处时代的工人运动实践，而中国化的马克思主义则是在中国共产党领导中国人民进行革命、改革与建设的伟大实践中逐步形成的。

二、高校思政课理论性和实践性的特征与功能

（一）高校思政课理论性的特征与功能

理论性作为高校思政课的核心特质之一，是衡量其教学深度的重要标尺。

第四章　高校思政课坚持理论性和实践性相统一的探讨

首先，理论性内在地蕴含了思政课的思想深度与知识广度。

一方面，高校思政课的思想深度体现在对马克思主义理论意识形态性的深刻把握上，以及在各门课程中对事物本质的深度剖析与价值立场的明确表达。思政课作为一种教育活动，旨在通过系统传授理论知识，帮助学生构建坚实的知识基础，进而深化他们的思想认识。思想与知识在此相互依存、相辅相成，共同构成了思政课教学不可或缺的双翼。以"中国近现代史纲要"课程为例，通过对国家历史进程的细致梳理与现实境况的透彻分析，不仅彰显了知识传授的直接性，也深刻体现了思想引领的间接作用，这一过程正是思政课思想性与知识性有机融合的生动写照。

另一方面，高校思政课的理论性体现在其对现实问题的深刻洞察及全面阐述的能力上。现实问题引发理论思考，理论创新又回馈现实问题的解决，这一过程构成了思政课理论性发展的动态循环。例如，习近平新时代中国特色社会主义思想，正是针对新时代中国如何坚持和发展中国特色社会主义的重大现实课题，提出的具有前瞻性和指导性的理论创新。它不仅是对当前历史条件下思政工作指导思想的科学回应，也是理论联系实际、解决中国现实问题的典范。

此外，高校思政课的理论性强调系统性与完整性，摒弃片面化与碎片化。在理论传授中，不仅要展现理论的最终形态，更要追溯其历史脉络与发展逻辑。以"毛泽东思想和中国特色社会主义理论体系概论"课程为例，该课程从宏观社会历史背景与世界形势出发，全面展示了马克思主义中国化时代化的历史进程以及产生的理论成果，既坚定地阐述了对科学社会主义的坚持与发展路径，又揭示了马克思主义的时代价值。这种系统性阐述赋予了思政课真理的权威性，而这份权威性的巩固，则有赖于持续的科学理论探索与当下社会实践的紧密结合。

思政课理论性的强化，正是为了有效应对思政课教学中可能出现的空洞化、肤浅化和表面化倾向。马克思主义理论作为经过严谨学术检验的真理体系，其转化为普遍认同的真理过程，需要时间与空间的沉淀。因此，思政课课堂教学需致力于将马克思主义的核心理论与现实关切紧密结合，以深厚的理论功底和清晰的逻辑论证，赢得学生的广泛认同与深刻理解，从而不断提升政治课堂教学的理论说服力和实践指导力。

（二）高校思政课实践性的特征与功能

思政教育作为一种独特的社会实践活动形式，其核心在于对个体施加具有明确目标、周密规划及严密组织的影响。自阶级与国家产生以来，思政教育便作为一种客观现象持续存在，并通过学校教育成为个体精神滋养的关键源泉。因此，阶级性与精神性构成了高校思政课实践性的显著特征，其深刻内涵对课程内容的丰富、学生政治社会化的进程、政治素养的成熟以及社会认同感的塑造具有不可估量的价值。

首先，从社会实践活动的角度来看，思政课课堂教学与马克思主义意识形态理论的阶级性紧密相连。这意味着以马克思主义为理论基石的思政课同样具有阶级属性。在国家和阶级存在的背景下，高校思政课无疑是与社会阶级意识形态活动紧密相连的具体实践，旨在通过有组织的教育影响，使社会成员与统治阶级的意识形态保持高度一致。尽管不同社会形态下的主流意识形态各具特色，但它们均体现了统治阶级的意志，发挥着维护统治阶级利益及引导公众思想的重要作用。从这一层面来看，思政教学不仅是时代精神生产的体现，也是主导意识形态建设的关键路径。在新时代背景下，在习近平新时代中国特色社会主义思想的引领下，党史学习教育及社会主义核心价值观教育等内容的融入，为高校思政课的实践性赋予了新的内涵与特质，为社会主义现代化强国的建设提供了强大的精神支撑与价值导向。

其次，作为塑造学生内在精神世界的社会实践活动，高校思政课侧重通过精神层面的滋养与提升来实现教育目标，促使学生个体的精神世界不断丰富并与社会发展需求相契合。在此意义上，高校思政课成为无产阶级政党调控和引导人们精神生活、引领社会思潮的重要工具。在当代，作为一种精神性实践，它致力于通过思想教育、政治教育及道德教育等方面，培养学生的高度政治觉悟与正确的道德观念，促进个体精神需求体系的完善与发展，满足人的精神追求。高校思政课的实践性，本质上是一种价值引领的实践，通过这一实践过程，实现了对受教育者的价值导向作用。这一价值导向功能，是学生在思政课实践中经历认识与实践的反复循环逐步构建起来的。面对市场经济快速发展带来的思想道德观念与价值取向多元化趋势以及价值冲突的加剧，新时代高校思政课必须在理论与实践的统一中，在建设性与批判性的平衡中，提供有力的回应与指导。

三、高校思政课理论性和实践性的辩证关系

（一）高校思政课理论性和实践性的统一性

高校思政课的理论性与实践性，虽表现为两种不同维度的属性，但它们的核心本质均聚焦于育人目标的实现。二者在功能发挥上各具特色，却共同服务于思政教育的宗旨，不仅不构成对立，反而相辅相成。

首先，理论性与实践性作为两种属性，在客观现实世界的复杂情境中紧密相连。实践活动中产生的问题亟需理论进行深入解析与合理阐释，而理论也常因新问题的涌现或旧有理论解释力不足而面临着挑战，进而激发理论创新的需求。实践的发展为理论提供新的素材与思考方向，而理论则是对实践问题的回应与指导，二者互为依存，共同推动知识的进步。

其次，理论性与实践性在立德树人这一根本教育任务中实现了统一。高校思政课致力于解答培养何种人才、如何培养以及为谁培养的根本问题，无论理论讲授还是实践探索，均非孤立进行。理论教学需要借助丰富的实践材料、案例与事实，以呈现客观世界的真实面貌；而实践教学则在特定意识形态的引领下，形成与时代发展、国家战略及理论内核相契合的认识与行动，确保了教育方向的正确性。

最后，理论性与实践性在高校思政课的课堂教学中实现了深度融合。思政课的教学活动是理论教学与实践教学的有机结合体，但需明确区分属性与教学形式。理论性与实践性作为基本属性，通过理论教学与实践教学这两种具体教学方式得以体现。理论教学为实践教学提供方向与框架，确保实践活动有的放矢；而实践教学则作为理论知识的应用与验证，促进学生对理论的理解与内化。理论教学需要借助实践案例增强说服力，实践教学则在理论指导下有序开展，二者相互依存，共同作用于学生知识与价值观的塑造，提升了思政教育的实效性与针对性。

（二）高校思政课理论性和实践性的差异性

高校思政教育的理论性与实践性，构成了教育活动的两大核心属性。二者相互依托，又各有侧重。在教育实践的辩证进程中，不存在单纯强调实践性而忽视理论性的思政课，同样也不存在脱离理论性而空谈实践性的教学形态。尽管二者在本质上指向不同维度，但作为思政教育不可或缺的两个方面，它们之间存在明确区分。

首先，从概念界定来看，理论性侧重于逻辑体系的严密性与理论阐释的深度，旨在揭示社会发展的内在逻辑与规律。其蕴含的思想性和知识性特质，分别回应了教育的目的与内容问题。思想性作为主线，贯穿于整个教学过程，而知识性则在知识传授的过程中得以彰显。相比之下，实践性聚焦于理论在现实世界的应用与验证，着重探讨理论的实践根基及实效性。实践性的阶级性体现在对主流意识形态的巩固与发展，以及对青年学生价值观的积极引导，以确保统治阶级在意识形态领域的主导地位。其精神性维度致力于提升学生的精神风貌，解决精神层面的挑战，塑造积极向上的精神世界。

其次，从内容构成角度分析，理论性是高校思政教育的理论基石，涵盖马克思主义理论的深入探究、当代马克思主义与社会思潮的对比分析、思政教育规律的挖掘及教学方法的创新，以及党的指导思想和重要文献的学习。实践性则指向教育的实践导向与最终归宿，在全球多元社会思潮背景下，它关注如何引导大学生坚定马克思主义信仰，认识其科学性与真理性；同时，探索如何有效促进大学生认清时代责任，拓宽视野，主动融入社会发展，成长为担当民族复兴大任的新时代青年。因此，理论性与实践性在高校思政教育中相辅相成，共同推动着教育目标的实现与教育质量的提升。

四、高校思政课理论性和实践性相统一的内涵

关于理论与实践的关系问题，在马克思主义哲学体系中占据着核心地位，持续引发深入的学术探讨。作为一对根本性的哲学范畴，"理论"与"实践"在马克思主义理论的各个层面均有所体现，自然成为高校思政课不可或缺的构成元素，实现了二者的内在融合。马克思主义强调理论与实践的辩证统一，这是其理论大厦的基石。然而，理论性与实践性的统一，并不等同于简单地将理论与实践相叠加。尽管理论联系实际，或理论与实践的整合，这一议题已得到广泛而详尽的论述，但这并不足以全面涵盖理论性与实践性相统一的深刻内涵。实际上，理论性与实践性的统一构成了高校思政课教学的内在逻辑与机制。具体而言，高校思政课理论性与实践性相统一的核心要义，体现在理论彻底性与实践真实性的和谐共生、理论说服力与实践感染力的相互促进，以及理论科学性与实践时代性的紧密结合之上。这一统一既丰富了思政课的教学内容，也提升了教学效果，为培养兼具理论素养与实践能力的新时代人才提供了坚实的理论基础。

（一）理论的彻底性与实践的真实性相统一

马克思主义致力于构建一个彻底性的理论体系，其核心理论诉求在于把握事物的本质与规律。要实现对某一理论的深刻理解，需从对其概念的细致剖析与系统整合入手，进而达成对该理论的深层次认知。在高校思政课的理论构建中，彻底性体现在教育教学的全过程，要坚守马克思主义意识形态的主导地位，牢固确立中国特色社会主义的文化自觉。高校作为人才培养的前沿阵地，肩负着弘扬与发展马克思主义意识形态以及培育高素质人双重重任。理论的彻底性兼具建设性与批判性双重特质，是二者的有机统一。它既需明确而坚定地肯定正确理论，也应直接回应现实社会提出的各种问题与挑战，同时批判那些与时代进步不相契合的现象。这就要求我们坚持主旋律与多样性的统一，依托中国特色社会主义道路、理论体系、文化传承与制度建构的意识形态系统，在中国特色社会主义理论体系所展现的马克思主义基本原理与中国国情相结合的进步理论脉络中，凭借思想与理论的先进性，彰显高校思政课的理论彻底性。

此外，马克思主义需与全球发展保持同步，既要汲取西方文化的精华，也要坚决抵御不良社会思潮对理论体系构建的干扰以及对思政教育效能的削弱。在整个过程中，需始终高举马克思主义主流意识形态的旗帜，以确保高校思政课理论彻底性的稳固。彻底的理论是基石，说服工作是关键。马克思主义作为彻底且现实的理论，只有让群众被其彻底说服，使理论真正为群众所掌握，才能持续推动马克思主义理论的发展。而实现"理论说服群众"，关键在于促使群众将理论转化为实际行动，使理论在群众中得到切实执行与落实。这正是高校思政课中理论彻底性与实践真实性相统一的核心要义。

（二）理论的说服力与实践的感染力相统一

从成效维度审视，思政课中两大核心属性的融合，体现在理论说服力与实践感染力的和谐统一，即理论逻辑与实践逻辑的无缝对接，恰似古人所倡导的"道不远人"理念。理论之所以具备征服人心的力量，根源在于其内在逻辑的严密与论证的充分。反之，若理论表述含糊、内容空洞乏力，则难以产生预期的教育效果。在思政课上，理论应直击学生的心灵深处，赢得他们真诚的认同。为此，需深入挖掘马克思主义理论精髓，运用理论思维与课程设计的智慧，增强教材的说服力，进而提振学生的学习信心，激励他们主动投身实践探索。同时，创新实践教学形式，结合鲜活案例，不断提升实践教学的吸引力。

步入新时代,面对更为开放包容的国内外环境,以"00后"为主体的大学生群体展现出更为活跃的思维、强烈的好奇心和开阔的视野。因此,思政教学需将理论教学与实践环节紧密结合,推动校内课堂与校外社会的深度融合与广泛合作,促使"00后"学生将理论知识内化为个人信念,外化为实际行动。无论是理论讲授还是实践指导,均需经过科学规划、合理编排与创新呈现,确保既具备理论的说服深度,又展现实践的感染广度。

理论说服力的根基在于其科学性,这是赢得学生认同的关键。科学性不仅体现在理论的正确性上,更体现在其能够科学指导实践的能力上。马克思主义与中国特色社会主义理论体系,作为经过实践检验的科学理论体系,完美融合了科学性与价值性。高校学生正处于价值观形成的关键阶段,且拥有较高的知识基础和持续学习的潜力,因此,理论的科学性成为说服他们的核心要素。

而实践感染力,则需通过缩短理论与现实的距离来提升。高校思政课不应脱离实际,而应根植于实践、服务于实践,摒弃空洞无物的理论说教,转向关注并解决现实问题。这种实践导向的教学模式,正视矛盾,深入剖析,有效提升了实践的感染力。

综上所述,思政课中理论性与实践性的统一,实际上实现了理论说服力与实践感染力的双重提升,为培养具有坚定信仰和扎实行动能力的新时代青年奠定了坚实基础。

(三)理论的科学性与实践的时代性相统一

理论性与实践性的融合,核心在于理论的科学性与实践的时代性之间的和谐统一。思政课面临实效性挑战的关键因素之一,是部分学生对马克思主义理想信念的动摇,表现为对科学社会主义的怀疑态度,以及对中国特色社会主义理论体系只停留在表面认同而非内心信服,这直指思政课理论科学性的深层次问题。回溯20世纪的国际共产主义运动,尤其是中国特色社会主义在世纪之交对科学社会主义旗帜的高扬,为人类社会的发展路径贡献了独特的中国智慧与方案,有力地证实了马克思主义理论的科学性,这一事实无可辩驳。理论的科学性并非单纯依靠文献或书籍的阐述来验证,而是经过历史长河的洗礼与实践的检验得以彰显。随着时代的发展,理论的科学性在不同社会背景下通过多样化的实践方式得以进一步确认,这一过程就是理论科学性与实践时代性深度融合的生动体现。

马克思主义理论，作为思政教育的核心内容，其发展历程有力例证了理论科学性与实践时代性的结合。当前，中国特色社会主义正经历从站起来、富起来到强起来的伟大飞跃，这是在中国共产党领导下，中国人民将科学的马克思主义理论与本国具体实际紧密结合所取得的又一历史性成就，充分展现了马克思主义理论在中国的持续发展与丰富。这一过程不仅极大地增进了中国人民的福祉，还通过一系列理论创新成果，为马克思主义理论的科学性提供了坚实的实践支撑。可以说，社会主义与马克思主义在中国的发展中相互成就、彼此验证。中国特色社会主义理论体系，作为马克思主义理论科学性在中国大地上的时代化体现与反复实践检验的成果，不仅极大地丰富了马克思主义理论宝库，更为其科学性提供了生动具体的事实依据。

因此，思政课需深刻洞察并准确把握思政教育所处时代的问题，紧密围绕新时代中国特色社会主义的伟大实践，坚持将理论的科学性与实践的时代性相统一，以此提升思政教育的针对性和实效性。

第二节　高校思政课坚持理论性和实践性相统一的必要性与可行性

理论性和实践性相统一原则是开展高校思政课教育教学必须坚守的原则。在新时代背景下，若想落实"立德树人"的根本任务，满足大学生成长发展的需求，培养知行合一的时代新人，提升高校思政课的教学实效，就必须在高校思政课教学中运用这一原则。此外，党和国家政策的支持，以及"理""实"相统一原则与高校思政课教学内容和目标的深度契合，使得在高校思政课教学中运用该原则切实可行。

一、高校思政课坚持理论性和实践性相统一的必要性

（一）落实"立德树人"根本任务的内在要求

我们正步入一个伟大成就与伟大斗争相互交织、发展机遇与发展挑战并存的新纪元。基于培育创新型人才、壮大社会主义建设后续力量的宏伟战略考量，教育被视为推动国家发展的"加速变量"，其中，高校思政课教学的"立德树人"功能占据核心地位。这一根本任务不仅深刻体现了高校思政课

教学以人为本的教育理念，细致入微地关怀并规范着个体的成长路径，而且鲜明地映照出党和国家对新时代青年学子的深切期望。

实现"立德树人"的宏伟目标，并非一朝一夕之功，它要求教师在传授马克思主义理论及其中国化成果的同时，必须积极引导学生投身实践，紧密联系社会现实。这就内在地要求在高校思政课教学中秉持理论性与实践性相统一的教学原则。就"立德"维度而言，无论是大德、公德还是私德等思想品德范畴的培育，均需经历从无知到认知、从认知到行动的逐步发展过程，这一过程实质上是理论知识习得与实践经验积累相互融合、情感意志与行为习惯协同转化的复杂历程。为确保这一转化过程顺畅进行、循序渐进，教学过程中必须严格贯彻理论与实践相结合的原则，保证教学质量与效果。

在"树人"层面，我们的目标是培养德智体美劳全面发展、能够为国家民族的伟大复兴贡献智慧与力量的新时代青年。在新时代背景下，提升学生的道德境界、智力水平、身体素质、审美情趣固然重要，但同样不容忽视的是劳动素质的培养。"引导学生树立劳动崇高、劳动光荣的观念"已成为高校思政课教学义不容辞的责任，也是"树人"使命的内在组成部分。只有在教学活动的各个环节中始终坚持理论与实践相统一的原则，才能有效促进大学生在德、智、体、美、劳五方面的综合素质全面提升，从而圆满完成"树人"这一关乎国家未来与民族命运的重要任务。

（二）满足大学生成长发展需求的题中之义

步入中国特色社会主义新时代，国际局势动荡不安，国内环境也呈现出更为复杂多变的态势。置身于这一前所未有的大变革时代，大学生群体亟需要直面并解决一系列深刻的思想问题，如何准确把握百年未有之大变局所带来的机遇与挑战、如何清晰认知青年一代所肩负的责任与使命，以及如何妥善平衡人生理想与脚踏实地之间的关系。当前，发展态势虽总体稳定且向好，但机遇与挑战并存，且挑战愈发严峻。在此背景下，青年大学生还面临着如何持续提升自身素养、实现个人价值等现实难题。概括而言，新时代青年大学生的成长与发展需求主要聚焦于求知需求、情感需求与价值需求这三大维度。

依据马斯洛需求层次理论，求知需求体现为个体对事物本质及其发展规律的深入探索，是满足内在求知欲的核心驱动力。对于内心充满好奇、渴望探索的青年大学生而言，那些能够揭示事物内在联系及其发展逻辑的系统理论，具有极大的吸引力，这使得求知需求成为他们最为迫切的需求之一。情感需求则是人类在精神层面建立情感联系、寻求关爱与尊重、获得归属感的本质需求，其满足程度直接影响着学生求知欲的持久性，以及他们对理论精髓的理解、消化与内化深度。价值需求则是个体在社会实践中发挥主观能动性，追求理想、实现自我价值的深层次需求，作为一种高级的思想体验，它内在地引导着学生的求知倾向与情感态度的变化。

大学生对知识的渴求、对情感支持的期待，以及对实现个人价值的理性追求，共同蕴含了理论性与实践性相结合的价值取向。这一价值取向要求在教育实践中，特别是在高校思政课教学环节，必须针对性地贯彻理论与实践相结合的原则，以满足学生全面发展的需求，促进他们健康成长与全面发展。

（三）培养知行合一时代新人的重要途径

促进学生实现知行合一，是高校思政课教学的核心追求与目标。为培养出兼具理论知识与实践能力的时代新人，必须遵循理论性与实践性相统一的教学原则。理论知识不应仅仅停留在口头论述或书面阐述层面，道德教化也不应局限于言辞表达，只有强化认知与行动的融合，才能确保社会主流意识形态在学生心灵深处扎根，并体现在其日常行为之中。审视国内外德育现状，不难发现学生知行分离的现象普遍存在，这背后蕴含着复杂多样的原因。

首先，学生在知识理解层面尚未达到深刻领悟的层次。真正透彻的理论是驱动个体将主观认知转化为客观实践的强大动力。马克思主义理论以其深邃性和系统性，不仅揭示了资本主义在异化条件下的必然衰败，还基于社会基本矛盾阐述了社会形态由低级向高级演进的必然趋势，展现出其理论的深刻性与彻底性。在教学实践中，只有通过实施理论性与实践性相统一的教学原则，激活理论的内在生命力，才能引导学生达到真正理解的层次，而非停留于表面或片面理解，从而扎实掌握马克思主义理论，认同其科学真理，为行动转化奠定坚实基础，彰显马克思主义的现实力量。

其次，知识向行动的转化过程中常遭遇阻碍，这主要源于学生对所学理论能否满足自身需求及个体愿望存在疑虑，进而阻碍了行动的实施。为解决这一问题，高校思政课教学需坚持理论与实际相结合的原则，紧密联系社会发展的现实状况及学生的实际需求，融合传授知识与解答困惑的教学理念，让学生深刻认识到马克思主义理论并非脱离实际的抽象学说，而是具有强大现实指导意义的科学真理和行动指南，进而推动理论知识向实际行动的有效转化，实现知行合一的教育目标。

（四）增强高校思政课教学实效的根本举措

实施理论性与实践性相统一的教学原则，是推动高校思政课教学实效稳步提升的必要路径。

首先，坚持理论性与实践性相统一能有效缩短理论与现实的距离。理论是对客观世界的抽象提炼，而实践则是其具体应用与验证。高校思政课以马克思主义理论为基础，并以马克思主义中国化理论为导向，对于身处现实社会的大学生而言，理论往往显得较为抽象。通过在教学中坚持理论性与实践性相统一的原则，将理论讲授与社会实践活动紧密结合，可使理论由抽象变得具体，增强学生对理论的亲近感和现实关联性，从而减少课程与学生实际生活的隔阂，为学生运用理论指导实践奠定坚实基础，进而提升思政课教学的实效性。

其次，坚持理论性与实践性相统一对增强学生的获得感至关重要。学生的获得感是衡量思政课教学实效的核心指标之一。融合理论性与实践性的教学原则，不仅在课堂上夯实学生的理论基础，还引导学生积极参与社会实践，既注重理论素养的培养，又强调实践能力和理论应用能力的培养，同时兼顾马克思主义理论教育与时事热点的引导，能够确保学生在学习过程中获得实质性进步，从而切实增强教学的实效性。

二、高校思政课坚持理论性和实践性相统一的可行性

（一）党和国家政策的支持

自改革开放以来，党和国家始终强调在高校思政课教学中贯彻理论性与实践性相统一原则的关键意义。一系列教育改革文献明确指出高校思政课教学必须实现理论知识与社会实践的紧密结合。步入新时代，党中央秉持初心、矢志不渝，进一步凸显了高校思政课在塑造灵魂、培育新人、启迪智慧、涵养品德方面的核心作用。同时，对高校思政课教学如何有效运用理论与实践相结合的原则提出了详尽要求。具体而言，强调高校思政课教学应在夯实理论根基与提升行为能力之间构建并行不悖的路径，重点推进教学方法与模式的创新，致力于打造出既具有理论深度又兼具实践广度的优质教学体系。这一战略导向强调，思政课教学改革的核心在于坚持理论性与实践性的深度融合，既要依托科学理论滋养学生心智，又要高度重视思政课的实践维度，促进课堂教学与实践教学的有机融合。此番论述为新时代背景下高校思政课教

学中践行理论性与实践性相统一原则，提供了根本遵循和战略指引，具有重要的参考价值与实践意义。

（二）高校思政课教学目标与该原则相统一

高校思政课的教学目标构建了一个多维度、系统性的框架，旨在全面促进学生的理论认知、实践能力和信仰确立。

在理论维度上，教学目标侧重于学生对马克思主义理论及其中国化理论体系的深入理解和掌握。这要求学生不仅要掌握这些理论的基本内容和历史发展脉络，还要能够把握其内在逻辑，从而在脑海中构建起完整的知识体系。这一过程是理论学习的基石，为后续的实践应用和信仰确立提供了坚实的理论基础。

实践维度强调将理论知识应用于实际问题的解决，鼓励学生运用马克思主义理论去分析和解答社会生活中的各种现象和问题。这一维度的教学，不仅促进了理论与实践的紧密结合，还推动了知识向能力的有效转化，确保理论能够落地生根。通过实践，学生能够更深刻地理解理论的实际意义，从而提高运用理论解决实际问题的能力。

在信仰维度上，高校思政课致力于引导学生树立正确的世界观、人生观和价值观，提升思想认识水平，增强对社会主义的信心，坚定对共产主义的信仰。信仰作为个体在特定科学理论指导下，通过社会实践形成的精神自觉，融合了认知、理智和行为等多种要素，是个体精神世界的核心组成部分。因此，信仰维度的确立对培养学生的高尚品德和坚定信念至关重要。

综上所述，理论维度、实践维度和信仰维度在高校思政课的教学目标中相互依存、内在统一。其中，理论目标是基础，为学生提供必要的理论知识储备；实践目标是中介，通过实践应用加深学生对理论的理解；信仰目标则是最高追求，旨在培养学生的高尚信仰和坚定信念。这三个维度有机结合，共同体现了高校思政课总体目标的理论性和实践性的有机统一，使得在教学过程中运用"理""实"相统一的原则切实可行，对于提升学生的综合素质和推动他们全面发展具有重要意义。

（三）高校思政课教学内容与该原则相契合

高校思政课旨在通过理论滋养与行为引导，培育兼具道德品质与才智能力的复合型人才，同时强化大学生的国家认同感和历史使命感，是一门特色鲜明的理论性德育课程，其教学内容深度融合了理论探索与实践应用两大维度。从理论层面来看，高校思政课展现出深厚的学术底蕴，涵盖了马克思主义基础理论、中国化马克思主义治国理政思想、符合普遍人类价值导向的伦理法治理论，以及中国近现代史的发展脉络与规律解析。这些内容是对现实世界本质及发展规律的深刻提炼，呈现出严密的逻辑结构、清晰的演进路径与深邃的思想内涵，充满浓郁的理论气息。

与此同时，高校思政课的教学内容还具有独特的实践性特征。一方面，高校思政课的理论讲授并非脱离实际，而是深深扎根于广泛的社会主义运动实践，历经实践检验，并随社会主义事业的发展而不断丰富更新，体现了理论与实践的紧密结合与相互促进。另一方面，课程内容紧密联系实际，摒弃脱离现实的抽象说教，而是深深扎根于现实生活，能够在大学生的日常生活与思想实际中找到共鸣点，有效指导他们分析社会现象、判断时事形势、解决实际难题，从而增强教学的针对性和实效性。

综上所述，高校思政课的教学内容既保持了理论的深度与广度，又兼具实践的贴近性与实效性，为实现"理论"与"实践"相统一的教学原则奠定了坚实的基础。这样的课程设计，不仅促进了学生理论素养的提升，还提高了他们运用理论知识解决实际问题的能力，对培养具有社会责任感与时代担当的高素质人才具有重要意义。

第三节　高校思政课理论性和实践性相统一的实现方法

在高校思政课教学中，运用理论性和实践性相统一原则是一个系统工程，既要强化贯彻现代化教学理念、重视落实"三维一体"的教学目标，也要创新教学模式和方法，优化教学内容，健全教学评价机制。[①]

一、强化现代化教学理念

现代化教学理念是对"以教师为中心"或"以学生为中心"的教学观的

---

① 成冬梅. 理论性和实践性相统一原则在高校思政课教学中的运用研究 [D]. 昆明：云南大学，2022：52-87.

整合。它不仅强调教师的主导作用，还强调学生的主体作用，认为理论性和实践性相统一的思政课教学离不开教师与学生双向互动的教学。为此，在高校思政课教学中更好地践行这一原则，必须强化"以生为本"和"双主体"教学理念。

（一）强化"以生为本"的教学理念

在高校思政课教学中，现代化教学理念强调理论性与实践性的有机统一，这一目标的实现，离不开"以生为本"和"双主体"教学理念的切实贯彻。其中，"以生为本"理念是对马克思主义人学理论的创新发展，它关注学生的主体性与差异性，致力于将学生从传统教学模式的束缚中解放出来，促进其自由而全面的发展。

在思政课教学中，强化"以生为本"的教学理念，首先需要贯彻"差异教学"理念。这一理念主张教师根据学生的知识水平、能力差异和兴趣爱好，因材施教，提出不同要求并采用多样化的教学方法，以最大程度地激发学生的潜能。在当前大学生追求个性、批判性思维不断增强的背景下，思政课教学需借助"差异教学"满足学生的个性化需求，成为触动学生心灵、让学生受益终身的教育。

人文关怀理念是"以生为本"教学的重要体现。思政课的核心任务是向学生传授马克思主义理论，引导学生"守道"与"信道"。然而，随着时代的发展，部分学生对思政课理论的现实意义产生质疑。为消除这种误解，高校需加强人文关怀理念的贯彻，要求教师从学生的现实需求出发，将理论与生活实际紧密结合，解答学生在学习、生活和工作中遇到的困惑，引导学生树立正确的理想信念。这种人文关怀不仅关注学生的知识需求，更重视他们的情感需求和个性化发展，使思政课真正贴近学生生活。

自由且全面发展理念是"以生为本"理念的更高追求。马克思认为，人的自由且全面发展应涵盖体力与智力的提升、个性的完善以及主体地位的彰显。传统思政课教学往往过于注重理论灌输，忽视学生个性发展，导致学生在观念上自由而在现实中受限。因此，高校需从人本主义视角出发，强化自由且全面发展理念的贯彻，推动思政课教师将学生的智力发展与个性发展相结合，将理论素养提升与实践素养提升相统一，使学生在思政课学习中不仅能获取知识，更能实现个性的完善与主体地位的彰显。

（二）深化"双主体"教学理念

在高校思政课教学中，深化"双主体"教学理念是实现理论与实践相统一的关键路径。这一理念基于马克思的交往实践理论与哈贝马斯的主体间性理论，强调教师与学生在教学过程中均作为主体共同发挥作用，克服了传统教育中单一主体的局限。在主体间性视域下，教师与学生不再是改造与被改造的关系，而是处于同一共同体中的交互主体，双方在平等的交往中共同推动教育进程。

深化"双主体"教学理念，首先需明晰教师作为"教"的主体的角色定位。教师不仅是理论知识的传授者，需对马克思主义及其中国化理论进行系统讲授，帮助学生掌握理论精髓，为实践活动奠定基础；教师也是实践活动的组织者，需在实践环节发挥引领作用，确保实践教学的有效开展；此外，教师还是答疑解惑者，通过对话交流引导学生研讨问题，助力学生实现理论知识的内化与升华。这种角色定位要求教师在教学过程中充分发挥主导作用，以促进学生对理论知识的深刻理解与实践能力的提升。

深化"双主体"教学理念还需确立学生作为"学"的主体地位。大学生主体性的展现是一个从探索到创造的动态过程，包括基于好奇心的自主探索、根据自身需求的自主选择、对知识的自主建构以及在理论基础上的自我创造。这一过程要求高校强化学生主体地位的落实，引导教师围绕学生关注的现实问题开展思想与情感交流。在新时代背景下，大学生虽怀揣远大理想，但在社会发展过程中难免遭遇困惑与矛盾。面对这些问题，高校需深化"学生本位"理念，通过双向交流帮助学生消除困惑，引导他们的思想品德朝着积极方向发展。

在"双主体"教学理念下，教师与学生之间的关系转变为平等的主体间关系，双方在教学活动中共同探讨、交流经验，形成共情理解与角色互换的认知共识。这种教学理念不仅有助于学生思想品德的完善，也推动教师自身的专业成长，实现双方在思想碰撞中的共同进步。通过深化"双主体"教学理念的贯彻，高校思政课教学能够更好地实现理论与实践的有机统一，为培养全面发展的社会主义建设者和接班人提供有力支撑。

二、落实思政课教学目标

在高校思政课教学中，要实现理论与实践相统一的教学目标，必须高度重视认知、运用、信仰"三维一体"的教学目标体系。这一理念最早由美国心理学家布鲁姆提出，强调个体在认知、技能与情感三个维度上的协调发展，以实现个体正常生存并深刻理解生命的社会内涵。在思政课教学实践中，落实认知、运用、信仰三维目标是确保"理""实"相统一的关键环节。

（一）落实认知层面的教学目标

落实认知层面的教学目标，在高校思政课教学中占据基础性地位，其实现程度直接关系到运用目标与信仰目标的达成效果。认知目标聚焦于理论与实践的融合，强调学生需系统掌握并深刻理解科学理论，这是构建正确行动指南的关键所在。具体而言，实现该目标的路径涵盖以下几个方面。

一方面，需着重确保学生能够全面且系统地把握马克思主义及其中国化理论、党政历史理论、道德法规知识等科学理论体系。这些理论是在历史实践基础上，经由理性思维高度概括形成的，揭示了思想与政治领域的普遍规律，是指导行动的科学依据。在教学过程中，教师应积极引导学生深入理解这些理论，为他们提供分析社会现象、解决现实问题的理性工具，避免学生仅凭感性经验行事，从而提高在复杂社会环境中做出正确判断的能力。

另一方面，揭示科学理论的生成脉络与内在逻辑，是提升理论掌握深度的关键。传统教学中对结论的机械记忆，忽视了理论发展过程的逻辑性和连贯性，导致理论知识缺乏生命力，难以有效指导实践。因此，思政课教师应致力于回溯理论发展脉络，解析理论内在逻辑，特别是针对本科高校思政课课程体系中的"原理"与"概论"等课程的理论特点和逻辑架构进行深入剖析。这些课程不仅结构完整、逻辑清晰，而且内容深邃精妙，要求教师引导学生明晰科学理论的演变历程及内在逻辑，为理论的实际应用奠定坚实基础。

此外，掌握科学理论的立场、观点、方法，是认知目标实现的又一重要维度。单纯地学习理论知识可能导致理论与实践脱节，培养出"理论上的巨人，行动上的矮子"。因此，在教学过程中应着重引导学生理解并内化理论背后的立场、观点、方法，特别是无产阶级立场、辩证唯物主义和历史唯物主义的世界观和方法论。这些核心要素构成了学生分析解决实际问题的直接依据，其内在逻辑在于立场决定观点和方法，而观点和方法又反映立场。教师需确保学生对此有清晰认知，使学生能够在现实生活中灵活运用这些理论工具，提升分析和解决问题的能力。

（二）落实运用层面的教学目标

推进运用层面的教学目标落实，在高校思政课教学理论性与实践性相统一的总体框架中，扮演着中介与桥梁的角色。这一目标的实现，超越了单纯理论知识的积累，强调理论与实践的深度融合，旨在培养具备解决实际问题能力、能够服务于国家发展与民族复兴的高素质人才。因此，高校思政课教师需精准把握运用目标的核心地位，认同并推进学生理论素养与实践能力的同步提升，将能力培养作为教学的中心任务。

推进运用目标达成，要求教师在教学实践中，注重引导学生运用马克思主义及相关理论，深入分析改革开放与社会主义现代化建设中的实际问题。这不仅是检验理论生命力的关键，也是培养学生理论联系实际、以理论指导实践的重要路径。在当前时代背景下，尤其要重视引导学生对"十四五"规划等国家政策的理解与分析，鼓励学生主动探寻国家发展中的痛点与难点，从而激发他们投身社会主义建设的热情与责任感。若忽视这一环节，将导致理论知识与实践需求相割裂，使理论学习沦为空洞的教条。

面对社会思潮多元化的现实，教师应积极引导学生运用科学理论批判非马克思主义思潮。这一过程，不仅能够提升学生的思想鉴别力与批判性思维，还能提高他们与非主流思潮斗争的能力，维护意识形态领域的安全与稳定。

高校思政课教学还需密切关注学生的日常生活与发展问题，将理论教学的触角延伸至学生的现实生活场景。教师应鼓励学生运用所学理论，对生活现象进行深度剖析，反思自身生活状态，进而通过理论学习与实践探索，实现从对日常生活的盲目遵循到主动改造的转变。这一过程不仅促进了学生的个人成长与全面发展，也体现了思政课教学在推动学生社会化进程中的独特价值。通过缩小理论与生活的距离，使"理"与"实"在学生的实践中得以统一，真正实现思政课教学目标的落地生根。

（三）推进信仰层面的教学目标实现

信仰层面教学目标的达成，是高校思政课教学"理""实"相统一原则的至高追求。理想信念的缺失如同精神之"钙"的缺失，对于大学生而言，坚定的信仰是抵御物质诱惑、保持思想定力、规范言行举止的精神支柱。在全球化经济竞争日益加剧的背景下，大学生面临着多元价值观念的冲击，坚定他们的共产主义远大理想与中国特色社会主义共同理想，成为高校思政课教学的重要使命。

推进信仰层面教学目标实现的关键，在于坚定学生对共产主义理想的信念。尽管当前资本主义国家在经济和科技领域展现出较强实力，但这并不能动摇马克思主义关于"两个必然"的科学论断。教师应引导学生深入剖析世界历史发展趋势，正确认识资本主义社会的内在矛盾与社会主义的光明前景，从而坚定共产主义信仰，为大学生的精神世界提供坚实支撑。

坚定中国特色社会主义共同理想，特别是实现中华民族伟大复兴的中国梦，也是信仰层面教学目标的重要组成部分。面对部分大学生因发展过程中的挑战而对中国梦产生疑虑的情况，教师应全面呈现党和国家在各项事业中取得的显著成就，同时也不回避存在的问题，引导学生以辩证的眼光看待现实，坚定对中国梦终将实现的信心。在此基础上，教师还需激励学生树立远大志向和正确奋斗观，将个人梦想融入国家发展大局，以自强不息、奋发向上的精神风貌，投身于实现中华民族伟大复兴的实践中。

三、优化思政课教学模式

在高校思政课教学中，实现理论性与实践性相统一原则的高效运用，关键在于创新性运用混合教学模式、立体教学模式以及双线教学模式。这些模式既能充分展现理论的深厚魅力，又能有效激活实践的广泛活力。

（一）"课前网络教学+课内专题教学+课外实践教学"的混合教学模式

通过构建"课前网络教学+课内专题教学+课外实践教学"的混合教学模式，可以显著提升教学效果。

课前网络教学作为这一模式的前端环节，是对"互联网+思政课"等现代教育理念的深度实践。它借助互联网平台，将教材章节的理论内容转化为教学视频、拓展阅读资料和章节测验，要求学生课前自主学习并在线上交流。教师需精心准备或选取高质量的学习资源，确保内容以问题为导向，激发学生的认知兴趣。在线师生交流环节，通过设置启发性问题并鼓励学生提问，引导学生深入讨论，让思维激荡与碰撞。章节测试则进一步巩固学习成果，确保理论与实际问题紧密相连。

课内专题教学作为混合教学模式的核心，依据教材和教学大纲，以问题为导向，整合相同主题的内容形成专题模块。教师在专题讲授中，应聚焦马克思主义理论的重点难点，确保内容既科学、完整又实用、有效。同时，专题讲授需紧密结合学生实际和社会现实，采用理论讲授与实践性方法相结合的方式，如案例分析、问题研讨等，以提高教学的针对性和实效性。

课外实践教学是理论通往实践的桥梁，旨在让网络教学和专题教学"生动"起来。实践活动的形式和内容应根据学生的专业特点灵活设计。例如，艺术类专业可通过创作"红色"艺术品，文史、哲学社会科学类专业可通过党团知识竞赛、主题演讲、参观考察等方式开展实践活动。这些实践活动不仅加深了学生对理论的理解，还促进了他们的情感认同和责任感提升。

（二）"课前调研+课中探讨+课后实践"的立体化教学模式

在探索高校思政课教学的创新路径中，"课前调研+课中探讨+课后实践"的立体化教学模式展现出显著的理论与实践融合优势。课前调研作为该模式的基础，引导学生亲身参与社会调查，将思政课内容与自身专业兴趣相结合。学生深入基层、贴近生活，从而撰写出既蕴含马克思主义精髓又紧跟时代步伐的调研报告。这一过程不仅要求调研主题兼具理论深度与现实关怀，还需借助专业培训与即时指导，提升学生的调研能力与理论转化能力，确保调研活动的有效性与规范性。

课中探讨环节是将课前调研中获取的感性材料升华为理性认识的桥梁。教师通过归纳学生调研报告中反映的热点、难点问题，引导学生深入开展理论学习，实现理论与实践的精准对接。在此过程中，教师需运用透彻的学理分析与严谨的历史逻辑，将抽象理论与具体问题紧密相连，同时以独到的见解和实事求是的态度，展现马克思主义理论的科学性与实践力量，从而增强学生对思政课内容的认同感和信服力。

课后实践作为立体化教学模式的收尾环节，侧重于理论知识的现实应用与检验。学生结合学校暑期实践活动，从课堂走向社会，通过参与"三下乡"、社区服务等实践活动，将所学理论应用于实际问题的解决中，实现从认知到行动的转化。这种实践不仅检验了学生课堂学习的成果，还促进了学生社会责任感与公民意识的培育。高校思政教学部门与校团委的紧密合作，为实践活动提供了丰富的资源与广阔的平台，通过设计多元化的活动方案，如文化支教、科技支农、法律知识普及等，既满足了社区的实际需求，也提升了学生的专业技能与综合素质。

（三）"线下理论教学+线上实践教学"的双线教学模式

在探讨高校思政课教学模式的创新路径时，"线下理论教学+线上实践教学"的双线教学模式以其独特的优势，为提升思政课的教学效果开辟了新途径。线下理论教学作为该模式的基石，强调将理论讲授与现实发展紧密结合，以确保理论的鲜活性和价值性。在这一环节中，教师应充分利用经济全球化背景下的国内外发展成就，特别是中国改革开放以来的辉煌历程，作为理论教学的实证素材，从而增强理论的说服力与时代感。同时，面对纷繁复杂的现实问题，教师应以理论联系实际的方式，引导学生从马克思主义理论中探寻答案。借助多媒体技术丰富的呈现形式充实课堂内容，但需警惕过度依赖多媒体而削弱理论深度的风险。

线上实践教学作为双线教学模式的创新点，依托数字时代的技术优势，通过网络空间的虚拟功能，创设虚拟情境，让学生在沉浸式体验中深化对思政课理论的理解。这一环节的实施策略包括：一是指导学生开展网络调研，利用网络平台进行数据收集与分析，提升理论应用能力；二是组织虚拟体验活动，如利用 VR 技术创建虚拟博物馆、革命圣地等，让学生在仿真的环境中进行深度学习，实现情感共鸣；三是设计思政课网络游戏，通过寓教于乐的方式，让学生在游戏中掌握理论知识，提升思想境界与政治素养。

不同高校在采用双线教学模式时，需结合自身实际情况，如物质基础条件、区位优势和师资力量等，灵活选择并优化教学模式。此外，实践教学的有效开展还需充足的经费和多样化的实践基地作为支撑。为此，高校应加大实践教学专项经费投入，包括实践活动经费、激励经费和科研经费，以确保实践教学活动的顺利开展，调动教师的积极性。在实践基地建设方面，应建立健全德育类、志愿服务类和改革开放先进教学等不同功能的实践基地，如爱国主义教育实践基地、志愿服务义工基地以及与市场经济相关的产学研一体化实践基地，从而为学生提供丰富多样的实践平台，促进理论与实践深度融合，提升思政课的教学质量和效果。

四、创新思政课教学方法

科学灌输理论的核心在于强调，系统完备的社会主义理论难以自发地被群众掌握，必须通过外部讲授的方式"灌输"给学生。这一理论传授过程主要通过讲述与讲解两种方式进行。讲述方式侧重于生动、准确地描绘政治、道德事件以及历史事件的发展脉络与人物功过，在历史教学中尤为常用，有助于学生全面构建历史事件认知。而讲解方式则更侧重于对抽象深奥的哲学、政治、道德理论，以及当前领导人的路线、方针、政策等理论内容进行深入阐释和论证，在哲学、政治、道德及形势政策教育中占据主导地位。

在当前高校思政课教学改革不断深入、素质教育理念日益凸显的背景下，理论讲授法并未过时，反而展现出不可替代的价值。这主要是因为理论讲授法能够与其他实践教学法实现优化组合，共同提升教学效果。任何实践教学法若缺乏理论讲授法的支撑，都难以充分展现理论的魅力与实践的成效。尽管当前部分教师对理论讲授法存在误解，导致其地位受到一定影响，但这并不能否定理论讲授法在提升思政课教学实效性中的基础性作用。

（一）理论讲授法和研讨教学法的有机结合

研讨教学法与理论讲授法的有机结合，为高校思政课教学注入了全新的活力。研讨教学法凭借其研究型与讨论型的双重优势，通过问题导向，促使学生主动查找资料、归纳整理，形成研究报告，并在课堂上进行公开讨论，从而培养学生的理论运用与实践能力。在这一过程中，学生不再仅仅是知识的被动接受者，更是知识的主动探索者与积极传播者。

将理论讲授法与研讨教学法相结合，旨在实现知识的深度与广度的双重拓展。首先，借助理论讲授法，教师应清晰地梳理出马克思主义理论、党政国情理论、历史理论、思想道德理论和法治理论的逻辑脉络，并沿着这一脉络对理论知识进行深入浅出地阐释、分析和论证，帮助学生构建系统、完整的理论框架。在此过程中，教师需确保理论的准确性、明晰性、层次性和透彻性，即把理论讲准、讲明、讲清、讲透，以确保学生能够准确理解并掌握理论知识。

在完成理论讲授的基础上，教师应紧密结合学生的思想实际、社会实际以及理论本身的意义，精心设计问题，引导学生将理论知识与现实问题相结合。所提问题应紧扣主题、具有说服力、启发性和现实性，以激发学生的思考和研究兴趣。随后，教师通过组织学生开展课外分组研究，明确研究计划，让学生分工合作，形成调研报告。这一过程不仅锻炼了学生的研究能力和团队协作能力，也促进了学生对理论知识的深入理解和应用。

讨论交流环节是进一步引导学生将理论与问题有效衔接的关键步骤。教师应提前审阅各小组的研究成果，归纳总结问题，并与各小组进行全面交流，确保问题与理论之间的内在契合。在成果点评环节，教师应对各小组的研究成果进行客观评价，对共性和典型问题进行透彻分析，深化学生对理论的认识。同时，面对利益多元化、思潮多样化的复杂背景，教师应从民族复兴和国家繁荣的战略高度出发，运用马克思主义理论引导学生正确看待和剖析问题，并培养他们的长远眼光和全局观念。

（二）理论讲授法与案例教学法的有机结合

理论讲授法与案例教学法的有机结合，为高校思政课教学开辟了一种创新性的教学模式，旨在实现理论与实践的深度融合，提升教学的针对性和实效性。这种结合不仅体现了理论性与实践性相统一的教学原则，还能在一定程度上弥补理论讲授法和案例教学法各自的缺陷，促进学生理论素养与实践能力的全面提升。

在理论讲授法与案例教学法的有机结合中，精讲理论是前提和基础。精讲理论并非简单地压缩理论讲授时间或减少理论内容，而是在确保理论体系完整性的前提下，对理论进行去粗取精、去伪存真，突出理论的核心和精华部分。这一过程中，教师需要做到：①抓住理论精髓。以"概论"课为例，实事求是是该课程的核心精髓，贯穿于整个理论体系。只有抓住这一精髓，学生才能更好地理解并掌握整个知识体系。②明确理论的主题和主线。例如，"概论"课的主题和主线清晰明确，即"什么是社会主义，怎样建设社会主义"以及"如何实现社会主义现代化，如何带领整个民族走向复兴"。教师应紧扣这些主题和主线，确保理论讲授的针对性和实效性。③讲透精华部分的概念和原理。这是精讲理论的关键所在，要求教师不仅要讲解理论的基本概念，还要深入剖析其背后的原理，直击理论的本质。

案例呈现是理论讲授法与案例教学法有机结合的重要环节。在案例呈现过程中，教师需要精心筛选、仔细斟酌案例，确保其具有关联性、典型性、客观性和现实性。关联性要求案例与精讲内容紧密相关，让学生能在案例中找到理论与现实的契合点；典型性要求案例具有代表性，能够反映某一类问题的本质特征；客观性要求案例的背景资料和基本信息真实可靠，避免虚假案例误导学生；现实性要求案例既具有时代特征，又贴近学生的生活和学习实际。在呈现方式上，教师可采用符合学生喜好、生活化的语言阐述案例，增强案例的吸引力和感染力；同时，也可以运用多媒体技术，以动态、直观的方式展示案例，助力学生更好地理解和把握案例内容。

案例讨论是理论讲授法与案例教学法有机结合的核心环节。在讨论过程中，教师需要引导学生运用辩证唯物主义和历史唯物主义的相关理论分析案例中交织的问题，确保讨论的深度和广度。同时，教师还要引导学生在负面案例的讨论中感到国家发展的蓬勃生机，案例讨论让学生看到我国在推进国家治理体系和治理能力现代化方面取得的成就。此外，教师还要确保案例讨论不偏离教学主题，及时干预与纠正讨论过程中出现的"跑题""过激"等现象。在案例讨论过程中，教师应扮演好调控者的角色，既与学生保持"零距离"，又能掌控全局，确保讨论的顺利进行。

案例点评是理论讲授法与案例教学法有机结合的收尾环节。在点评过程中，教师需要对学生的观点进行总结与评价，既要让学生感到"解渴"，又要让学生出乎意料，实现对学生观点的超越性分析。同时，教师还要将"小故事"升华为"大道理"，以小见大，借事说理，引导学生从案例中提炼出普遍性的规律和原理。此外，教师还要着重对讨论过程中学生所持的观点进行点评，对科学且分析透彻的观点给予肯定，对片面、浅显的观点进行补充和完善，对错误的观点进行纠正和引导。

通过理论讲授法与案例教学法的有机结合，教师可以更好地引导学生将理论知识与实践相结合，提升学生的理论素养和实践能力。在这一过程中，教师需要精心准备案例、深入剖析理论、引导学生进行讨论和点评，并确保教学的针对性和实效性。同时，教师还需不断更新教学理念和方法，以适应时代发展需求和学生成长的需要。只有这样，才能真正实现理论与实践的深度融合，培养出具有创新精神和实践能力的高素质人才。

（三）理论讲授法与情景教学法的有机结合

理论讲授法与情景教学法的有机结合，为高校思政课的教学创新提供了有力支撑，旨在通过理论与实践的紧密结合，促进学生理论素养的全面提升与实践能力的显著提高。这一结合策略不仅遵循了理论性与实践性相统一的教学原则，还充分发挥了情景教学法在弥补理论讲授法抽象性不足方面的独特优势，为高校思政课教学改革开拓了新思路。

在理论讲授法与情景教学法的有机结合中，理论先行、奠定基础是关键的第一步。理论是人们对实践活动中万事万物运行规律的高度概括和总结，是指导实践、认识世界的基石。因此，在思政课教学中，筑牢理论根基至关重要。这要求教师在教学过程中注重培养学生的学科意识和学科方法等理论思维习惯，帮助学生构建起马克思主义的理论思维框架。具体而言，教师应通过系统讲解哲学、政治、道德、法律、历史等理论知识，引导学生构建起以马克思主义为根基的理论体系。同时，教师还需注重培养学生的理论思维能力，鼓励学生积极参与理论探讨，提升他们的理论素养和批判性思维。

在理论基础上，呈现情景、亲身体验成为理论讲授法与情景教学法有机结合的核心环节。情景教学法通过创设真实或虚拟的情景，引导学生在体验和感悟中将感性认识升华为理性认识，推动理论转化为正确的价值观念和行为习惯。情景的呈现方式多样，包括展示图片或画作、播放影视作品以及组织角色扮演等。图片或画作以其生动性、直观性等特点，能够简化复杂问题，生动呈现抽象事物，从而激发学生的学习兴趣和想象力，助力他们更好地理解理论内容。播放影视作品是一种思想性强、立意深刻、生动活泼的教学手段，具有潜移默化的思想政治教育功能。影视作品中的真、善、美、假、丑、恶能够激发学生的情感共鸣，促进他们人格的健全发展。在思政课教学中，选用与课程内容高度契合的影视作品，有助于学生将抽象理论与具体历史事件相结合，深化对历史理论的理解。角色扮演是一种以学生为主体的教学方式，通过让学生进入角色进行表演，促进他们在实践中学习知识、反思现实、积累经验。在表演过程中，教师应注重吻合原则和投入原则，确保表演形式与教学理论内容相契合，并引导学生将注意力放在角色的真实意义上，实现知行合一。

提炼总结、升华体验是理论讲授法与情景教学法有机结合的收尾阶段，也是引导学生将理论与实践相结合的关键环节。在这一阶段，教师需要根据学生在情景体验中的感悟进行点评和总结。点评时，教师既要对学生的体验成果给予肯定，解答他们在体验过程中出现的问题，还要教会他们如何将理论知识与社会现实相联系的方法。这要求教师具备丰富的社会经验和敏锐的洞察力，能够引导学生从社会现象中提炼出理论精髓，提升他们的社会认知能力和问题解决能力。同时，教师还应鼓励学生多到社会中体悟人生，通过实践检验和丰富理论知识，明确自身努力奋斗的方向。在这一过程中，教师应注重培养学生的社会责任感和公民意识，引导他们积极参与社会实践，为社会的发展贡献自己的力量。

在理论讲授法与情景教学法的有机结合过程中，教师还需注重教学方法的创新和灵活运用。随着信息技术的不断发展，多媒体、虚拟现实等现代技术手段为情景教学法的实施提供了更多可能性。教师可借助这些技术手段创设更加真实、生动的情景,增强学生的体验感和参与感。同时,教师还应注重与学生的互动和交流,鼓励他们提出问题和观点,促进课堂讨论的深入和广泛。在理论讲授过程中,教师可以采用案例分析、小组讨论等方式,激发学生的学习兴趣和主动性,提升他们的理论素养和实践能力。

(四)理论讲授法与辩论教学法的有机结合

在当代教育教学实践中,理论讲授法与辩论教学法的有机结合,已成为一种极具价值的教学模式。尤其在思政课的教学中,这种结合能够显著提升教学效果,推动学生对理论知识的深入理解和实践应用。

理论讲授法作为传统教学的核心手段,通过教师对知识的系统讲解,为学生构建理论框架和知识体系。然而,单纯依赖理论讲授,往往难以激发学生的主动性和创造性,学生对知识的理解可能只停留在表面。而辩论教学法则凭借其独特的互动性和思辨性,弥补了传统讲授法的不足。通过设定对立的观点,引导学生展开辩论,辩论教学法能够激发学生的内在动力,促使他们在运用辩证思维和发散性思维的过程中深化对理论知识的理解。这种教学方法不仅使学生在知识层面有所收获,更在能力层面培养了学生的批判性思维、逻辑推理能力和语言表达能力。

在教学实践中,理论讲授法与辩论教学法的结合可以通过一系列有序的步骤实现。

理论讲授是整个教学过程的基础环节。教师需要从"大且全"的知识体系中提炼出"专且精"的内容,将思政课中的哲学理论、党政理论、道德理论和法治理论等核心知识传授给学生。这一过程要求教师具备深厚的理论功底和精准的教学设计能力,确保学生能够掌握理论的核心要点,为后续的辩论环节筑牢理论根基。

确定辩题是理论与辩论教学法结合的关键中介环节。辩题的选择至关重要,它直接关系到辩论的效果和教学目标的实现。理想的辩题应当具备现实性、思辨性和教育性。现实性原则要求辩题紧密联系社会现实、生活实际和学生的思想困惑,使学生在思想上产生共鸣,情感上产生共情。思辨性原则强调辩题应具有一定的难度和复杂性,促使学生在反复思考、推理和论证中锻炼思辨能力和创造性思维。教育性原则则要求辩题在思辨过程中能够帮助学生增长知识,提升明辨是非的能力。

展开辩论是理论与辩论教学法相结合的核心环节。在辩论前，教师需指导学生深入研究辩题，撰写辩稿，并不断修改完善。在辩论过程中，教师的角色不仅是引导者，更是调控者。教师要引导学生有理有据地阐述观点，促进双方在观点碰撞中相互学习，加深对理论知识的理解和运用。同时，教师要尊重学生的话语权，营造自由、开放的辩论氛围，适时调节辩论的节奏和气氛，避免出现跑题和冷场等情况。

点评总结是理论与辩论教学法相结合的"收官"环节。教师需从多方面对学生的表现进行点评，包括破题角度的准确性、论据的合理性、辩驳思路的清晰性以及理论联系实际的能力等。同时，教师要纠正辩论过程中出现的错误观点，引导学生从多角度分析辩题所隐含的实际问题，帮助学生实现从表象感知到本质把握的飞跃。

教学方法的选择应基于学校的实际情况，灵活运用理论与实践相结合的教学策略，真正做到因材施教。这种教学方法的组合创新，关键在于拥有一支数量充足、理论素养高、实践能力强的教师队伍。为此，高校需从多方面入手，配齐建强教师队伍。一方面，要保证思政课专职教师的专业对口比例，确保教师具备扎实的理论基础；另一方面，要广泛吸纳相关领域的高素质人才担任兼职教师，丰富教学资源。同时，高校之间可以通过校际教授互聘制度，实现教师资源的共享，促进教师的柔性流动。

教师队伍的建设，不仅在于数量的补充，更在于质量的提升。高校应健全师资队伍培训体系，将传统培训方式与现代培训方式相结合。一方面，邀请思政课教学领域的专家到校开展专项教学方法培训；另一方面，组织教师开展社会实践，让教师深入了解社会现实，增强理论与实践结合的能力。此外，高校应充分发挥思政课教师教学研究基地的优势，组织教师进行研修，探索理实结合的新途径。同时，鼓励教师参与学术交流活动，提升科研理论素养，汲取教学经验，及时掌握学科前沿动态。

通过理论讲授法与辩论教学法的有机结合，思政课能够更有效地实现知识传授与能力培养的双重目标。这种教学模式不仅能够激发学生的学习兴趣，提升学生的思辨能力，还能够促进学生将理论知识内化为高尚的人生追求，外化为规范的自觉行动。在高校教育教学改革的背景下，这种教学方法的创新实践具有重要的参考价值和积极的现实意义。

五、优化加工教学内容

（一）理论的彻底性

理论的彻底性是其说服力的核心所在。理论的彻底性在于抓住事物的根本，即正确反映现存事物的本质。只有深刻揭示事物的内在本质，理论才能展现出应有的深度与说服力。因此，在高校思政课教学中，贯彻理论性与实践性相统一的原则，必须以理论的彻底性为切入点，从多个维度加以落实。

坚持理论的适度抽象性是实现理论彻底性的基础。适度抽象性意味着在揭示客观事物共同本质和普遍规律的过程中，摒弃非本质的特征。这种抽象并非脱离实际的空洞概括，而是通过科学分析和逻辑论证，提炼出事物的内在本质与运行规律，从而赋予理论深刻的内涵和高度的概括性。在高校思政课教学中，教师应避免片面追求理论的"通俗易懂"而忽视抽象性，导致教学内容仅停留在常识性或经验性层面。适度抽象能够帮助学生从更高层次理解理论，进而达到真正意义的具体认知，使理论在学生心中扎根。

理论的科学性是其彻底性的核心保障。高校思政课作为社会主义意识形态的传播渠道，肩负着引导大学生树立正确价值观的重要使命。因此，教师所传授的理论必须是经过实践检验、符合人类社会发展规律及社会生活常理的科学理论。高校思政课教师应深入研读马克思主义经典著作，精心钻研教材内容，沿着"理论体系转化为教材体系，教材体系转化为教学体系"的思路，构建科学化的理论框架。通过这种方式，教师能够将科学的理论以系统化、逻辑化的方式呈现给学生，使学生在学习过程中能够准确把握理论的科学内涵。

理论的严整性是其彻底性的内在要求。马克思主义理论具有极其彻底且严整的显著特点。严整性是彻底性的前提，而彻底性则是严整性的外在表现。高校思政课教学的相关理论是一个逻辑主线清晰、内容完整的统一整体，而非单个原理和论断的简单堆砌。在优化教学内容的过程中，教师应保持理论的完整性和系统性，避免忽视任何一个前提条件，或将其打乱拆解为单一化的要素。例如，在"原理"课中矛盾的对立统一关系；在"道法"课中权利与义务的辩证关系；在"概论"课中"五位一体"总体布局等，都是相互联系、相互制约的有机整体。如果在教学内容优化过程中，主观地割裂这些辩证关系，就会导致对理论的误解、认识的混乱和行动的偏差。

理论的稳定性是其彻底性的外在表现形式。在世界文明史上，具有深远影响且较彻底的理论，往往具有相对稳定性。这种稳定性并非僵化不变，而是随着实践的深入和拓展，适时摒弃过时的个别理论，并及时补充新的实践成果。舍弃某些过时的理论并不是否认当前理论的彻底性，而是证明了彻底性理论是变与不变的统一。在教学内容的重构优化环节，教师应注意保持教学内容的稳定性。一方面，要确保马克思主义的基本原理、中国化的马克思主义理论不变质、不缺位；另一方面，要依据教学大纲的要求组织教学内容，避免理论内容偏离教材。

在高校思政课教学中，对教学内容进行优化加工是实现理论性与实践性相统一原则的重要举措。这一过程要求教师在教学实践中坚持理论的彻底性，从适度抽象性、科学性、严整性和稳定性等多维度入手，使理论能够真正贴近社会实际、学生实际和生活实际。通过这种方式，高校思政课教学不仅能帮助学生深刻理解理论的内涵，更能引导学生将理论转化为实践的动力，从而在思想和行动上确立正确的价值导向。

（二）教学内容联系社会实际

在高校思政课教学中，运用理论性和实践性相统一的原则，关键在于确保教学内容与社会实际紧密相连。这一联系不仅要求理论内容与社会现象、社会事件及政策主张保持"零距离"，还需与当下的国情相契合，以构建一个兼具理论深度与实践意义的思政教育体系。社会作为思想政治教育理论生长与发展的土壤，不仅是大学生成长成才的外部环境，更是他们未来必须直面的现实挑战。因此，在优化高校思政课教学内容时，必须坚持理论与社会实际的紧密结合，这种结合既涵盖历史维度，也涉及当下现实，尤其要紧跟新政策、新路线的步伐。

历史是理论验证的试金石。任何理论的正确性都不能仅从理论自身出发去论证，而必须从其产生的历史背景和发展历程中去寻找依据。在优化教学内容时，教师应将理论与世界历史、中国历史相结合，借助历史的视角阐释理论的真实性和有效性。例如，在讲解"民族复兴的实现必须依靠党的领导"这一重点内容时，可以将其与党在不同历史时期取得的伟大成就相联系，如党领导人民推翻"三座大山"、建立社会主义制度、推动国家现代化进程以及全面建成小康社会的历史进程等。这些鲜活的历史实例，为验证党的领导理论提供了强有力的历史支撑，使理论更具说服力和感染力。

与时俱进是教学内容保持生命力的关键所在。随着社会主义现代化建设的不断推进，新的理念和思想不断涌现，为思政课教学内容提供了丰富的素材。教师应及时将这些新理念、新思想融入教学内容，确保理论内容具有时效性和前沿性。

教学内容还需紧密联系世情、国情。在经济全球化的时代背景下，世界范围内的矛盾冲突和博弈日益复杂多变。因此，教师在优化理论内容时，应注重与国际形势相联系，引导学生正确认识国际局势，坚定文化自信。此外，随着国内改革步伐的加快，社会经济成分、劳动方式、利益关系和分配方式更加多元化，这些变化对大学生的思想观念产生了深刻影响。因此，教学内容应紧密联系国内实际情况，帮助学生正确理解社会现象，形成正确的价值观。

社会热点是教学内容实现理论与实践结合的有效载体。将社会热点融入教学内容，可以使学生更直观地理解理论的实际应用和价值。这种与社会热点的无缝对接，不仅增强了教学内容的现实性和针对性，也提高了学生的学习兴趣和参与度。

教学内容联系社会实际应重点聚焦于党的路线方针政策及重大现实问题。党的路线方针政策是国家发展的行动指南，也是思政课教学内容的重要组成部分。教师应时刻关注党的路线方针政策的最新动态，确保理论内容与新政策、新路线保持同步更新。同时，随着社会实践的不断推进，党的领导水平和执政水平也在不断提高，一系列路线方针政策在发挥实效的同时，也会暴露出需要完善之处。因此，教师应以开放和包容的态度，不断充实和完善教学内容，确保其与最新的方针政策相契合。

高校思政课教学内容的优化应坚持理论性与实践性相统一的原则，确保教学内容与社会实际紧密相连。这一过程中，既要注重从历史维度进行验证，也要强调与时俱进的更新；既要紧密联系世情、国情，也要关注社会热点；尤其要重视党的路线方针政策的融入和重大现实问题的探讨。通过实施这些措施，高校可以构建一个兼具理论深度与实践意义的思政教育体系，为培养具有高素质的社会主义建设者和接班人提供有力支撑。

（三）教学内容联系学生实际

在高校思政课教学中，深度运用理论性与实践性相统一的原则，关键在于确保教学内容紧密联系学生的思想、认知及专业实际。这种联系不仅有助于提升思政课的针对性和实效性，还能有效促进学生对理论知识的内化，提升他们的实践能力。

针对学生的思想实际，教学内容的优化需紧密贴合学生的思想动态与价值观念。在多元化的社会环境下，当代大学生面临着复杂的信息冲击，他们的思想状态往往呈现出多样性与易变性。部分学生可能因国内外经济社会发展差异，对"实现中华民族伟大复兴中国梦"等宏大主题产生疑虑。对此，教师应深入挖掘并展示我国在社会主义现代化建设中取得的显著成就，通过翔实的数据与生动的案例，展现党在领导国家发展过程中的不懈奋斗与显著成效，激发学生的民族自豪感与自信心，将他们思想中的疑虑转化为前进的动力。这一做法不仅能够有效回应学生的思想关切，还能在潜移默化中增强其理论认同与价值认同。

在认知层面，教学内容的设计应遵循学生的认知发展规律，既具有挑战性又具备可接受性。学生的认知发展是一个逐步深化、由具体到抽象的过程。高校思政课教师应充分理解并尊重学生这一认知特点，在教学内容的选择上做到难易适度。具体而言，教师应结合大学生在感性经验与理性思维方面的双重优势，提供理论逻辑清晰、现实阐释力强的教学内容，以满足其日益增长的抽象思维与独立思辨需求。这种基于认知规律的教学内容设计，有助于激发学生的学习兴趣，促进他们思想道德素养的全面提升。

教学内容还需与学生的专业实际相贴近，以体现思政课的个性化与差异化教学特色。在高等教育体系中，不同专业的学生由于学科背景与兴趣取向的差异，对思政课的关注点与需求也各不相同。因此，教师在优化教学内容时，应充分考虑学生的专业特点，以统编教材为依托，结合教学大纲与有关文件精神，构建具有专业特色的思政课体系。在这一过程中，教师应及时关注党和国家针对不同专业出台的政策，以及相关新闻动态，将与学生专业相关的实例融入教学内容。例如，在讲授"推动绿色发展，促进人与自然和谐共生"的主题时，对于资源环境专业的学生，可引入国际环保会议的最新成果；对于文史专业的学生，则可探讨中国传统文化中的生态文明思想；对于城市规划类专业的学生，则可结合乡村振兴与城市建设中的生态保护实践进行分析。这种专业导向的教学内容设计，不仅能够增强思政课的吸引力与感染力，还能促进学生在专业领域内对思政理论的深入理解与应用实践。

（四）教学内容联系生活实际

生活作为理论诞生的现实根基，为抽象的理论提供了丰富的素材和生动的形态。理论的形成与发展离不开对生活现象的观察与思考，思政课教学也应立足于现实生活,以此为实践主题,引导学生在生活实践中理解和运用理论。

教学内容联系真实而完整的生活,是高校思政课教学的重要方向。教师在备课过程中,应从学生的生活世界出发,将学生亲身经历或耳闻目睹的生活事件纳入教学内容,赋予思政课教学以"烟火气息",帮助学生更好地理解理论。生活本身是复杂且多元的,既包含真善美,也有假丑恶;既有鼓舞人心的一面,也有令人懈怠的一面。因此,在选取教学素材时,教师需兼顾正面与负面内容,以全面展现生活的本质。例如,在讲解社会主义核心价值观时,引入具有社会影响力的负面案例,能促使学生反思精神文明建设中存在的问题,进而深刻认识到培育和践行社会主义核心价值观的必要性,并将其转化为自觉遵守的行为准则。

教学内容应联系丰富且完整的生活。生活并非局限于某一领域或某一方面,而是由多个领域构成的完整体系。每个生活领域都有其独特的道德准则和价值取向,对人的影响也各不相同。因此,教师在优化教学内容时,需从学生的整体生活出发,避免忽视或回避任何生活领域。这种全面性不仅有助于学生理解理论的多样性,还能引导学生在不同生活场景中灵活运用理论,提升综合素养。

教学内容应联系"最近"的生活。学生身边的人和事往往最具启发性和亲和力。教师可从学生周围挖掘具有启发意义的案例,引入课堂,与学生共同探讨和辨析。例如,在讲解国家民生改善时,教师可引入本地的房价涨跌数据、大学生就业情况以及教育资源和医疗资源的配置变化等,直观地展示国家在民生领域的成就。这种贴近生活的教学内容不仅能增强学生的认同感,还能激发他们对理论的兴趣。

教学内容联系生活热点,是高校思政课教学的另一重要策略。生活热点是社会发展状况和人们生活情态的集中反映,也是吸引学生关注的重要因素。教师应及时收集、整理和分析生活热点问题,并将生活热点问题与理论教学相结合,增强理论的生机与活力。例如,食品安全问题作为当前社会高度关注的热点,既涉及道德与法律问题,也涉及社会治理问题。将其引入思政课教学,不仅能丰富教学内容,还能帮助学生从多角度理解理论在现实生活中的应用。此外,校园霸凌事件、老人摔倒问题、雾霾现象等生活热点问题,都蕴含着丰富的思政教育素材,能够有效降低理论的晦涩度,更易于学生接受。

教学内容契合生活逻辑，是高校思政课教学的必然要求。教材的编排通常遵循知识逻辑，但教学内容的组织应超越知识逻辑的束缚，依据生活逻辑进行构建。生活逻辑强调教学内容需与生活进程保持同步，要求教师从学生的生活经验和生活背景出发，优化教学内容。随着社会的发展，人们的生活标准和需求也在不断变化，尤其是进入新时代以来，人们对美好生活的需求更加多元和丰富。因此，教师在教学中应关注学生对美好生活的追求，将这一需求作为教学的立足点。例如，在"互联网+"的时代背景下，学生的网络实践行为亟待规范。教师应在教学中适时增添网络交往的内容，引导学生正确参与网络活动，养成积极健康的网络交往习惯。这种基于生活逻辑来组织教学内容的方式，不仅能够增强理论的现实感，还能提升学生运用理论解决实际问题的能力。

在高校思政课教学中，将教学内容与生活实际紧密结合，不仅是理论与实践相统一的必然要求，也是提升教学效果的重要途径。教师应关注学生的生活世界，从真实、全面、贴近学生的生活出发，引入生活热点问题，并依据生活逻辑优化教学内容。通过这种方式，思政课教学能够更好地满足学生的需求，帮助他们在生活中理解和运用理论，从而实现思政课教学的育人目标。

六、构建完善的思政课教学评价机制

理论性和实践性相统一原则在高校思政课教学中能否得到更好的运用，很大程度上取决于教学评价机制是否健全。因此，各高校需构建完善的以"知行合一"为导向的思政课教学评价机制。

（一）构建完善的多元化评价主体机制

在高校思政课教学中，构建完善的多元化评价主体机制是确保理论与实践相统一原则有效施行的关键举措。这一机制的建立，不仅有助于推动该原则在教学中的贯彻，还能促进"知行合一"理念在教学评价全过程的落实。多元化评价主体机制应涵盖教师、学生、同行、督导以及社会用人单位等多方参与，通过多维度的评价视角，全面、客观地反映教学过程与效果。

在评价教师的"教"方面，需构建教师自评、同行评价、学生评价、管理者评价以及社会评价等多种评价方式相结合的机制。教师自评是教学反思的重要环节，其核心在于教师对自身教学实践的总结与剖析。通过自评，教师能够梳理理论与实践相统一原则在教学中的具体运用与进展，反思存在的问题，并在经验积累的基础上优化教学策略，从而更好地实现理论与实践的融合。同行评价则从专业角度出发，对教师的教学实践进行评估。由于同行对思政课教学中理论与实践脱节现象有共同体验，相互评价能够为教师提供专业性建议，促进理论与实践相统一原则在教学中的有效运用。学生评价基于学生对教学活动的全程参与，能够真实反映教师运用该原则的情况与成效。学生作为教学活动的直接参与者，他们理论素养和实践能力的提升是思政课教学实效的最终体现，因此学生评价对教师调整教学方法具有重要意义。管理者评价主要由教育部门领导和专业评估人员实施，通过对教师教学工作的监督与评价，确保教师按照教育部关于思政课教学的要求开展教学活动，从而保障理论与实践相统一原则的贯彻落实。社会评价来自学生实习单位，是对教师教学效果的实践检验。社会用人单位对学生的考核标准为教师提供了教学改进的参考，有助于教师了解社会对人才的需求，进一步优化理论与实践相结合的教学模式。

在评价学生的"学"方面，同样需要建立学生自评、学生互评、教师评价和社会评价相结合的机制。学生自评是学生对自身理论素养和实践能力变化的总结与反思，通过自评，学生能够清晰认识自己在学习过程中的进步与不足，同时为教师调整教学策略提供依据。学生互评基于学生之间的密切互动，能够发现同伴在知行合一方面存在的问题，从而推动教师更好地运用理论与实践相结合的教学方法。教师评价是对学生知识积累和实践素养提升情况的综合评估，通过教师评价，教师能够了解学生在理论与实践方面的进步，发现不足，并在教学过程中寻求优化"理""实"相统一原则的有效路径。社会评价来自学生实习单位，是对学生理论素养和实践能力的最终检验。用人单位对学生的表现反馈能够为教学反思提供重要依据，促使教师在教学中更好地运用理论与实践相统一原则，培养出具备扎实理论基础和实践能力的高素质人才。

高校相关部门应积极推动思政课教学评价主体机制的改革，突破传统单一评价主体的局限，建立多主体参与的评价体系。这一举措通过摒弃管理主义倾向，引入多元化的评价主体，能够从不同角度全面评估教学过程与效果，为思政课教学提供更科学、更客观的反馈。这种多元化的评价机制不仅有助于提升教师的教学水平，还能促进学生理论素养与实践能力的协调发展，从而推动"知行合一"理念在高校思政课教学评价中的全面落实。

（二）构建完善的知识、能力、价值有机融合的评价指标体系

在深入探讨高校思政课教学评价体系的优化路径时，教师必须正视评价指标与评价方法的核心作用，它们不仅是衡量教学效果的标尺，更是引导教学实践方向的指南针。为了更有效地将理论性与实践性相统一的原则融入高校思政课教学评价中，构建一个涵盖知识、能力、价值三大要素的综合性评价指标体系，并实现量化评价与质性评价的有机统一，显得尤为关键。

构建这一综合性评价指标体系，旨在突破传统单一维度的评价模式，将知识的深度掌握、能力的实质提升与价值的正向塑造紧密融合。知识要素的评价，侧重于考察教师是否成功地将系统化的马克思主义理论、治国理政新思想、道德法治原理及国家发展理论等精髓内容有效传授给学生，并检验学生对这些理论知识的掌握程度。这一维度不仅要求理论传授的系统性与逻辑性，还强调学生理解的深刻性与全面性，确保理论知识成为指导实践的坚实基础。

能力要素的评价，则聚焦于学生运用所学知识解决实际问题、剖析成长困惑的能力，以及运用马克思主义中国化理论、社会道德规范、党政历史及国情理论进行批判性思维与问题解决的能力。这一评价维度旨在检验学生理论联系实际的水平，鼓励学生在实践中深化理论认识，通过解决具体问题来锻炼和提升个人能力，从而彰显思政课的实践导向。

价值要素的评价，侧重于考察教师在引导学生提升思想认识、树立崇高理想与坚定理想信念方面的成效。这一维度强调思政课在塑造学生世界观、人生观、价值观方面的独特作用，以及学生在理想信念上的坚定程度，旨在通过教学评价促进学生精神世界的成长与升华，使之成为有理想、有本领、有担当的时代新人。

在构建这一指标体系的基础上，进一步推动量化评价与质性评价的深度融合，是实现教学评价科学性与全面性的重要保障。量化评价以精确性见长，通过考试、问卷调查等手段，将教学效果量化为具体数据，便于直观比较与分析。它能够有效衡量学生对理论知识的掌握程度及某些特定能力的提升情况，为教学改进提供有力的数据支撑。然而，量化评价的局限性在于难以全面捕捉学生思想道德素质的变化及潜在发展态势，尤其是在情感、态度、价值观等非物质层面的评价上存在不足。

质性评价则是对量化评价的有效补充，它强调通过深度访谈、日常观察、成长记录袋等多种方法，全面、深入地揭示学生思想道德素质的发展状况，侧重于理解与评价对象的独特性与复杂性。质性评价能够弥补量化评价在反映学生内在精神世界方面的欠缺，通过细致入微的描述与分析，更真实地展现学生的成长轨迹与个性差异。然而，质性评价的主观性与模糊性也可能导致评价结果缺乏标准化与可比性。

实现量化评价与质性评价的有机统一，既能发挥量化评价在数据收集与分析上的优势，又能借助质性评价深入洞察学生的内在变化与个性特征，共同构成一个既科学又全面的评价体系。这一融合不仅有助于提升评价的精准度与全面性，还能促进理论教学与实践教学的紧密结合，引导思政课教学评价向更加科学、合理、有效的方向发展，最终助力高校思政课育人目标的全面实现。

第五章 高校思政课实践教学和课堂教学的融合机制

在新时代背景下，高校教育肩负着培养社会主义建设者和接班人的重大使命。思政课作为高等教育的重要组成部分，其教学模式的创新与融合是顺应新时代发展要求的必然选择。本章将重点分析思政课实践教学和课堂教学的融合依据、融合原则、融合实践以及融合机制的优化。

第一节 思政课实践教学和课堂教学的融合依据

一、高校思政课实践教学和课堂教学融合的理论依据

从思政教育的学科视角出发，探讨新时代高校思政课实践教学和课堂教学融合的理论依据，不仅要追溯至马克思主义理论，还要密切结合思政教育相关理论进行深入分析。

（一）马克思主义认识论与实践论

马克思主义作为我国的根本指导思想，为各学科的建设与发展提供了指引。马克思主义理论作为思政教育的核心内容，是思政教育学科建设和发展的理论基础。因此，新时代推进高校思政课实践教学与课堂教学融合，必须以马克思主义理论为指导。

1. 人的自由全面发展理论是出发点

现代化的核心在于人的现代化进程，这一进程展现了个体随着社会环境与生活条件的不断改善而持续进步的全面发展图景，涵盖了价值观念的重塑、道德品质和能力素质的提升以及行为方式的转变等多个维度。马克思主义理论深刻阐明，每个人的自由全面发展是全体人民自由发展的前提，这内在地要求教育体系在人才培养理念上追求多元化与全面性的和谐统一。在此理论

框架的指引下，高校思政课的教学实践必须紧密围绕马克思主义关于人的全面发展学说展开。在新时代背景下，促进思政课实践教学与课堂教学的深度融合，成为推进这一进程的关键着力点。

从"培养什么人"的目标定位来看，旨在培育出一批坚定拥护中国共产党领导、立志投身于社会主义现代化建设事业的未来领导者与接班人。关于"怎样培养人"的问题，通过实践教学与课堂教学的有机结合，能够有效破解传统思政课可能存在的理论与实践脱节、吸引力不足等难题，进而推动思政教育实现质的飞跃与高效发展。至于"为谁培养人"的根本宗旨，在新时代背景下推进高校思政课教学模式的融合，需坚定不移地立足于培养能够担当民族复兴大任的时代新人的战略高度，致力于引导学生从理论与实践的双重维度深刻领悟中国理论的深邃内涵、中国价值的独特魅力以及中国道路的历史必然性，从而为国家的长远发展注入不竭的动力与活力。

2. 实践检验认识真理性标准的理论是着力点

马克思主义理论强调，在认知与改造世界的过程中，个体需通过实践检验其思维的真理性。实践不仅是理论的基础，而且理论对实践具有反作用，错误的理论指导将对实践产生负面影响。马克思批判并发展了前人的实践观念，明确指出思维客观真理性的判定是一个实践问题，而非单纯的理论议题。因此，人类思想观念的发展必须以具体实践为基础，经历从实践到认识、再由认识回归实践的循环过程，方能推动社会持续进步。实践性作为马克思主义理论的显著特征，为新时代思政课的教学改革提供了理论指引。

传统思政课教学模式局限于课堂教学，学生被动接受知识，难以获得对社会现实的直观理解，导致自我定位困难。这种教学模式在面对逆境时，容易使学生陷入迷茫、恐惧等负面情绪，反映了思政课的现实挑战，也凸显了实践教学与课堂教学融合的必要性。马克思主义关于实践与真理关系的辩证分析，为思政课实践教学提供了直接指导，促进了对学生精神世界塑造与思政课建设规律的深刻认知。

在新时代背景下，推进思政课实践教学与课堂教学的融合，是一个既认识规律又塑造个体的双向过程。这一过程要求精准把握思政教育、思政课建设及学生成长规律，确保两者无缝对接，有效回应时代与社会的多元问题，解决学生成长过程中的困惑，引导他们树立正确的世界观、人生观和价值观，提升问题解决能力，积极适应时代发展。

融合实践教学与课堂教学的关键在于理解并运用实践到认识的辩证逻辑，确保学生在实践中深化对理论的理解，同时在理论指导下更有效地参与实践。这一过程不仅是对思政课建设规律的理性认识，也是对教学模式的创新实践，体现了从实践到认识、再从实践到再认识的循环提升。

综上所述，新时代推进高校思政课实践教学与课堂教学的融合，是提升思政教育质量、塑造学生精神世界、回应时代需求的关键路径。通过准确把握教育规律，实现课堂教学与实践教学的有机结合，能够有效引导学生形成正确的价值观念，提高其适应与参与社会建设的能力，为培养符合中国特色社会主义建设需要的时代新人提供坚实支撑。

3. 人的一切社会关系总和的本质理论是落脚点

在马克思主义理论的发展进程中，《关于费尔巴哈的提纲》具有里程碑意义，其中首次深刻地探讨了人的本质问题。该著作指出，以往哲学家大多以不同方式诠释世界，而核心在于改变世界，这一论断凸显了革命性实践对人类思维，尤其是思想政治素养塑造的深远影响。马克思进一步阐明，社会生活的本质是实践活动，理论的价值在于拨开神秘主义的迷雾，为人们在实践中遇到的难题提供科学的解决路径。鉴于此，对于青年群体的教育培养，不应局限于抽象的理论传授，而应积极鼓励他们投身于丰富多彩的实践活动。在既有知识的基础上，通过亲身实践实现知识的深化与拓展，进而拓宽认知边界，全面提升各项技能与综合素质。

从这一视角出发，马克思列宁主义关于理论与实践关系的深刻洞察，为"大思政课"框架下高校思政教育的革新提供了坚实的理论依据与实践导向。大学生作为思政课实践教学活动的核心参与者，理论学习仅是起点，关键在于通过多样化的实践活动，将所学理论知识加以应用、巩固与验证。因此，思政教育需致力于在实践基础上实现人与自然、主体与客体、思维与存在等关系的和谐统一，推动高校学生在思想道德修养与实践工作能力上同步提升。

总之，马克思主义理论中的认识论与实践论、实践作为检验真理的唯一标准，以及人的本质是社会关系的总和等基本原理，共同揭示了将理论与实践教学深度融合对提高育人质量的重要性。面对当今世界百年未有之大变局与中华民族伟大复兴的历史使命，推动高校思政课实践教学与课堂教学的有机融合，对培养兼具深厚理论素养与卓越实践能力的时代新人，具有不可估量的战略价值与现实意义。

（二）思政教育过程论与环境论

作为思政教育体系的关键组成部分，在新时代背景下推动高校思政课实践教学与课堂教学的深度融合，既要契合思政教育的根本法则，也需遵循其相关理论框架。

一方面，思政教育的过程理论为这一融合进程提供了重要的指导原则。所有事物均在过程中存在并发展，包括我们思维中看似稳定的概念，也处于持续的演变之中。思政教育作为一项具有连续性、目标导向性和计划性的组织活动，其教学实施需随着具体情况的变化而不断演进。在实践与课堂教学协同培养人才的实践活动中，无论是前期的实践准备、方案规划与实施流程，还是实践后的总结提升，都必须严格遵循思政教育的育人过程规律。因此，在思政教育中，学生在实践环节中经历的内化认知、外化行为以及学习成效检验这三个阶段至关重要，它们是不可或缺的环节。同时，教师、学生、教学内容及实践教学方法这四个核心要素同样不可或缺。这从根本上遵循了思政教育的基本规律，即教育过程是在教师与学生的动态平衡与失衡交替中曲折前行，个体的思想道德也在社会需求与个人内在诉求的相互作用中曲折成长。这对推动高校实践教学与课堂教学的深度融合具有深远的启示和参考价值。

另一方面，思政教育的环境理论着重指出，理论性育人与实践性育人环境之间存在着内在联系，为实践育人提供了理论上的导向。思政教育的环境涵盖了所有能够对教师和学生产生思想道德影响的外部因素的总和，这些因素对教育质量的提升具有显著影响。党和国家深刻认识到社会环境在思政教育中的关键作用，强调通过实践环境育人来提升大学生的思想政治素养和道德水平，并引导他们的行为与价值导向。然而，当前我国高校的思政教育理论教学依然占据育人主渠道的地位，这表明思想政治育人的环境要素尚未得到充分挖掘，大学生知识获取的全面性及育人成效仍有待提升。借助政治理论和思想引领大学生在社会实践中感悟思政教育理论、在实践中内化思政教育知识、在亲身参与中实现精神与行动的外化，这一过程既必要又迫切。因此，必须正视外部环境对高校思政教育的重要作用，通过同步加强思政课实践教学体系建设，灵活运用实践育人的多样化形式，增强实践教学与课堂教学的协同效应，从而实现理论与实践育人的有机统一。

二、高校思政课实践教学和课堂教学融合的现实依据

高校思政课实践教学和课堂教学的融合作为思政教育发展的内在要求，其最终目标必然指向实践。中国特色社会主义进入新时代，推进高校思政课实践教学与课堂教学融合，探寻融合的具体机制需要兼具宏观考量与微观思考。

（一）新时代思政课提质增效的立足基点

实践是大学生深刻理解并把握当代社会环境与现状不可或缺的途径。在踏入大学校园之前，多数大学生主要接受的是以应试为导向的教育和基础学科知识传授，这导致他们与社会实际的结合较为薄弱，个人直接经验的积累相对不足。在"大思政"教育理念的引领下，强化当代大学生的思政实践教育，对深化理论认知并将其转化为实践能力具有显著意义，实现了知识学习的价值升华。

第一，构建高校思政课实践教学与课堂教学的融合机制，是构建思政课"大格局"的关键所在。实践教学作为培养高素质复合型人才不可或缺的一环，在从基础教育到高等教育的全链条中始终占据重要地位。随着"立德树人"教育理念及"大思政"格局的提出，思政课实践教学模块日益受到重视。这一融合机制打破了传统思政课专业实践与理论教学的界限，融入了"大思政"的深刻内涵，形成了一种创新的教学模式。针对当前大学生学习状况及思政实践教学中存在的问题，探索并构建这一融合机制显得尤为迫切。

第二，高校思政课实践教学与课堂教学的融合机制，与思政课提质增效的目标高度一致。在高校思政教育中，强调实践育人的重要性，促使学生将理论知识与实践活动相结合，是提升教学效果的关键。丰富思政课的实践形式，不仅增强了课程的趣味性和多样性，还显著提升了学生的学习兴趣。实践教学与课堂教学的深度融合，贯穿于整个思政教学体系之中，拓宽了实践平台，促进了师生的积极参与，进而提高了思政课的教学质量和学生的接受度。

第三，高校思政课实践教学与课堂教学的融合机制是对培育时代新人本质要求的积极回应。时代新人需具备卓越的能力素质，这既包括强烈的责任感与使命感，也涵盖实际技能的锤炼。在新时代背景下，高校思政课将培养党和国家所需人才作为根本任务，旨在为国家培养能够担当民族复兴大任的新时代青年。基于"大思政"格局的实践教学，以世界百年未有之大变局为

背景，借助理论与实践相结合的小课堂模式，引导大学生在深入参与思政实践课题的过程中，逐步培养出坚韧不拔的品格、坚强的意志力以及丰富的实践能力，从而在实践中真正掌握成为时代新人所必备的"真功夫"。在这一背景下，高校思政课实践教学紧跟学生思想发展步伐，积极适应育人新要求，与思政课教学目标相契合。理论与实践的紧密结合能够锻炼学生的心理调适能力和知行合一的能力，为他们提升社会适应能力、成长为中华民族伟大复兴的中坚力量奠定了坚实基础。

（二）推进"大思政课"建设的有力抓手

高校思政课实践教学与课堂教学的融合机制，在深度契合校社联合的内在逻辑方面展现出显著优势。根据《关于深化新时代学校思想政治理论课改革创新的若干意见》的指导精神，鼓励高校与党政机关、企事业单位等社会力量建立紧密联系，共同打造实践教学基地，并持续完善实践教学机制。这一举措凸显了学校与社会力量协同育人的重要价值。在"大思政课"理念下，实践育人模式强调整合社会资源，构建"一核多元"的组织架构。其中，"一核"指发挥党委及学校党组织的领导核心作用，"多元"则强调围绕共同目标，强化各主体间的横向与纵向协作，凝聚形成协同育人的强大合力。同时，建立共建共享的资源利用体系，促进校内资源与校外资源的有效对接，增强思政教育的实效性和吸引力。在此基础上，还需构建科学的评价机制，针对不同思政课的具体要求，分层设定合理的考评标准，既评估育人成效，又强化正向激励，确保实践要求与思政教育评价导向的有机统一。

此外，高校思政课实践教学与课堂教学的融合机制，也符合思政育人大格局的本质要求。在全球局势深刻变革的背景下，"大思政"格局强调课堂、校园、社会三重环境的有机融合，旨在消除实践教学与课堂教学之间的壁垒，实现理论与实践的双重育人效果。具体而言，"大思政"格局下的实践教学具有三大特征：一是跨环境育人，即充分利用课堂、校园、社会三种环境；二是跨资源育人，整合学校、社会、网络云等资源；三是跨视野育人，立足全球视野与民族复兴的战略高度。在这一格局下，思政课实践教学以马克思主义整体观和实践观为指导，整合教学资源，提升育人效率与质量，形成多主体、全阶段、多层次深度融入的育人合力，从主体、客体、时空等多个维度巩固和提升大学生的思政教育素质，符合全员、全过程、全方位育人的构建逻辑。

高校思政课实践教学与课堂教学的融合机制，同样遵循了思政教育的内在规律。思政教育的发展需遵循人的思想品德形成发展规律和社会服务规律。人的思想品德在社会实践中不断发展变化，且深受思政教育形式的影响。针对当前部分思政课教学形式单一的问题，创新性的实践教学模式通过提供丰富的实践资源、项目、内容及平台，能够有效丰富思政教育形式，提升教学效果。将思政实践教学融入大学生思政教育，不仅彰显了我国高等教育的重要进步，也弥补了大学生实践不足的短板，有利于提升其综合能力。这种实践教学方式通过提供多样化的实践环境体验，有力地促进大学生在实践中成长。同时，"大思政课"背景下的实践教学还需遵循大学生成长规律，以"为党育人、为国育才"为目标，从多主体、多渠道发力，扎实开展实践教育，服务于社会政治、经济、文化及党的工作大局。

（三）培育时代新人的实践依托

"大思政课"不仅注重强化学生的使命感与理想信念，更将实践能力与动手能力的培养置于核心地位，推动学生实现知识学习与行动实践的有机统一。此外，"大思政课"模式还显著提升了大学生将理论知识应用于社会实践的主动性与积极性，使他们在社会形势的变迁中展现出卓越的适应能力。

步入新时代，社会对人才的需求呈现出新的特征，既要求个体在思想上坚定拥护党的领导，秉持鲜明的政治立场，又期待其具备为社会贡献才智的自觉意识与责任担当。然而，将理论知识有效转化为实践能力，涉及综合素质的全面培育，这是一个长期且复杂的过程。面对社会对复合型人才的迫切需求，实践能力与理论知识兼备的人才供给不足与市场巨大需求之间的矛盾日益凸显。在此背景下，"大思政课"指导下第一课堂与第二课堂的融合机制，为解决这一人才供需不匹配问题提供了有效路径。该机制通过"大思政课"的引领，鼓励学生积极参与社会实践，并在实践中深化理论认识，明确个人社会角色，从而精准对接社会主义现代化建设的人才需求。

进一步而言，推广思政教育活动，树立"大思政观"，构建全面的"大思政课"体系，对于引导学生在实践中规范言行、提升道德境界及涵养个人品质具有深远意义。在思政课实践教学活动中，无论是通过亲身体验获得的情感认同，还是将所学内化于心、外化于行的实际行动，都为学生提供了一个检验自身思想与行为正确性的平台，促使他们将整体道德修养切实落实到日常实践中。这一过程不仅加深了学生对思政理论的理解，更促进了其全面发展，为培养符合时代要求的高素质人才奠定了坚实基础。

第二节　思政课实践教学和课堂教学的融合原则

思政课实践教学和课堂教学的融合发展，需要遵循系统性原则、综合性原则和融通性原则。在二者融合发展过程中遵循这些原则有助于确保思政教育的有效性和教育目标的实现。

一、系统性原则

系统性原则是指从全局出发，综合考虑各种因素，使各个部分和要素之间保持协调、平衡和一致，以实现整体的最优目标。该原则注重整体与部分之间的相互作用和联系，需明确各部分和要素的功能与特点，将它们有机结合，形成高效、协调、稳定的整体。同时，还需要根据外部环境的变化和内部条件的发展，及时调整和优化组织结构和资源配置，以维持组织的动态平衡和发展活力。思政课实践教学和课堂教学的融合发展必须秉持这一原则。思政课实践教学和课堂教学，既要作为思政课的两种教学形式最大限度发挥各自优势，推动二者的融合发展；又要作为思政课的教学整体系统，整合教学资源，以二者的融合发展最大程度促进各自完善。

（一）以各自优势促进二者的融合发展

在思政教育活动中，应充分发挥思政课实践教学和课堂教学在时空场域方面的优势，以此推动二者融合发展，增强思政课的实效性。

1. 发挥时间优势

（1）思政课课堂教学具有固定性和阶段性

固定性是指思政课课堂教学的时间安排通常高度稳定。这主要体现在每周固定的课程时段、学期开始和结束的时间节点。时间上的固定性能够确保学生在规定时间内进行系统学习。同时，固定的时间安排也有助于教师制订教学计划和安排，确保教学内容的连贯性。阶段性则指思政课课堂教学往往按照学校的学期制度进行安排，每个学期都有明确的教学计划和内容，确保学生在不同阶段都能系统学习思想政治理论知识。此外，随着学生年龄的增长和认知水平的提高，思政课课堂教学的教学目标也会相应调整，教学内容也会根据不同阶段学生的需求而有所变化。

（2）思政课实践教学具有灵活性和持续性

与思政课课堂教学相比，思政课实践教学的时间安排更为灵活。其学习活动往往不受固定课程时间和学期开始、结束时间的限制，可根据学生的兴趣、需求和实际情况进行安排。这种灵活性使思政课实践教学更贴近学生的实际生活和社会现实，有助于激发学生的学习兴趣和积极性，促进学生的自主学习。思政课实践教学的持续性则指其不受学期制度的影响，时间跨度更长，能涵盖学生从学校到职场的整个生涯，可以为学生提供长期的、终身的学习机会。思政课课堂教学的固定性和阶段性特点，与思政课实践教学的灵活性和持续性特点相互补充、相互促进。在思政课实践教学和课堂教学的融合发展过程中，既能使学生系统接受思政教育，又能使学生根据自己的兴趣自主学习；既能使各个年龄层次的学生在学校里循序渐进地接受思政教育，又能促使他们在社会大环境中保持终身学习，从而使思政教育过程更具系统性、连续性，并贯穿人的一生。

2. 发挥空间优势

思政课课堂教学的空间选择呈现出鲜明的集中性与单一性特征。集中性主要表现为教学活动往往被精心安排在一个相对局限且集中的物理空间内开展。这种布局使学生与教师能够高度聚焦于教学内容，有效减少外界干扰，保障教学活动的连贯进行并取得良好成效。此外，空间的集中还催化了特定学习氛围的营造及群体效应的显现，强化学生群体间的相互影响与激励，教育效果显著提升。单一性则体现在思政课的教学环境相对固定，通常局限于学校的教室或学校内部的其他特定区域，如会议室、报告厅等。这些场所均由学校统一提供与管理，为学生接受教师的系统讲授与思维引导搭建了稳定平台。

相比之下，思政课实践教学在空间布局上呈现出明显的分散性与多元性。分散性意味着实践教学活动广泛分布于各类社会场景与环境中，跨越不同的社会领域与层级。学生在不同的空间实践中接触并体验多样的社会现象与问题，这一特性促进了学生对社会的全面认知。多元性体现在实践教学环境的广泛与多样，涵盖社区、企业、博物馆、科技馆、社会实践基地等多种社会空间。学生在这些多元化的空间中接触不同的社会群体和文化背景，极大地拓宽了视野。

综上所述，思政课课堂教学空间的集中性与单一性，与其实践教学的空间分散性与多元性，共同构成了集体教育与差别教育、灌输式教育与启发式教育的有机统一体。二者的有效融合，不仅丰富了教育形式的维度，更为学生的全面发展与未来潜能的挖掘提供了更为广阔的平台与机遇。

（二）以二者的融合发展促进各自完善

思政课实践教学与课堂教学的融合发展，在多方面展现出对双方完善与提升的积极效应。

首先，这一融合模式促进了教学要素的有效流通。将实践教学环节中遇到的实际案例、社会现象及问题融入课堂教学，不仅丰富了思政课的教学内容，使之更加生动具体、贴合时代脉搏与现实情境，还为学生搭建了理论与实践的桥梁，深化了他们对知识的领悟与应用能力。在此过程中，也促进了师生间互动的深化。教师在理论与实践教学中灵活转换角色，既传授知识又指导实践，有助于精准把握学生的学习需求与难题，进而实施更具针对性的指导。同时，学生在实践中的反馈成为教师优化教学内容与方法的宝贵资源，强化了课堂与社会间的联结与互动。

其次，融合发展推动了教育媒介与渠道的多元化。传统媒介（如教科书、黑板）与新媒体（如网络、社交媒体）在思政课中的结合应用，极大地丰富了教育手段，拓宽了思政教育的传播路径，提高了其覆盖广度与影响力。实践教学为课堂教学提供了多样的交流平台，促使课堂教学媒介朝着多样化方向发展；而课堂教学的反馈机制又反过来推动实践教学媒介的创新与应用，形成了媒介使用的良性循环。

最后，融合发展加速了信息的传播与高效应用。实践教学为课堂教学引入了丰富的场地资源与鲜活的社会实例，不仅丰富了课堂信息的来源，还确保了教学内容的时效性与时代关联性。在此过程中，学生不仅学到了知识，其在信息识别、筛选、分析及评价等方面的能力也得到了显著提升。这对提升思政课的育人成效以及提高学生在未来学业与职业生涯中处理复杂信息的能力，均具有不可估量的价值。

综上所述，思政课实践教学与课堂教学的融合发展，无疑为思政教育注入了新的活力，推动了教学模式的创新与效果的优化。

二、综合性原则

综合性原则指的是在教学活动中，将活动内容、形式、过程等因素有机结合，发挥其综合效能，从而更好地促进学生的整体发展。思政课实践教学与课堂教学秉持综合性原则，在开展思政教育活动时，需要以学生的社会性发展为根本目标，以学生的直接经验和实际生活为基础，结合各学段学生的发展规律，推动学生多角度、多层次的发展，这正符合当下思政课改革的需要。

（一）基于课堂教学，把实践教学引对路

第一，思政课课堂教学为思政课实践教学提供科学的理论指导。思政课实践教学作为思政课的实践层面，必然需要思政课课堂教学为其提供科学的理论支撑。思政课贯穿大中小学各个阶段，思政课实践教学同样贯穿各学段的思政教育之中。基于各学段学生的成长规律，思政课实践教学的内容因思政课课堂教学内容的不同而有所差异。各学段的理论内容侧重有所不同，为思政课实践教学的实践平台搭建、实践资源的开发提供了行动指南。

第二，思政课课堂教学为思政课实践教学提供正面的价值引领。当前，我国仍处于社会转型期，学生生活在多元化的意识形态背景下。思政课作为思政教育的主阵地，必须承担起对学生价值观的引领重任；作为实现立德树人根本任务的主渠道，必须明确"培养什么人"的问题。思政课课堂教学的目标在于为国育人、为党育才，培养德智体美劳全面发展的社会主义建设者和接班人。因此，学校的思政课教学必须立足中国特色社会主义制度，坚持社会主义办学方向，使学生深刻理解和把握社会主义核心价值观，树立正确的世界观、人生观、价值观，关注学生的综合素质和人文素质培养，为思政课实践教学提供正面的价值导向。此外，思政课课堂教学为思政课实践教学提供积极的推动力量，将思政元素融入社会实践中，打造"行走的思政课"。

（二）立足实践教学，把课堂教学讲生动

一方面，思政课实践教学为课堂教学搭建起多元化的实践平台。这些平台作为实践活动的基础架构，广泛涵盖社区服务、志愿行动及企业实训等多个领域。社区服务与志愿行动是实践教学的重要组成部分，学生通过亲身参与如环境整治、助老扶幼等志愿活动，不仅能够直观感知社会需求，还能在活动过程中培养服务精神与团队协作能力。企业实训则为学生搭建起直面职场、洞悉行业动态的桥梁，通过在企业环境中的实习体验，学生能够学习专业技能、感受企业文化、积累职场经验，为未来职业发展奠定坚实基础。这

一系列实践举措极大地丰富了思政课的理论内涵，使其不再局限于书本知识，而是变得生动鲜活、触手可及。

另一方面，思政课实践教学为课堂教学提供了丰富的实践素材。这些素材作为实践活动不可或缺的资源支撑，既包括常规性的教育资源，也蕴含具有地域特色的独特资源。常规教育资源涵盖各级教育机构提供的多样化学习场地与设施，学生借助这些资源在实践中深化知识、提升技能。特色资源则聚焦于特定地域独有的自然风光与人文底蕴，诸如民俗传统、节庆活动等，学生通过探索这些地域文化精髓，能够拓宽认知边界，增进文化理解与包容。

综上所述，借助这些丰富多元的实践资源，学生得以更全面地了解社会、拓宽视野，进而推动理论认知的升华，为思政课教学实效性的提升注入不竭动力。

三、融通性原则

融通指融合通达，有融会贯通的意思。思政课实践教学与课堂教学的融通，即指将实践教学与课堂教学中的知识和道理相互融合，助力学生对思想政治理论知识形成全面透彻的理解和领悟。

（一）促进各学段间的融通

思政教育是一个持续推进的过程，学生的成长规律决定了各学段思政课要坚持阶段性与连续性相结合的原则。思政课实践教学和课堂教学的融合发展，需要遵循大中小学思政课一体化建设原则，以此有效促进各学段间的融通。

第一，建立符合学生认知规律的教材体系。根据各学段学生的特点建立教材体系，由浅入深、由易到难地编写相关教材，并依据教材内容设计相应的实践活动，确保每个学段的教学内容与实践内容都符合学生的认知规律和能力水平。同时，要确保教材内容的及时更新和教材形式的多样化，采用多种形式的教材，包括纸质教材、电子教材、多媒体教材等，以顺应时代发展和学生的需求，提升学生的学习兴趣和学习效果。

第二，更新教学话语，满足学生需求。各学段教师在教学话语的选择上要符合学生的发展需求和兴趣爱好，注重与学生之间的交流和沟通。教师应紧跟自媒体时代的发展潮流，学习新颖的话语、词汇，将枯燥的专业知识以通俗易懂的方式呈现出来，使理论更贴近实际生活，更具亲和力，让思政课富有情感、温度和趣味。

第三，完善课程体系并构建沟通机制。各学段学校间应构建互联互通的思政课沟通机制，通过集体备课，使各学段思政课教师明确不同学段、不同层次思政课的要求与特点。课程体系设计应既有整体性，又有层次性，科学设计课程内容，实现教学内容的螺旋式上升。充分利用互联网技术，推动传统媒体与新兴媒体的深度融合，以线上教育对接线下学生的实际需求，构建多样化、立体式、综合性的教学模式。

第四，整合教学资源以实现共享。学校需要根据各学段的教学内容和学生特点设置不同难度且具有连贯性的资源库，提供多种类型的教学资源。大学拥有相对丰富的教学科研资源，应推动这些优质资源下沉，解决资源不均衡问题，使每个学段都能够获得更多的资源支持。同时，要注重教学资源的更新和多样化，以适应时代的发展需求。建立完善的教学资源共享机制和清晰的操作流程，使每个学段都能够方便地获取和使用教学资源。

（二）加强校内外融通

加强思政课实践教学与课堂教学的校内外融通，是有效达成思政教育目标的关键路径，这一过程迫切需要教育机构与社会各界的协同努力与深度合作。

第一，推动校内外师资力量的深度融合。这种融合不应局限于校内专职教师，而应积极拓展至校外领域，邀请杰出企业家、资深社会工作者及艺术家等社会各界精英，参与思政课课堂教学或进行经验分享。此举旨在引入多元视角与实战经验，拓宽学生的认知边界，激发他们的创新思维。同时，要加强校内思政教师队伍的专业成长，借助系统化培训与广泛交流，不断提升教师的教学能力与专业素养，为思政课理论与实践教学的无缝衔接奠定坚实基础。

第二，促进校内外文化的交互融合，对思政课教学的深化具有不可忽视的作用。校园文化作为思政教育的重要依托，其丰富性与开放性至关重要。加强校园文化建设，弘扬优秀传统文化，以及策划多样的文化交流活动，能够营造积极向上的校园氛围，助力学生价值观的正确塑造。鉴于学生终将走向社会，社会文化的影响同样深远。因此，推动校园文化与社会文化的互动交流，不仅能够拓宽学生的文化认知视野，还能促进他们思维模式的多元化发展，为学生全面成长提供文化支撑。

第三，校内外实践教学基地的有效整合，是连接课堂与社会、理论与实践的重要桥梁。学校应积极与企事业单位、社区组织及文化机构等寻求合作，建立多样化的实践教学基地，为学生提供丰富的社会实践平台。通过组织学生参与社会实践项目，他们能够亲身体验社会运行机制，深化对社会现实的理解，从而提升实践能力和综合素养。此外，借助现代信息技术搭建网络教学平台，实现校内外资源、线上线下教学的有机结合，不仅能促进不同教育机构间的资源共享，还能提高师生与社会各界的互动的频率与质量，为思政课实践教学的创新发展提供新途径。

第三节 思政课实践教学与课堂教学的融合实践

一、教学内容同步发展

在现代教育体系中，思政课实践教学与课堂教学的教学内容相互关联、相互促进，教学内容的同步发展是实现两类课堂融合发展的重要前提。

（一）理论知识的同步

1. 紧跟国家最新政策，掌握最新理论成果

随着国家的快速发展，思政课实践教学与课堂教学的融合发展必须紧跟国家最新政策，掌握最新理论成果，确保教育内容的前沿性和时效性。这种同步发展不仅是提升思政教育质量的内在要求，也是培养符合时代需求人才的关键所在。

（1）紧跟国家最新政策

思政课实践教学与课堂教学的教学内容应紧密围绕国家政策展开，将政策精神融入课堂教学和实践活动中。通过解读政策内容、分析政策背景、探讨政策影响等方式，将政策精神融入课堂教学和实验活动中，让学生及时了解国家政策走向，增强对国家大事的关注和认识。同时，教师应密切关注政策动态，不断更新教学内容，确保思政课教学与国家政策同步。

（2）掌握最新理论成果

随着社会的进步和政策的更新，思政教育的理论成果也在不断推陈出新。思政课课堂教学应积极引进最新的理论成果，通过介绍前沿理论、分享最新研究成果、引导学生参与学术讨论等途径，让学生接触到最新的思想政治理论知识，拓宽他们的视野和思维。同时，在实践教学中选择与最新理论成果

相匹配的活动场所和实践基地,深化学生对理论知识的理解和掌握。

2. 打造思政教育品牌

基于本地特色打造思政教育品牌是推动课堂教学与实践教学理论知识同步发展的重要手段。

(1)注重特色资源开发。教师应立足本土,深入调研本地特色文化资源,同时关注社会生活,从身边挖掘可利用的教学资源。

(2)持续优化课堂要素。打造思政教育品牌需要课堂要素的有力支撑,教师应通过优化课程设置、创新教学方法等措施,塑造具有特色的思政教育品牌。

(3)广泛推广思政教育品牌。要加大思政教育品牌的宣传力度,借助网络平台提高理论宣传效率,增加宣讲频次,让理论更加通俗易懂,容易被大众接受。

(二)社会热点问题的同步

1. 筛选课堂融合内容

(1)明确热点问题范围,包括国内外政治、经济、文化、社会等各个领域的重要事件和现象。教师可通过关注新闻、时事评论、社会调查等方式,及时了解并掌握社会热点的动态,为后续的课堂融合做好准备。

(2)根据确定的社会热点范围,筛选出与思政课内容紧密相关的话题。这些话题应具有代表性、启发性和时代性,能够有效激发学生的学习兴趣和思考动力。同时,要确保融合内容的科学性和准确性,避免误导学生。

2. 课堂解读社会热点

将社会热点引入课堂是助力学生理解和应用理论知识的重要方式。

(1)课程内容对接社会实际。思政课的内容应紧密对接社会热点及社会实际问题,将社会热点和实际问题引入课堂,使课程内容与社会发展保持同步。课程内容要注重培养学生的批判性思维和分析问题的能力。

(2)教师要强化对社会热点的引导和解读,帮助学生正确理解和把握社会现象。通过组织学生开展讨论、辩论、撰写论文等活动,让学生对社会热点进行深入分析和解读,可以更深入地了解社会现象和问题,提高分析问题和解决问题的能力。

总之,教师在教学中应引导学生紧跟时代发展潮流,关注新时代中国特色社会主义实践所取得的历史性成就和发生的历史性变革，引导学生聆听时代声音，直面时代挑战，从时代发展中汲取养分。

二、教学方法与时俱进

随着科技的飞速进步与社会的持续变革，教学方法正经历着前所未有的多样化与现代化变革。在思政课教学领域，实践教学与课堂教学的深度融合迫切要求教学方法与时俱进，亟需引入现代科技手段以丰富教学形式。现代科技为思政课教学开辟了诸如"教育元宇宙"、播客教学法、交织学习空间教学法、关系型教学法及多模态教学法等一系列创新路径。这些新兴方法共同指向一个核心趋势：学习体验的多元化。这一趋势强调技术、方法及教学模式的多样性，意味着在不同环境与空间中，多样化的媒介、交互方式及教学策略均可成为支撑教学与学习的有效工具。

具体而言，"教育元宇宙"通过构建高度仿真的虚拟思政教学场景，例如历史情境重现、社会问题探讨平台等，使学生能够借助虚拟现实技术身临其境，以第一人称视角深度参与，从而深化对思政内容的理解。在此环境中，学生不仅能与虚拟实体、教师及同伴进行即时互动，参与问答、讨论及协作，还能享受更为沉浸、交互且个性化的学习体验。另一方面，播客教学法依托现代网络技术，将课程内容转化为视频、音频等形式进行传播，展现出高度的灵活性、强交互性及资源共享特性，尤其契合思政课课堂教学与实践教学融合的需求。

综上所述，大数据、人工智能等现代科技手段的有效运用，极大地推动了思政课课堂教学与实践教学的融合发展，显著提升了教学效果与学习体验。在实践过程中，教师应根据实际情况灵活采用新型教学工具，勇于探索并创新教学模式，以提升思政课的吸引力与影响力，培养出具备创新思维与跨界合作能力的复合型人才。实现教学方法的多元化与现代化，要求教师具备强烈的创新意识与较高的实践能力，深入了解学生的学习需求与风格，设计个性化教学方案，并持续探索和实践新型教学法，以提供更高质量、更丰富多样的教育服务，从而更好地适应学生身心发展以及社会变迁的需求。

三、提升教师队伍素质

思政课教师的专业素质与实践能力，对确保思政课的实效性具有决定性作用。思政课实践教学与课堂教学的深度融合依赖于一支强大的师资队伍。

在教师队伍的建设与优化过程中,思想素质的培养与专业知识及技能的提升是不可或缺的基石。就思想素质培养而言,强化教师的政治理论学习,提升其政治觉悟,是确保教师队伍坚定正确政治导向的前提;同时,培育教师的社会责任感与使命感,激励他们以身作则,成为学生学习的楷模。此外,深化教师的职业道德教育,对提升其专业素养与道德认知亦至关重要。

在专业知识与技能培训层面,应定期组织专业知识更新学习,确保教学内容紧跟时代步伐;加强教学技能培训,旨在提升教师的教学效能;鼓励教师广泛参与专业培训与学术交流,拓宽学术视野,夯实学术底蕴。针对思政课实践教学与课堂教学的有机融合,还需着重培养教师的以下核心能力:一是跨学科教学能力,要求教师具备跨学科知识整合能力,打破学科界限,构建融合思政特色的跨学科课程体系,实现知识传授与价值引领的双重目标;推动学科交叉融合,促进学术交流与合作,共创教育教学范式;组建跨学科教学团队,共同研发融入思政元素的课程,提升课程综合实践价值。二是社会实践指导能力,教师应积极参与社会实践,将实践经验融入教学,探寻思政教育新路径,转化社会实践成果为教学资源,促进教学与实践的深度融合。三是数字化教学能力,面对信息技术的飞速发展,教师需掌握数字化教学手段,如在线教育平台运用、多媒体资源开发等,提升教学互动性与学生体验。四是团队合作与沟通能力,营造和谐的教师团队氛围,加强教师间的协作与交流,共同应对教育教学挑战;定期组织团队建设活动,增强团队凝聚力与战斗力;同时,拓展与校外机构及教师的合作网络,共谋思政教学改革与发展。

综上所述,教师队伍的建设在思政课实践教学与课堂教学融合发展的进程中处于核心地位,学校迫切需要打造一支高素质、专业化的教师队伍,为新时代优秀人才的培养奠定坚实基础。

第四节 思政课实践教学和课堂教学融合机制的优化

一、健全教学主体联动机制

"大思政课"并非局限于枯燥的理论讲授,也不是孤立的实践教学活动,而是理论教育与实践学习的有机结合。只有切实推进实践教学和课堂教学融合,才能实现最佳教学效果。因此,在遵循高校思政课教学目标的基础上,应构建以高校、党和国家、社会等多元主体共同参与的育人新格局，整合多元教学资源，使它们相辅相成，凝聚育人合力。多元主体是推动高校实践教学和课堂教学融合的基本前提之一，但多元主体的无序拓展势必会导致育人效应的递减。因此，在构建多元实施主体共同参与的育人格局的基础上，兼顾"主"与"次"的搭配，实现资源共享和优势互补，合理发挥高校教师、党和国家以及社会等关键主体之间的联动效应，对推动高校思政课实践教学和课堂教学融合，助力高校思政课提质增效具有重要意义。

（一）落实高校党委主体责任

高校党委作为全面领导高校工作的重要主体，高校"大思政课"建设自然应接受高校党委的引领。高校党委要对思政课建设进行宏观把控，并在思政课队伍建设和相关保障方面加大投入力度，确保主导权掌握在手中，真正以高校为主阵地，发挥校内外多元主体协同育人的功能与作用。

高校党委需重视高校思政课建设，加大投入力度，充分保障思政教育机构的科研经费，并向高校思政课专职教师倾斜。比如，武汉某高校设置了优秀教学业绩奖，优先考虑公共通识课的教师，这对思政课教师来说无疑是一种肯定和鼓励。高校党委还应积极同其他高校开展思政教育工作的交流学习，汲取宝贵经验，精准解决自身短板问题。同时，高校党委需制定完善科学的考核标准，加强对高校思想政治工作的督查，尤其是高校党委领导要对马克思主义学院思政课教学工作进行有效审查，及时掌握校内师生思政教育情况，巩固高校党委对高校思政教育工作的统领地位。

（二）推动高校与社会的协同

当前，高校在推进实践教学活动时，面临双重任务：既要充分挖掘利用校内资源，开展多样化的实践教学项目；又要突破校园界限，广泛吸纳校外资源，丰富实践教学的内容与形式。各级地方政府与党委机构、各类社会组织对大学生的思政教育高度重视与支持，众多思政教育实践基地已无条件向社会开放，这为思政课实践教学提供了基本保障。然而，要进一步提升实践教学质量与效果，思政课教学科研机构需更加积极主动，充分利用校外资源开展实践教学活动。

在此过程中，思政课教学不应局限于接受实践基地的传统宣讲，而应通过以下两个方面深化合作：一是基于当前教学特点，与实践基地开展联合教研活动与备课，使课程教研更加科学、高效；二是高校思政课教研部门应充分发挥社会机构的作用，积极拓展教学基地，与各部门建立合作关系，将专业教育与思政教育相结合，设计与学生专业紧密相关的实践教学项目。合作过程中，需明确双方权责，确保教学计划科学合理，并通过签订协议，共同推进实践教学联合培养工作的落实。

为了强化高校与社会层面的协同育人机制，还需构建制度、师资、组织等多方面的保障体系。在依托校内思政教育活动的基础上，丰富校外实践活动形式，形成"课堂教学＋实践教学"的高校思政教育机制，推动教学实践的深入开展。具体而言，可以利用学生的寒暑假时间，结合家乡实际情况，鼓励学生运用专业知识解决实际问题，将实践教学与学生的未来就业创业方向相结合，开展多样化的社会实践活动。这些活动应在学生能力范围内，针对家乡地区或偏远地区的需求，如开展"疫情下的青年责任担当""基于家乡农业现状的青春助农""马克思主义理论乡村科普"等主题实践活动，激发学生的自主选择意识，使其结合自身实际情况选择具有实际意义的课题，从而让学生深刻体验思政课实践的内涵，实现从实践到认识，再转化为具体行动的良性循环。

（三）加强高校与企业的沟通

企业是高校思政课实践教学和课堂教学融合的重要平台。实践教学的核心目标在于通过社会实践教育，缩小理论与实践之间的差距，加深学生对社会的理解，并提升他们的工作能力。基于此，在实际工作岗位上开展专门的社会实践教育能构建更加真实的教育教学情境，使学生们能耳濡目染地学习工匠精神、企业家精神等宝贵品质，进而取得更好的教育效果。随着社会主义市场经济的不断发展和完善，越来越多的院校拥有更为丰富的产教融合和校企合作资源，这为校企沟通合作奠定了基础。学校作为教育主体应充分借助与企业联合的实践机会锻炼学生的实践能力。在思政实践的基础上注重将学生实习、专业课见习和志愿者活动相结合，使学生在实践中增进对志愿者精神的理解，同时增强思政教育的效果，让学生在校企融合育人的过程中实现实践教学和课堂教学的衔接，产生思政课育人的"正和效应"。

在综合实训、案例实验以及企业实习中贯穿高校思政课的教学内容。除了传统的社会实践调研与体验课外，还需探索学生感兴趣、育人时效性针对性强且丰富多样的实践教学形态。比如，可充分利用发明创造型、参观体验型、宣传感悟型等多种实践形式，甚至采用组合型实践育人模式，使学生在实践课程中亲身体验、感悟知识，提升学习效果，同时使思政课理论内化于心、外化于行。在校企联合的课程制定方面，应做到以下几点：首先，加强企业与思政课教师对实验教学与实践目标大纲的修订中的参与，确保课程实践教学内容与实验工具同时满足企业与思政课教学的需求。其次，在每个相应学时的企业或社区实践中，至少设定一个与自主学习实践和思政教育主题相关的实践目标，以充分挖掘学生的潜能。机制融合要在机制运行上确保校企对接优化，切实搭建资源"大平台"，有效提升学生的相关实践能力，使学生在企业实践与社区实践中潜移默化地学习思政课知识，提升政治素养。

总之，应善用"大思政课"全员育人的力量，构建多层次主体共同参与的育人"大队伍"，形成高效协作的育人合力，为高校思想政治实践教育提供良好基础。为增强育人效果，应该充分发挥家庭、学校、社会和网络四个方面的"分力"：发挥学校核心主体育人主力作用；协调家庭基础育人作用，潜移默化地影响学生；整合社会与政府保障育人之力，为育人建设提供强有力支撑；综合网络育人的辅助功能，创设良好的网络氛围与线上思政育人平台。通过整合四个方面的育人力量，充分调动全社会的力量联合办好思政课，善用思政课教师讲好思政课的主渠道作用，营造学生学好思政课的积极氛围，这不仅对推进高校思政课实践教学和课堂教学的融合具有重要意义，也有助于学生从多场域、多方位、多维度加深对思政课教学内容的理解和掌握，从而实现理论性和实践性的有机统一。

二、优化教学内容衔接机制

在教育教学活动的架构中，教学内容承担着信息传递的核心功能，其质量高低直接决定了思政课的教学成效的高度。优质的教学内容是构筑高质量思政课堂的基石，坚持"内容为王"的原则在高校思政课教学中显得尤为重要。就课程本质而言，思政课教学内容必须与时俱进，紧密贴合社会实际。应从现实生活中挖掘学生熟知的典型案例与人物，捕捉学生亲身经历或关注的社会热点议题，以此作为教学内容的有力支撑，增强教学的贴近性与说服力。

在推动高校思政课实践教学与课堂教学深度融合的过程中，需从两个维度并行推进：一方面，深化课堂教学内容，确保理论知识的系统性与准确性；另一方面，强化实践教学环节，促进理论知识与实践经验的深度融合。面对社会结构的多元化与复杂化趋势，学生产生认知困惑的来源日益广泛。因此，依据全国高校思想政治工作会议的指示精神要求，必须及时、有效地解答学生在学习、生活、社会实践以及文化消费（如影视剧、社会舆论）中遇到的真实困惑，这实际上是将广泛的社会关切纳入"广义思政课"教学内容体系的明确要求。

因此，思政课的教学内容不应局限于传统书本知识，而应不断拓展其边界，以满足学生多元化、深层次的学习需求。这既包括对红色教育基地、博物馆等具有教育价值实体的现场教学，也涵盖对"枫桥经验"、基层治理共同体构建、特色小镇建设等新时代社会治理创新实践的探讨。通过这种方式，教学内容不仅保持了理论根基的稳固，更实现了与时代脉搏的同频共振，确保了教学工作的灵活性与针对性，真正做到了既坚守根本，又勇于创新。

（一）推动教材体系向教学内容转化

在教学过程中，教材作为教师帮助学生达成学习目标的知识载体，充当着连接教师与学生的桥梁角色。鉴于此，对高校思政课教材内容的优化与改进显得尤为重要，旨在实现教材内容的原则性与教学方法创新性的有机结合，从而高效运用思政课教材，充分发挥其教育培养功能。思政课的教学内容并非局限于教材内容，而是以教材为根基，紧密结合学生的特点、接受程度及教学实际情况，灵活围绕既定教学目标对教学内容进行适时优化。同时，思政课教师应紧跟教材更新的步伐，及时调整教学内容，并参照官方配套的教学资源，针对不同教学内容的具体要求，采取科学合理的授课策略。思政课教学内容在各学习阶段应遵循螺旋式上升与高层次提升的原则。尤其需强调的是，中学阶段作为学生进入高校前的关键时期，思政教育应注重筑牢政治基础，培养学生的责任感与使命感。

此外，需要明确界定并把握高校内各门思政课的内容侧重点。鉴于高校思政课课程设置中，学生需修读的多门课程在主题、时段及主线方面存在重叠，因此各课程的教学内容虽有所交叉，但也各具特色。这要求思政课教学中强化跨学科融合，突出教学重点。面对我国社会日益多元化、热点问题频发，信息技术的迅猛发展加速了信息传播的现状，高校思政课应及时将社会焦点与热点问题融入课程思政体系，密切关注学生的学习动态，持续运用科学理论加以引导教育，确保教学效果的时效性与针对性。

（二）科学设计实践教学内容

思政课实践教学为传统课堂教学开拓了丰富的教育资源路径。有效推进高校思政课实践教学，首要任务在于科学构建其实践教学内容体系，旨在帮助学生以更直观的方式掌握理论知识，进而增强对思政课内容的认同感与学习兴趣。实践教学的核心在于"以行促知"，即通过一系列实践活动，加深学生对理论知识的理解深度，使他们在理论与实践的融合互动中领悟理论的实际价值。这一定位清晰地揭示了实践教学与课堂教学之间相辅相成、相互促进的紧密关系，要求实践教学内容必须紧密围绕并服务于课堂教学内容的深化与拓展。

实际上，实践教学功能的充分发挥，离不开理论的有力引领与指导。高校思政课的教学实践，需以扎实的课堂教学为基础，合理平衡理论讲授与实践活动的比重，确保学生能够接受系统且完整的理论教育与实践锻炼。在此基础上，实践教学的内容设计需具备高度的针对性和时效性，紧紧围绕特定的理论知识模块，鼓励学生带着已有的理论积累与疑问参与实践活动，避免用零散、非体系化的社会生活素材替代严谨、系统的思政课教学内容。实践教学不仅是一个外在体验生活的过程，更是一个内在阐释与深度融合思政课客观规律与现实生活经验的环节，它需要在理论讲授与学生亲身体验之间搭建桥梁，实现思政课知识的深度内化与生动呈现。

（三）推进理论知识与实践知识融合

思政课作为高等教育中立德树人的核心环节，其作用的有效发挥关键在于整合第一课堂与第二课堂的教学资源与内容，以提高理论认知与实践智慧的内在一致性。从理论层面来看，理论是由感性直观向理性体系的升华，这一过程根植于实践，经历"实践—感性认识—再实践—理性认识"的反复循环，深刻体现了认识论的逻辑。在课堂教学中，强化理论教学的基石地位至关重要，要求以富有温度、深度和广度的讲授方式，系统传授马克思主义理论精髓，深化学生的理论武装。

相对而言，实践作为主观能动作用于客观世界的物质活动，不仅改变了自然物质的具体形态，更是检验理论真伪的试金石，促进了个体在改造外部世界的同时实现自我超越。这一逻辑映射至高校思政课实践教学中，即要求通过实践活动深化并活化课堂理论认知，培养学生对中国共产党及中国特色社会主义的政治认同，提升他们的理论水平与实践能力。因此，在实践教学之前，系统的课堂教学是必要的准备环节，它为学生提供了理论框架与基本线索，为后续的实践体验奠定坚实基础。

综上，在思政课的教学体系中，课堂教学构成了理论基石，实践教学则是激活理论、深化理解的关键所在，二者相辅相成，缺一不可。深厚的理论功底是理解社会实践的前提，而科学合理的实践安排是激发学生主动性、达成育人目标的关键因素。在融合两个课堂的基本原则指导下，课堂教学应紧密联系社会现实，实践教学则需有效反馈并验证理论，二者相互支撑，形成有机整体。尽管课堂教学与实践教学在形式与内容上各有侧重，但共同指向以问题为导向的教学目标，激励学生将社会现实关切与个人成长相结合，深化对社会的理解。

新时代背景下，高校思政课的教学内容已突破传统理论范畴，融入社会实践知识与跨学科知识，构建起三元一体的综合性框架。这一变革反映了教学主体多元化的趋势，需要思政课教师、实践教学工作者、国家、社会企业、家庭等多方力量协同参与。教学内容的多样化对教学方法的创新提出了迫切需求，强调多方合作与教学模式的创新，以更好地适应新时代教育要求，促进学生全面发展。

三、完善教学方法创新机制

合适的教学方法不仅有助于提升教学质量，还有利于达成教学目标。在教育教学过程中，不同教学方法各有其适用场景，需要辩证地看待并灵活运用。随着信息技术的迭代更新，高校思政课出现了许多新的现代教学方式，对高校思政课发展产生了重要影响。但需要认识到，传统教学方式和现代教学方式各有利弊。因此在推进实践教学与课堂教学融合的过程中，应注重实现传统教学与现代教学的有效衔接。

（一）综合运用多样化教学方法

在"大思政"教育理念的宏观框架下，部分思政实践教学环节存在教师"主导"作用过度凸显、学生"主体"地位相对边缘化的问题。这要求思政教师在开展课堂教学时，必须深刻反思并调整教学策略。具体而言，教师应提高学生在课堂上的主动参与度，将教学焦点从单纯的知识传授转向学生实践体验的深度挖掘，鼓励学生全方位融入各类思政实践活动。虽然从教育逻辑上将"教"先于"学"，但在思政实践教学的具体场景中，无论是校园内部还是校外实践，都应着重提升学生的参与感，促使他们从被动接受转变为积极思考与主动提问，进而自主探索和解决问题。

为实现这一目标，教学过程应增设更多体验式学习环节，旨在为学生提供与社会主义核心价值观紧密相连的丰富且深刻的价值体验，确保学生能够领会思政实践教育的核心要义。然而，在实际操作中，部分思政课教师面临评价体系不完善及教学场地受限等现实问题，导致他们在推动实践教学时虽有意愿却难以充分施展。显然，完善并落实思政课实践教学环节是一项系统工程，它不仅涉及选题的创新性、组织的周密性，还包括落实的彻底性及评价的全面性，这些都需要多方面的协同努力。

因此，学校管理层与思政课教学团队应携手共进，为面临困境的教师搭建平台、提供资源，有效提升其开展思政实践教学的能力与信心。通过构建全面的支持体系，包括但不限于设立专项基金、开发实践教学基地、完善评价体系等措施，切实解决教师在实践教学中的"心有余而力不足"问题，共同推动思政课实践教学向更高质量、更深层次发展。

（二）合理利用信息化教学手段

信息技术的飞速发展，显著缩短了人、事、物之间的时空距离，为高校思政课的建设构筑了坚实的技术基石。在此背景下，将新媒体技术融入思政教育，不仅是提升思政课教学质量与效率的重要手段，更是顺应时代发展的必然趋势。在思政课的教学实践中，应深入挖掘新媒体技术的潜力，通过潜移默化的方式增强学生对课程认同感并提高参与度，进而为思政课实践教学与课堂教学的无缝对接与深度融合提供有力的媒介支持。

创新思政实践教学的载体，关键在于充分发挥"互联网+"的桥梁作用，借助慕课、移动教学平台等多元化网络途径，实现思政实践教学与互联网的深度融合。运用这种创新载体，旨在提升学习效率和信息利用效能，借助多样化的技术手段促使学生深入实践、沉浸体验。所谓"创新载体"是指依托大众媒体、互联网等广泛覆盖学生学习生活的平台，实现互联网技术与传统思政实践教学的有机结合。网络的高速传输与直观呈现特性，能够显著提升课程的趣味性和感染力，吸引更多学生主动参与。

优质的教学载体不仅能够帮助学生掌握思政课的理论与实践知识，还能有效激发他们的学习兴趣，通过类似社交媒体的形式促进知识的社交化传播。此外，依托新载体创新思政实践教学，还需利用新技术强化互联网对学生社会实践的记录功能，完善实践档案，确保实践活动的每一个环节都能得到准确记录。互联网与实践理论教学的深度融合，有助于思政教育全方位、立体式地渗透到学生的学习生活中，进而更高效地达成教学目标。这一过程能促使学生从多角度、全方位理解实践的价值，为他们未来步入社会提供坚实的能力保障。

（三）探索多维度融合教学模式

高校思政课理论和实践的融合，可以借助多维度融合的教学机制来推进。这一机制不仅可以通过课堂的实践操作和实践基地等线下途径，也可以借助新媒体等融入思政课实践教学。具体而言，包括以下两个方面。

1. 多元维度育人

（1）在课堂实践操作维度育人

在高校思政课堂中设计课堂实践，包括案例讨论、思政主题演讲、手工制作等。教师需围绕学生所在学院与专业贴合主题进行实践作业布置并安排课堂讨论。该实践操作作业计入学生总成绩，且明确学生分工以提升他们的参与感，最终由教师进行点评与总结，形成完整的课堂知识结构。

（2）校内实践基地维度

在校内实践教学基地通过情景剧、红歌比赛、校内志愿者活动等方式开展教学。在"概论""原理"等课程中，思政教师确定范围，学生自主设定剧目和角色，实践基地提供主要服装，每班表演一到两场，根据学生参与情况和表现给出分数。此方式以高参与感和互动感调动学生积极性，感悟"四史"与党的理论正确性，增强集体荣誉感。

（3）校外社会实践维度

学院或者学校从以"点对点"方式建设多样化、针对性强的实践教育基地，学生通过参观、志愿者活动、服务、演讲等形式参与校外实践。学生需课前准备资料做足功课、实践中亲身参与、实践后深度体悟，全过程吸收当代精神，厚植爱国情怀，坚定政治立场。此方式使学生身临其境，感同身受，学生的心灵就会有触动，引发思考。

2. 多融横向方面

（1）课程思政融入。一线教师应以身作则坚定政治站位，为学生树立思政榜样。在课前、课中、课后的全过程贯穿思政教育，讲述思政与学科关联的故事，使思政育人潜移默化地入脑入心入行，突出思政育人导向，挖掘课程的思政元素，发挥课程在思想方面的引领作用。

（2）融入学生党团组织。将思政课实践融入学生党支部、团委、学生社团、学生会等组织，有助于纠正学生社团中的错误思想，树立模范榜样，成为高校校内做好学生思想政治工作的纽带，为培养坚定思政信仰的接班人做铺垫。党团组织在日常生活和活动组织中应兼顾思想引领和素质拓展活动，将思政课实践教学融入学生党支部中，使其真正成为党组织的政治引领"好帮手"。

（3）融入校园文化和日常管理。高校应充分发挥校园文化的隐形作用，精心设计适合校园的思政元素，或将典型先进个人与集体融入校园的道路、树木、教学楼等，以校园氛围潜移默化影响师生。教师应注重在日常管理中体现价值导向，将校园思政元素融入学生的生活日常管理，融入管理细则的制定。通过思想与行为的约束和引导形成良好的校风学风，实现学校的长久传承，并对学生产生终身影响。

（4）渗透新媒体。将思政工作的传统优势和新媒体结合甚至融合，既能增强时代感，又能提升思政育人效率，是当下思政育人的必然选择。新媒体以大学生日常接触的终端设备为载体，高校思政课实践教学应融入校园媒体、公众号、校园网等新媒体，利用新媒体进行正面的引领与宣传，使其学生在潜移默化中提高思政实践能力，增强思政认同感。

第六章 高校思政课实践教学和课堂教学的融合方法

高校思政课是培养大学生坚定理想信念、提升他们思维能力的重要途径。为使思政课更生动、更具吸引力，提升学生的实践能力和综合素养，实践教学与课堂教学的有机融合成为教学创新的重要方向。运用科学合理的融合方法，能够丰富教学形式，激发学生的学习热情，使理论教学更加贴近现实，增强思政课的育人实效。本章围绕高校思政课实践教学与课堂教学的深度融合，从四个方面展开探讨：首先，情景模拟作为体验式教学的重要手段，能够促进学生内化思政理论。其次，以现实问题为导向的研讨式教学模式能够激发学生的批判性思维，提高他们问题分析与解决能力。再次，数字化实践教学体系的构建，不仅拓展了课堂互动渠道，还能借助信息技术提升教学效果。最后，建立动态反馈和科学考评机制，有助于实现全过程、多维度的协同考核，进一步优化教学质量评估体系。通过综合运用这些措施，高校思政课的教学模式将更生动、高效，真正实现理论与实践的有机统一。

第一节 将情景模拟融入课堂教学，实施体验式教学

情景模拟的主要目的是让学生在特定环境中进行角色模拟和情景体验，通过模拟和体验加深对理论问题的思考和理解。情景模拟的优势在于能够充分发挥大学生积极参与、敢于表达个人意愿与才能的特点，特别有利于大学生的个性发展和思想展现。结合高校思政课的特色与需求，情景模拟式实践教学主要基于以下形式展开。

一、情景剧

情景剧作为一种富有表现力和互动性的教学手段，因其具备高度的表现

力、参与性和情感渗透力，在思政教学中逐渐成为一种创新且有效的教学方式。①它通过生动、具体的社会情境设定，使学生能够更直观且深入地理解社会现象及其背后的理论依据。情景剧不仅是情感的传递和认知的构建，还是促进学生批判性思维和理论实践结合的教学模式。教师通过组织学生围绕特定的社会问题、历史事件或现实矛盾编写剧本，并通过角色扮演的方式，让学生亲身体验不同社会角色的立场和观点，从而帮助学生更加全面地认识和理解社会问题。

情景剧的实施通常由教师精心设计剧本，结合实际的社会案例或历史背景，借助戏剧情节将教学内容转化为生动的故事和场景，使学生的学习活动不再局限于抽象的理论知识，而是通过实际情境中的角色体验获得情感共鸣和深刻启示。这种形式打破了传统教学中的单向传递模式，通过互动式教学，不仅提升了学生的参与感，还为学生提供了自由表达和探索的空间，使他们在扮演不同角色的过程中，自主探索和理解相关的社会理论、价值观和道德判断。

例如，在讲授"社会公平正义"这一主题时，教师可以设计一场关于贫富差距和社会资源分配的辩论会，邀请学生分别扮演不同的角色，如政府官员、普通市民、企业家以及社会活动家等。在模拟辩论过程中，学生围绕公平分配、社会责任、贫富差距等复杂问题展开激烈的讨论。通过角色扮演，学生不仅要从各自角色出发分析问题，还要站在对方的立场上进行思考，这不仅有助于他们理解社会现象的多维性，还能培养他们换位思考的能力和社会责任感。在这一过程中，学生能更好地理解公平与正义的理论内涵，通过互动式讨论深入理解这些价值观的社会实践意义。

情景剧的另一个显著优势在于它能够有效促进学生批判性思维和解决问题的能力。在实际的角色扮演中，学生不仅要熟悉所扮演角色的背景和立场，还要能够结合所学知识，分析和解决剧本中的社会问题。这一过程要求学生对社会现象进行多维度思考和评判，从而培养良好的批判性思维能力。此外，情景剧还有助于学生提高表达能力和团队合作能力。在团队中，学生需要密切配合，相互沟通，共同解决在剧本演绎过程中的问题，这对培养学生的团队协作和沟通技巧有着重要作用。

---

① 李霞."情景剧"在高校思政课教学中的应用探索[J].宜春学院学报，2023，45（4）：108.

在情景剧的设计上，教师不仅要关注剧本的情节设置，还要注重其中蕴含的教育意义。教师可结合当下社会热点、历史事件和理论问题，设计具有现实意义且富有思辨性的剧本。例如，通过历史上某一重大社会事件作为情景设定，让学生在扮演当事人时，感受历史人物在当时所面临的艰难选择和情感冲突，从而更好地理解该事件的历史背景和深远影响。这种方法能够使学生在情感上产生共鸣，进而在认知上引发对社会问题更加深入的思考。

情景剧不仅是一种知识传播的方式，它通过生动的演绎、情境的塑造和角色的互动，使教学内容得以在学生的心中留下深刻的印象，从而增强学生对思想政治理论的理解与认同。借助情景剧，学生不仅能更好地理解社会现象背后的理论依据，还能通过模拟的社会角色和情境，体验到社会治理的复杂性与多样性。尤其是在讨论一些抽象的社会问题时，情景剧能使学生跳出单纯理论学习的局限，进入具体而生动的情境中，从而使得这些理论概念变得更加具体、形象且易于理解。

更重要的是，情景剧在培养学生社会责任感和道德判断能力方面具有不可替代的作用。在体验不同社会角色的过程中，学生需要从多角度、多维度去考虑和分析社会问题，这不仅能帮助他们拓宽视野，还能激发他们对社会公平、正义等价值观念的深刻思考。通过这种体验式学习，学生能够更清晰地认识到社会问题的多样性和复杂性，同时理解在不同的社会环境下，不同群体所持有的不同立场与观点，从而培养出更全面、立体的社会责任感和道德判断能力。

二、辩论赛

辩论赛作为一种独特且极具互动性的教学形式，正逐渐成为高校思政课实践教学的重要组成部分。传统的思政课教学中，教师往往占据主导地位，主要通过讲授方式传递知识，学生更多处于被动的接受状态，这种单向教学方式在某些程度上，可能导致学生对课程内容的理解肤浅，甚至无法将它们与实际生活紧密联系。然而，辩论赛的引入打破了这一僵局，它通过高强度的思想碰撞、激烈的观点辩驳，鼓励学生主动思考、积极参与课堂讨论，使学习过程变得更加主动且富有挑战性。在这种教学模式下，理论与实践得以紧密结合，学生的思维深度和创新能力得到有效提升。

辩论赛不仅能够提高学生的思辨能力，还能促使学生在复杂的社会问题面前形成独立见解，提升其理性分析、批判思维和表达能力，助力学生构建更加全面的知识体系。这一过程对学生的个体发展、社会责任感的培养以及思政课教学质量的提升都有重要意义。因此，辩论赛已成为高校思政课实践教学中的重要环节，通过多维度的互动模式，推动学生从被动学习转向主动思考，进而提升课程的教学效果。

具体而言，辩论赛在思政课教学中的应用可以通过以下方面实现其融合效果。

（一）促进理论与实践相结合

辩论赛的核心在于选取具有社会现实意义、热点或争议性的话题，这些主题通常与社会发展、政治变革或文化转型密切相关。通过辩论，学生可以将思政课中学到的理论知识，尤其是马克思主义、社会主义核心价值观等思想，运用到实际社会问题的分析和论证中。这不仅能增强学生对理论知识的理解，还能帮助他们更好地将理论知识与现实生活中的复杂社会现象联系起来，做到理论与实践的有机结合。例如，学生可以围绕社会不平等、环境保护、经济发展等现实问题进行辩论。这些议题不仅与社会发展密切相关，还能让学生在辩论过程中进一步体会思政理论的现实意义和价值，从而在实际生活中更自觉地运用这些理论指导自身行动。

（二）强化批判性思维与社会责任感

辩论赛为学生提供了一个激烈的思想碰撞平台，鼓励学生从多个角度、多个维度审视和分析社会问题。在辩论过程中，学生探讨不同观点时，必然会对自己的观点进行不断反思、修正和完善，这一过程有助于培养学生的批判性思维，使他们在面对复杂和多元化的社会现象时，能够理性分析、准确判断。这种批判性思维的培养对提升学生的综合素质具有重要意义。此外，辩论赛还能够促使学生在思想碰撞中强化自身的社会责任感。在辩论中，学生不仅是在阐述个人观点，更是在为社会问题寻求解决方案，推动社会进步。通过参与辩论，学生能更加深刻地认识到自身在社会中的角色和责任，激发社会参与意识，以更积极的态度关注社会、服务社会、贡献社会。

（三）提升思政课的参与性和互动性

传统的思政课通常采用教师主导、学生被动接受的单向传递模式，这种模式容易导致学生的兴趣和主动性降低。然而，辩论赛的引入极大地增强了思政课堂的互动性和参与性。在辩论赛中，学生不再是单纯的听众，而是通过参与讨论和争论，主动表达自己的观点和意见，在学习过程中更加投入，思维得到更深层次的锻炼。辩论赛让学生在有限时间内与他人进行思想碰撞，促进学生之间的观点交流，有助于拓宽学生视野，增加他们对问题的多维理解。在辩论过程中，学生可通过集体合作，共同讨论、分工协作来达成一致意见，这不仅能够帮助学生提高团队合作能力，还能促进学生间的相互学习和思想碰撞，激发他们的创新思维。

（四）拓展跨学科的知识融合

辩论赛的主题通常涉及多个学科领域的交叉知识点。学生在准备辩论的过程中，不仅需运用思政课上的知识，还需要借助其他学科的知识进行综合分析。这一过程能有效促进学科间的融合，助力学生拓宽知识面，培养跨学科思维方式。例如，在辩论某一个社会热点问题时，学生不仅要运用政治学、法学、历史学等领域的知识，还要结合经济学、社会学等相关学科的理论和观点，开展跨学科分析。这种跨学科的知识融合不仅能加深学生对思政课内容的理解，还能提升学生的整体素质，培养他们的综合能力，使他们在面对复杂社会问题时能够进行系统的思考与有效的解决。

三、微视频

在当下新媒体时代，微视频作为数字化传播的新兴形式，凭借其独特的传播效率与便捷性，逐渐成为高校思政课教学的有力辅助工具。微视频的兴起与迅猛发展，得益于信息技术的不断进步和社会文化环境的逐步转变。作为一种媒介形式，微视频具有短小、灵活、易传播等特点，能够在有限时间内呈现丰富的信息，迅速吸引学生的注意力。微视频不仅突破了传统教学中单一的讲授模式，更在形式与内容的多元化上为思想政治教育开辟了新路径。

（一）丰富教学内容，创新思政课教学方法

高校思政课的传统教学方法虽然在某些层面仍发挥着重要作用，但其固有的理论性强、学生参与度低等问题，限制了教学效果的提升。引入微视频这一现代化媒介形式，能够进一步丰富和拓展思政课的教学内容。尤其在讲解抽象和复杂的理论知识时，结合微视频不仅能帮助学生更直观地理解与掌握相关理论，还能通过视觉与听觉的双重刺激，激发学生的学习兴趣，增强课堂互动性。微视频的运用，既可以是教师精选的典型案例，也可以是学生自主制作的作品，后者更能体现学生对知识的深度思考与对思政理论的实际

运用。通过将课堂知识与现实生活紧密结合，学生能够更好地将抽象的思政理论转化为具体的实践行动，实现知识的内化。在这一过程中，教师需要根据学生的认知特点和兴趣，合理选择视频内容，并结合课堂讨论等形式，引导学生从不同角度思考，反思微视频所呈现的内容。这种互动式学习，不仅能提升学生的思辨能力，还能使他们在参与中真正领悟思政课的核心价值。

（二）发挥学生主动性，增强思政课实效性

与传统的"满堂灌"式教学方法不同，现代思政课教学更加强调学生的主体性。通过微视频创作，学生不仅是知识的接受者，更是思政课内容的传播者与创造者。在这一过程中，学生不仅要进行视频素材的选择、剪辑与制作，还要在创作中融入自己的理解与思考。这不仅能激发学生的主动性和创造性，还能提升他们在组织、沟通和协作等方面的能力。

学生参与微视频创作时，教师可引导他们围绕社会主义核心价值观等重要主题展开讨论与创作。这不仅有助于学生加深对理论知识的理解，还能够帮助他们构建更加完整和清晰的世界观、人生观和价值观。此外，微视频制作过程中学生的多维度参与，也推动了思政课堂形式的创新，使课堂教学更加生动且富有活力。

（三）有益于教学相长，提升学生的能力素质

在微视频创作过程中，学生的多项能力得到锻炼和提升。从视频的策划到拍摄，再到后期制作，学生需要运用逻辑思维能力、技术操作能力和艺术审美能力。在这一过程中，学生不仅能够掌握现代信息技术，提升自身的综合素质，还能够通过集体创作培养团队合作精神，进一步提高人际沟通与协作能力。

在微视频创作的过程中，学生面对问题需要提出解决方案，开展团队合作，应对突发情况，这有助于培养他们的实际动手能力和问题解决能力。同时，教师在学生创作微视频时，能够及时介入和指导，助力学生更好地理解和应用思政课的核心知识。教师不仅在课堂上传授知识，还通过对微视频作品的评析，及时了解学生的思想动态，为后续教学内容的调整与优化提供依据。

总之，微视频在高校思政课教学中的应用，既丰富了教学手段，也提升了教学的互动性和实效性。通过微视频的创作与展示，学生的主动性和创造

力得到充分发挥，教师与学生之间形成了更加平等和互动的教学关系。微视频的应用，不仅能够在短时间内提升思政课堂的教学效果，还能够通过生动的形式将思政教育的核心理念传递到每一个学生心中，进而提升学生的综合素质和社会责任感。

第二节　推行现实问题导向的研讨式教学模式

研讨式教学方法凭借其独特优势，在高校思政课教学中得到了广泛应用，并在实践过程中展现出促进深度思考、增强课堂互动、提升问题解决能力等积极效果。基于现实问题导向的教学理念，该方法鼓励学生围绕社会热点和实际问题展开讨论，使思政课堂更加生动且富有针对性。

一、高校思政课应用研讨式教学方法的逻辑前提

（一）研讨式教学方法提高师生能力

1. 学生在研讨式教学中提高自主学习能力

研讨式教学突出学生的主体地位，要求学生在教师的指导下积极参与学习过程，通过自主探究、合作讨论、问题分析与观点表达等多种方式，深入理解和掌握知识内容。其实施路径主要体现在以下三个方面：①学生在研讨过程中需要独立搜集、筛选、整理与课程主题相关的资料，并通过批判性思维进行归纳、分析和反思，从而构建自身对问题的认知框架；②在研讨环节，学生围绕特定主题展开深入讨论，不仅要表达个人观点，还需倾听并回应他人意见，这一过程有效提升了他们的逻辑思维能力、表达能力及学术交流能力；③在研讨式教学模式下，学生不断提出问题、解决问题，并在实践中检验理论知识的应用价值，从而形成良好的学习习惯和自主探究意识。这些多维度的学习体验，全面促进了学生自主学习能力的提升，使学生能够更主动地适应未来学术研究及职业发展的需求。

2. 研讨式教学方法的应用提高了教师的教学能力

教师是思政课实践教学的组织者、策划者、执行者，其能力素养直接影

响思政课实践教学的水平和质量。①研讨式教学不仅对提升学生的自主学习能力具有显著作用，也在一定程度上促进了教师教学能力的优化与发展。在研讨式教学模式下，教师不再仅仅充当知识的传授者，而是转变为学习的引导者、组织者与促进者，这一角色转变对教师的教学能力提出了更高要求。在教学实践中，教师需要具备更深厚的学科素养，确保在引导学生讨论和解答问题时能够提供准确、科学且具有前瞻性的学术支持；同时，教师需要掌握先进的教学组织与管理能力，从而有效策划研讨主题、合理安排教学环节、灵活调控课堂氛围，确保每个学生积极参与学习；此外，教师还需要具备较强的沟通与指导能力，在课堂上针对不同学生的学习需求提供针对性引导，并在讨论过程中引导学生进行多角度思考，拓宽他们的认知视野。

研讨式教学模式的实践，不仅使教师在教学组织与课堂互动方面不断精进，还促使教师在备课过程中进行更深入的学术研究与思考，进而实现自身专业素养的持续提升。

（二）研讨式教学方法增强思政课的教学实效性

研讨式教学方法在思政课中的应用，充分凸显了学生的主体地位，强调问题导向的教学策略，能够最大程度地激发学生的学习主动性和求知欲望，促使他们积极思考问题，而非被动接受知识。这种教学方法不仅优化了课堂互动模式，还促使学生在深度思考与交流探讨的过程中深化对课程内容的理解，进而增强思政课的教学实效性。

在思政课堂教学中，学生对课程所传达价值观的认同程度大致可以划分为三种类型：被动认同、认同但缺乏深入理解、主动认同。这三种认同类型分别反映了学生在不同层次上的价值观接受过程。第一类，被动认同，即学生未经过独立思考，基于对教师权威性的信赖，直接接受课程内容并加以认同；第二类，认同但缺乏深入理解，指部分学生认为教师讲授的价值观符合真、善、美的普遍标准，且与自身的经验感受和理性认知基本一致，因此产生认同感，但尚未经过系统深入的思考与探究；第三类，主动认同，是指学生在课堂学习过程中，经过充分的思考、探讨和论证，认为教师所传递的价值观不仅符合自身的经验认知，还能够在情感层面产生共鸣，进而确证其真

---

① 朱丹. 新时代高校思想政治理论课实践教学体系构建研究 [D]. 昆明：云南大学, 2022：229.

理性,并自愿主动地接受并践行这些价值理念。

在提升思政课教学实效性的过程中,如何推动学生从被动认同向主动认同转变,是教育工作者需重点关注的问题。研讨式教学方法能够有效推动这一转变过程。这种教学模式要求学生在掌握基本理论知识的基础上,围绕具体社会热点、现实问题或经典理论展开深入探讨。在此过程中,学生不仅要独立思考,还需与同伴进行交流与辩论,这有助于提升他们的批判性思维能力,也使他们对所学的知识产生更深刻的理解。此外,研讨式教学突出学生主体地位,鼓励学生基于自身生活体验和实践经历对理论问题进行反思,从而增强课程内容与现实生活的联结,使价值观的认同过程更加自然和深入。

(三)研讨式教学方法实现思政课教学方法的重要拓展

研讨式教学方法的引入,不仅丰富了思政课的教学手段,也在一定程度上推动了教学模式的创新与变革,拓展了思政课的教学方法,使它更加契合现代教育理念和学生的成长需求。研讨式教学通过优化课堂结构、转变师生角色、改进评价体系等方式,有效提升了思政课的教学质量和育人实效。

在研讨式教学模式下,教师的角色由传统的知识灌输者转变为知识传播者与思维引导者的双重身份,即在讲授知识的同时,更注重对学生思维能力的引导和培养。这种教学功能的变化,要求教师不仅要具备深厚的学科专业素养,还要具备组织研讨、引导学生思考、鼓励学生探索的能力,以促进学生深入理解课程内容,形成理性认知。此外,学生的角色也发生了重要转变,不再是被动接受者,而是课堂教学的主动参与者,能够在教学活动中充分发挥自身的主体性。主客体的统一,使学生在研讨过程中能够主动表达观点、提出问题、进行反思和探究,从而提高学习的主动性和自主性,真正实现思政课堂的互动性和生成性。

此外,研讨式教学所倡导的过程性考核评价方式,能够更全面地反映学生的学习情况。在这一评价体系下,学生的成绩不仅包括期末考试的表现,还涵盖课堂讨论参与度、研讨过程中的思维深度、问题分析能力、合作学习能力等多个维度。通过对学生在研讨式课堂中的即时性、动态化记录,教师可更精准地掌握学生的成长轨迹,洞察其思维变化的过程,从而提供针对性的指导。

尤其对于思政课而言,教学效果的衡量不能仅依赖单次考试的成绩。因为学生价值观的变化是一个长期、潜移默化的过程,不可能通过一次考试就得出结论。思政课的教学目标不仅在于传授知识，更在于影响学生的世界观、人生观和价值观，而这些观念的形成与发展需要长期的积累和实践。因此，相较于传统的考试方式，过程性考核能够更科学地反映学生思想认识的变化，体现思政课育人的长期价值。这种评价体系的优化，既有助于学生对知识的内化，也能够在更长远的时间维度上影响他们的价值观塑造，使思政课的教育效果更加深远和持久。

除了对教学主体模式和评价体系的优化，研讨式教学还极大地丰富了思政课的教学方式，使课堂教学更加生动、立体、富有吸引力。传统思政课教学多以教师讲授为主，而研讨式教学则强调通过案例分析、小组讨论、专题研讨、辩论赛、角色扮演等多种形式，促进学生对理论知识的深度理解和灵活运用。这种教学方式不仅增强了课堂的互动性，还能够使学生在现实情境中思考问题，培养他们的问题意识和批判性思维能力，从而提升课程的教学实效。

二、多维研讨式教学模式在思政课教学中的应用

（一）目标研讨式教学

目标研讨式教学是以解决特定教学问题为核心的教学方法，主要应用于新课教学环节，旨在助力学生深入理解和掌握思政课中的重难点内容。在教学实践中，教师可依据教材内容，精心选取具有探究价值的关键性问题，鼓励学生通过小组讨论、课堂互动等方式展开深度研讨。

在课堂实施过程中，教师首先明确研讨目标，要求学生围绕选定的重难点问题提出各自的观点，并借助黑板、PPT、多媒体等工具进行展示，构建系统化的认知框架。这一环节不仅有助于学生梳理思路，还能促使他们在表达过程中形成清晰的逻辑结构。随后，教师进入评价与引导阶段，对学生的观点进行细致分析和精准点评，帮助他们厘清思维误区，进一步深化对问题的理解。通过教师的专业引导，学生能够在原有讨论基础上进行反思，并展开第二轮更为深入的探究。此时，学生对问题本质的把握更为全面，采用的分析路径也更为多样化，从而有效提升思辨能力和批判性思维能力。

（二）开放研讨式教学

在思政课教学中，许多问题具有较强的开放性和现实关联性，因此，开放研讨式教学模式成为培养学生多维思考能力和社会责任感的重要途径。该

模式注重学生自主探究与合作交流，并鼓励他们在广泛查阅资料、结合社会热点问题的基础上，提出具有独立见解的观点，从而提升他们的综合分析能力。

在教学实践中，教师设定开放性问题时，需引导学生突破课本知识的局限，将理论知识与现实问题紧密结合。例如，在讨论社会公平、生态文明建设等议题时，教师可以引导学生关注时事动态，鼓励他们从不同视角论证问题。在研讨过程中，学生可运用案例分析、数据统计、情境模拟等方法，对问题展开多角度探讨。与目标研讨式教学不同，开放研讨式教学并不追求唯一标准答案，而是通过构建多元化的讨论空间，引导学生在深入思考中形成合理的判断。

开放研讨式教学的关键在于营造自主讨论和深度探究的氛围。教师需在课前精心设计不同类型的问题，通过模拟情境、角色扮演等方式激发学生的兴趣，促使他们在互动交流中不断完善观点。在新教育形势下，教师还可结合信息化教学手段，如在线论坛、思维导图等，进一步增强学生的参与感和体验感，让他们在思政课学习过程中真正做到理论联系实际，提升自主学习能力和批判思维能力。

（三）案例研讨式教学

案例研讨式教学的核心优势在于能够借助典型案例，以具体、生动的方式还原历史事件、社会现象或政策背景，让抽象的理论知识变得直观易懂。通过案例分析，学生可以深入理解理论概念的实际应用，加深对思政课核心内容的认知，提高逻辑推理和批判性思维能力。

在案例研讨式教学的实施过程中，案例的选择至关重要。教师需根据教学目标，挑选与课程内容高度契合、逻辑清晰、信息丰富的案例，确保这些案例能够充分反映所探讨的理论要点。例如，在讲授"中国特色社会主义制度优势"相关内容时，可选取脱贫攻坚、抗疫斗争等社会现实案例，使学生在分析具体案例的过程中领会国家制度的优越性。此外，教师还应关注案例的多样性，既可以选取历史事件作为研讨对象，也可以结合社会热点问题，通过时事案例增强学生的时代认同感和现实关怀意识。

在案例研讨过程中，教师需合理设计研讨问题，引导学生聚焦关键问题，并逐步深入分析。例如，在探讨某一历史事件时，教师可以从事件背景、决策过程、社会影响等角度进行分层递进式提问，促使学生在分析中形成完整的逻辑链条。此外，对于具有连续性的案例，教师还应关注其内部的连贯性，确保学生从整体上把握案例的发展脉络。例如，在探讨改革开放政策的演进时，可以选择不同阶段的经济发展案例，帮助学生理清政策调整的内在逻辑及其对社会发展的深远影响。

在课堂互动环节，教师可采用小组讨论、角色扮演、案例推演等方式，增强案例分析的实践性。例如，可让学生分别扮演历史事件中的不同角色，模拟当时的决策过程，并根据现实情况提出不同应对方案。这种方式不仅能够提高学生的代入感和参与度，还能促使他们在深入研讨中锻炼综合分析能力，加深对复杂社会问题的理解并提升判断力。

（四）网络调查研讨式教学

网络调查研讨式教学是一种充分运用现代信息技术，结合互联网资源开展自主探究和集体研讨的教学模式。其核心目标在于引导学生借助网络调查手段获取丰富的事实依据，结合理论分析现实问题，从而提升自主学习能力和信息筛选能力。该模式尤其适用于思政课中涉及社会热点、政策分析及国际国内形势研判等内容，使学生能够基于真实数据和多元信息进行深度思考。

在网络调查研讨式教学的实施过程中，教师需要精心设计调查主题，并明确调查目标。例如，在讲授"全面依法治国"相关内容时，可引导学生围绕近年来的典型法律案例，如民法典的实施、环境保护法的修订等，开展网络调查，广泛收集法律文本、政策解读文件以及相关社会舆论信息。此外，教师还需提供科学的调查方法指导，如引导学生从权威网站、学术数据库、政府工作报告等渠道获取可靠信息，避免网络信息过载带来的误导风险。

在调查实施阶段，学生可以通过访问政府官方网站、查阅学术文献、分析社会舆情数据等方式，收集一手或二手资料，并在小组内部进行初步整理和讨论。例如，在研究"共同富裕"政策时，学生可以检索相关政策文件、社会学领域研究论文、经济数据报告，结合不同地区的政策实施情况，分析该政策的具体成效和面临的挑战。在此过程中，教师应适时介入，指导学生辨别信息的真实性和权威性，培养他们的批判性思维和理性分析能力。

在研讨环节，学生需要基于所调查的信息，围绕核心议题展开深度讨论，并尝试提出合理的政策建议。例如，在探讨"数字经济发展对社会结构的影响"时，学生可以结合调查数据，分析数字经济对传统就业模式的冲击，并探讨政府如何通过产业调整和政策引导促进社会公平。教师可通过引导性提问、数据分析指导、逻辑推理训练等方式，帮助学生提升思维深度，使他们在网络调查的基础上形成系统性的学术观点。

此外，网络调查研讨式教学还可借助新媒体平台提升互动性，例如，通过在线问卷调查、微博话题讨论、虚拟论坛辩论等形式，使学生能够在更广阔的社会环境中收集并分析不同的意见。这种方式不仅拓展了学生的信息来源，还能够增强他们的问题意识和社会责任感，使思政课教学更加贴近现实需求。

第三节 打造数字化实践教学体系，拓展课堂互动渠道

在信息技术快速发展的当下，各类新媒体的涌现极大地影响了大学生的学习和生活方式，同样也改变着他们的价值理念和思维模式。在这样的环境下，高校需要进一步加强对学生的思政教育，提升思政课的教学效果，这样才能够真正实现立德树人的根本目标。

一、数字化教学背景下高校思政课实践教学创新的机遇

随着信息技术的迅猛发展，数字化教学已成为高校教育改革的重要方向。思政课作为高校思想政治教育的重要组成部分，在数字化浪潮的推动下迎来了全新发展机遇。数字化教学不仅打破了传统课堂的时空限制，也为思政课的实践教学提供了更丰富的资源、更高效的传播手段以及更灵活的互动方式，从而显著提升了教学的针对性、实效性和吸引力。

（一）更广泛的信息资源，拓展教学内容的深度与广度

在数字化教学背景下，教师可以充分利用互联网和各类数字化平台，突破传统教学资源的局限，为学生提供更加多元化、实时化、精准化的教学内容。这不仅有助于丰富课堂知识体系，还能促使学生更深入地理解理论与现实的结合，提升思政课的时代感和现实针对性。

教师可借助大数据、人工智能、云计算等技术，随时查找、筛选并整合与课程内容相关的实时热点。例如，在讲授中国特色社会主义理论时，教师可以结合政府发布的政策文件、社会热点新闻、权威专家的评论分析等，构

建多层次、全方位的知识体系，使学生在掌握理论基础的同时，更好地理解其现实意义。此外，借助开放教育资源、慕课等在线教育平台，教师可以为学生提供更多优质的国内外课程资源，助力学生拓展国际视野，深化对不同社会思潮的理解和比较。

数字化资源的引入还能够提升教学内容的灵活性和动态性。相较于传统教材内容更新较慢的特点，数字化技术使教学资源得以随时调整和优化。教师可以根据最新的社会发展趋势，动态更新教学案例，及时淘汰不符合时代发展的内容，使课堂内容始终保持鲜活和贴近现实。这不仅有助于拓宽学生的思政视野，还能够激发他们对社会问题的思考，增强他们的政治认同感和社会责任感。

（二）更有效的传播载体，提高课堂的生动性和互动性

在传统教学模式中，思政课往往以教师讲授为主，教学内容偏重理论，学生处于被动学习状态，容易产生枯燥乏味的感觉。而在数字化教学背景下，教师可以借助现代信息技术，将静态的理论知识转化为更加直观、生动的教学内容，使课堂变得更加形象化、可视化、趣味化，从而提高学生的学习兴趣和思政课的吸引力。

教师可以运用多媒体技术，以动态方式呈现抽象的理论概念。例如，在讲授马克思主义基本原理时，可以通过动画、微视频、虚拟现实等技术，将复杂的哲学理论转化为易于理解的视觉内容，使学生能够更直观地掌握理论核心。又如，在分析社会主义市场经济体制时，可以借助数据可视化工具，通过图表、动态图像等方式展现经济运行的逻辑，让学生更加清晰地理解经济理论的实际应用。

数字化技术的应用能够有效提高师生互动频率，打破传统课堂单向传输的局限。教师可以利用在线讨论区、社交媒体、互动式教学软件等工具，与学生进行实时交流。例如，借助智慧课堂系统，教师可以在课堂上发起在线测验、投票调查或实时问答，让学生在学习过程中积极参与讨论，增强课堂的互动性。同时，教师还可采用"翻转课堂"模式，让学生在课前通过数字化资源自主学习，课堂上进行案例分析和讨论，使学习过程更加自主化和个性化。

数字化教学手段还能够拓展课堂外的思政教育空间。例如，教师可利用移动学习平台，如学习通、雨课堂等，搭建在线学习社区，让学生随时随地

进行自主学习和交流。通过定期推送思政热点内容、在线布置思考题、组织线上讨论等方式，构建"课内+课外"一体化的教学模式，使思政教育的影响力突破课堂时空限制，实现全方位、沉浸式的教学效果。

二、数字化教学背景下高校思政课实践教学的优势

（一）高校思政课教学过程科学化

在数字化教学背景下，高校思政课的教学过程呈现出更加科学化的发展趋势，其核心特征是以数据驱动教学决策和优化教学过程。传统思政课教学在设计与实施过程中，多依赖教师的个人经验和教学技艺，教学内容与方式的调整主要基于教师的主观判断。然而，数字化技术的引入为思政课教学提供了丰富的数据支撑，使教学过程更加系统化、精准化和智能化。

首先，教学数据的实时采集与分析，使得教学设计更具科学性。借助移动端或客户端平台，教学主体可以随时获取学生的学习轨迹、知识掌握情况和互动参与情况，从而精准定位教学中的重难点问题。这些数据支持不仅能够帮助教师动态调整教学策略，还能够使教学内容更具针对性，提高教学的有效性。同时，大数据分析技术的应用，使高校能够基于历史教学数据对课程进行深度优化，形成科学化、可量化的教学评估体系，进而推动教学质量的持续提升。

其次，数字化教学打破了传统教学模式的局限，实现了教学过程的全链条优化。传统思政课教学主要在课堂中借助互联网或新媒体进行辅助，而数字化背景下的思政课教学则是将数字化技术贯穿于整个教学环节，包括课前准备、课堂教学、课后反馈、教学优化及个性化定制等多个维度。例如，虚拟仿真技术的应用，使思政课能够构建沉浸式教学场景，让学生在高度模拟的历史事件、社会现实或政治决策环境中获得实践体验，增强教学的现实感和互动性。此外，基于人工智能的自适应学习系统，可以根据不同学生的学习情况提供个性化的学习资源和路径，实现精准教学。

最后，数字化教学促进了教学资源的深度整合与共享。高校思政课教学不再局限于单一课堂或单一教材，而是依托多样化的数字化教学载体，构建开放性、共享性、智能化的教学体系。云端资源库、大数据分析平台、智能学习终端等技术手段的结合，使教师和学生能够在广阔的数字化生态系统中获取高质量的学习资源，并通过智能算法推送匹配个体需求的内容。这种资

源整合方式，不仅提高了教学的灵活性和适应性，也使思政课教学更加契合新时代大学生的学习特点和认知习惯。

（二）高校思政课教学活动精准化

在数字化教学背景下，高校思政课的教学活动得以实现更高水平的精准化，这主要得益于算力的支持。借助数字技术的强大计算能力，教师能够更加准确地把握学生的学习需求，通过优化教学内容、精选教学方法以及营造适宜的教学环境，提高教学针对性，实现精准化教学。

在优化教学内容方面，数字技术的普及使教学资源日益丰富，但如何从海量资源中筛选出既符合教学目标又能增强教学实效性的内容成为关键问题。通过大数据分析技术，教师能够深入挖掘思政课教学的重难点与侧重点，并精准推送相关教学内容。这种方式不仅确保了课程内容的科学性和逻辑性，还能更好地契合社会主流价值观，使教学更加符合当代大学生的认知需求。同时，这种内容优化的过程也是将书本知识转化为教学知识的过程，即通过技术手段对知识进行重组，使其更具条理性、系统性，提高学生的理解与接受度。

在精选教学方法方面，数字化手段的引入让"以学生为中心"的教学理念得以更有效落实。思政课教学质量和精准性依赖于对学生学习状态的深入分析，多模态生物识别技术和数据建模技术的应用为此提供了可能。通过这些技术，教师可以获取学生在学习过程中的多维度数据，如学习效果、专注度等，并将这些数据进行可视化分析，形成学生的"数字画像"。在此基础上，教师可以对学生进行标签分类，识别共性问题，并据此选择更具针对性的教学方法。例如，对于逻辑思维较强的学生，可采用探究式教学模式；对于接受较慢的学生，则可采用更加直观的案例教学法或沉浸式教学法。这种精准化教学不仅能够帮助学生构建完整的认知体系，还能有效提升思政课的教学质量和教学效果。

（三）高校思政课教学发展数智化

在当前数字化教学的大背景下，高校思政课的教学改革与发展正面临前所未有的机遇与挑战。思政课教学数智化的推进，是现代信息技术与教育教学深度融合的产物，尤其是智能算法的应用为其提供了强大的驱动力。在这一背景下，思政课教学的有效性不再仅仅依赖于传统的数字化工具，而是通过"智能算法"这一高效的引擎，推动教学的全面发展。与简单的数字化应用不同，智能算法的核心价值在于其能够在数字化框架内，解决教学中复杂的数据转化、信息处理和指令发布等问题，从而实现思政课教学的精细化管理与高效运行。

思政课教学数智化要求教育主体和客体的数字素养显著提升。教师和学生作为教学活动的主要参与者，他们对数字化工具的熟练掌握与应用，成为推动教学变革的关键因素。在这一过程中，教师不仅要通过数字化手段增强教学内容的互动性与实践性，还需借助智能算法帮助学生提升自主学习能力，克服学习过程中的障碍。数字素养的提升不仅是对技术操作的掌握，更重要的是对数字化教学理念的理解与应用。在这种动态发展中，思政课的教学转型得以顺利实现，促使教学质量和教学效果的不断提升。

整合高校思政课教学资源是推动数智化发展的重要举措。当前，思政课教学资源的分布受地区经济差异、教育背景差异等因素影响，导致一些地区教学资源的共享和流动受到制约。因此，构建一个跨校、跨地区的教学资源共享平台尤为重要。海量数据的收集与处理是智能算法发挥效用的基础，而这种数据的有效整合需要依托强大的算力与精确的算法模型。因此，建设一个全国性的思政课教学资源共享数据库，不仅是技术上的挑战，更是教育管理和政策支持方面的挑战。为此，高校应当鼓励和支持多方主体参与，推动高校之间、学校与企业之间的合作，实现教学资源的最大化利用。

三、数字化实践教学拓展课堂互动渠道的完善路径

（一）利用虚拟现实技术满足学生个性化需求

虚拟现实技术作为数字化教学的重要创新成果，凭借其高度沉浸式体验、强交互性以及场景再现能力，为高校思政课的实践教学开辟了前所未有的拓展空间。其核心优势在于突破了传统教学模式在时间与空间上的限制，使学生能够摆脱物理环境的束缚，在虚拟世界中亲历历史事件、社会变革以及国家建设的重大时刻，从而加深对思想政治理论的理解与认同。

当前，虚拟现实技术已在我国高校得到广泛应用，虚拟校园、虚拟操作间、虚拟实验室已成为高等教育数字化教学的重要组成部分。对于思政课而言，这一技术的介入不仅丰富了教学资源，还极大地提升了学生的学习体验。例如，教师可以通过虚拟仿真系统构建特定的历史场景，让学生身临其境地参与其中，真切感受历史的变迁与社会的演进。在虚拟环境中，学生可以"回

到"战火纷飞的年代，切身感悟革命先烈的英勇无畏；或置身于新中国建设的初期，深刻体会前辈们艰苦创业的奋斗历程。这种沉浸式的学习方式，远比传统的文字讲解和图像展示更能引发学生的情感共鸣，深度激发他们的爱国情怀与社会责任感。

此外，虚拟现实技术还能够为不同专业背景的学生定制个性化的学习内容。高校思政课的受众涵盖多个学科领域，学生的兴趣点和关注点各不相同，单一化的教学模式难以满足多元化的需求。因此，教师可以利用虚拟现实技术构建具有针对性的情境化学习任务，以学生的兴趣为切入点，设计富有吸引力的故事情节和人物互动。例如，对于工科学生，可以设定以国家重大工程建设为背景的虚拟实践项目，让学生在模拟环境中直观感受科技与国家命运的紧密联系；对于艺术类学生，可以设计以红色文化传播为主题的虚拟创作任务，使他们通过数字艺术的形式表达对思政课核心价值观的理解。通过这种方式，学生不仅能够根据自身的兴趣选择实践内容，还能在互动体验中深化对思政理论的认知，提升课程的吸引力和教学效果。

虚拟现实技术的引入，有效改变了高校思政课传统的教学反馈机制，使学生能够在互动过程中即时获得学习成效的反馈。例如，教师可以通过数据分析追踪学生在虚拟环境中的学习路径、知识掌握情况及思维反馈，并据此进行个性化指导。这种精准化的教学手段不仅提高了课堂互动的质量，还有助于构建"因材施教"的教学生态。

（二）建立线上实践平台，融入学生学习生活

高校思政课的实践教学不应局限于课堂内部的教学活动，而应拓展至线上与线下、校内与校外相结合的多维度教学体系，确保思政教育能够深度融入学生的日常学习与生活，实现持续性的价值引导。借助数字化手段构建线上实践平台，能够为学生提供更加丰富的思政学习资源和互动交流空间，进一步拓展实践教学的广度与深度，推动思政教育从单一的课堂教学模式向全时空覆盖的学习体验转变。

1. 构建线上资源库，充实思政实践内容

线上实践平台的建设应充分整合多元化的思政教育资源，为学生提供系统、分层的学习内容。首先，平台应涵盖思政课的核心理论知识，同时融入大量实践案例，如历史故事、优秀共产党员的先进事迹、社会发展中的重大事件等，以增强学生对理论知识的感性认识和价值认同。其次，平台可收录

优质的思政课实践视频，通过多媒体方式呈现，使学生直观理解思政理论与现实社会的联系，增强思政教育的吸引力与感染力。此外，平台还可设置动态时事热点分析区，结合国内外社会发展、政策变革、时代进步等因素，向学生推送最新的思政实践案例，确保教育内容的时代性和现实性，使学生在学习过程中不断更新自身的认知体系，培养思辨能力和社会责任感。

2. 拓展师生互动渠道，提升学习自主性

线上实践平台的建立不仅是对资源的整合，更应注重提升学习的互动性。教师可以定期在平台上发布思政小故事、政策解读、历史事件剖析等内容，并结合社会热点问题设置讨论任务，引导学生深入思考。同时，平台可以开设短视频创作板块，鼓励学生自主制作与思政课相关的短视频，并通过班级或年级内部的评选、交流与展示活动，增强学习的趣味性和实践性。这种方式不仅能够提升学生的自主学习能力，还能通过群体互动激发学生的创新思维，使他们在内容创作过程中深化对思政教育核心价值的理解。

3. 搭建线上交流论坛，推动思想引导

为进一步发挥线上实践平台的互动功能，学校可设立思政学习交流论坛，让学生自由发表对思政理论、社会热点、个人成长等方面的观点和见解，同时提供向教师咨询的渠道，以解决学习、生活、情感等方面的困惑。这种开放的交流环境不仅能够提升学生的表达能力和思辨能力，还能为教师提供学生思想动态的实时反馈，使思政教育能够更精准地回应学生的思想需求。此外，学校可组建专业管理团队对论坛内容进行核查与总结，并将高频问题或典型困惑整理成系统解答，定期发布至学校官网或公众号，确保思政教育的指导性、权威性和针对性。这一机制的建立有助于营造健康、理性的网络思政学习环境，使学生在潜移默化中接受思政教育的熏陶。

（三）加强环境建设，净化网络教学环境

在数字化实践教学体系构建的过程中，网络环境的优化至关重要。优质的网络环境不仅是高校思政课课堂互动顺畅开展的基础保障，更是培养学生理性思辨能力、增强主流意识形态认同感的重要支撑。因此，应当从多个维度出发，加强环境建设，构建健康、清朗的网络教学生态，以提升思政课的教学实效。

1. 营造清朗的教学环境

清朗的教学环境是数字化思政课堂顺利运行的重要前提，也是保障课堂互动质量、提升师生交流效率的关键。清朗的网络教学环境不仅要求技术层面的安全保障，还涉及内容审核、言论规范以及师生网络素养的全面提升。

高校应强化网络教学平台的规范管理，建立健全网络信息审核机制，确保课堂互动内容的真实、准确和权威。高校应联合技术团队和思想政治教育专家，共同制定教学内容审核标准，确保上传至教学平台的资源符合主流意识形态的价值取向，杜绝错误、失实或带有误导性的内容进入课堂。此外，学校可通过人工审核与智能算法相结合的方式，对课堂互动讨论内容进行适度筛选，防止恶意言论和不当信息扰乱课堂秩序。

网络具有匿名性和传播的广泛性，部分学生可能在课堂互动中发表不当言论，如随意批评教师、攻击同学、散播极端观点等，进而影响课堂氛围。因此，学校应制定明确的网络课堂行为准则，并通过课堂规则讲解、教师引导等方式，提升学生的网络素养，使他们在互动交流中能够保持理性、尊重他人、恪守学术规范。同时，教师在授课过程中应加强课堂管理，对出现的不当言论及时引导和纠正，以维护健康的课堂秩序。

此外，还需提高师生的信息鉴别能力，增强他们对网络信息的甄别与思考能力。在数字化时代，信息传播速度加快，但信息的真实性和科学性难以保证。高校可通过开设网络素养相关课程，帮助学生掌握基本的信息筛选方法，提高对网络舆论的独立判断能力，避免受到错误或极端信息的误导。教师在课堂教学中也应加强对新闻事件、社会热点的引导，培养学生的批判性思维，使他们在思政课堂之外也能自觉维护健康的网络环境。

2. 加强教学环境文化建设

教学环境的文化建设不仅关乎思政课的教学效果，也直接影响学生思想价值观的塑造。高校应充分发挥思政课堂的文化育人功能，借助数字化平台传播优秀文化资源，增强学生对主流价值观的认同感，提高思政课的思想引领力和文化渗透力。

在数字化教学平台中融入中华优秀传统文化、红色文化和社会主义先进文化，可以让学生在沉浸式学习体验中感受文化熏陶。例如，思政课堂可以通过数字展厅、虚拟仿真技术展示中华优秀传统文化的典型案例，如"家国情怀""仁义礼智信"等传统价值观的现实应用。同时，还可以通过互动式学习模块，让学生参与红色文化的沉浸式体验，如虚拟参观革命历史遗址、模拟重大历史事件决策等，使他们在深度参与中增强文化认同感。

优化网络教学平台的交互设计，可以提升思政教学的互动体验。思政课的内容往往理论性和抽象性较强，单向灌输的教学模式容易导致学生参与度降低。因此，高校可借助人工智能、大数据分析等技术，提供智能推荐、个性化学习路径规划等服务，使学生能够根据自身兴趣自主探索课程内容。此外，可以在思政课互动环节中融入游戏化设计，例如"知识竞赛""思政答题闯关"等模式，提高学生的学习积极性，使其在轻松愉快的氛围中掌握思政知识。

高校应提高自身对网络舆情的应对能力，确保思政课堂的稳定性和教学目标的顺利达成。在数字化教学环境中，网络舆情的突发性、扩散性和不可预测性可能会对思政课堂造成干扰，甚至影响学生的思想认知。因此，高校应建立网络舆情监测机制，通过大数据分析技术实时追踪网络舆论动向，及时发现可能影响思政课堂的热点事件，并采取相应的引导措施。同时，教师在授课过程中应加强对热点事件的合理引导，防止学生受到网络舆论的误导，使思政课堂真正成为传播主流价值观、培养学生正确思维方式的阵地。

3. 净化网络教学环境

网络教学环境的净化是提升思政课堂互动质量的重要保障，也是维护良好教学秩序的必要举措。要实现这一目标，需要从技术监管、道德规范和师生共建等多方面共同努力。

高校应加强技术监管，运用大数据、人工智能等先进技术手段，对网络教学平台进行实时安全监测。例如，可以运用智能审查系统对课堂讨论区、弹幕、评论等互动板块进行自动筛查，防止不良信息扩散，及时清除恶意攻击、造谣、传谣等不当行为。同时，还可以借助智能推荐算法优化教学资源的分发机制，让学生优先接触以主流价值观为导向的优质内容，降低他们被不良信息干扰的可能性。

高校应建立健全网络教学伦理规范，引导学生树立正确的网络道德观念。在数字化教学环境下，部分学生可能会借由匿名性逃避课堂纪律约束，甚至发表极端言论或散布虚假信息。因此，高校应制定明确的网络课堂道德规范，引导学生在课堂互动中保持理性和克制，同时完善违反课堂秩序行为的约束机制，确保网络教学良性运行。

此外，还应强化师生共建机制，增强学生的网络责任意识。高校可以鼓励学生参与网络课堂管理，如设立"网络课堂监督员"岗位，让学生协助教师进行课堂纪律管理，增强学生的主体意识和参与感。同时，开展网络素养相关的培训和实践活动，如举办"文明上网"主题讲座、"网络伦理道德"专题研讨等，增强学生的网络责任感，使他们在数字化教学环境中发挥积极作用，共同营造健康的网络生态。

（四）完善"数字"环境基础设施配置

高校思政课教学的数字化转型是新时代教育现代化的重要组成部分，其高效运行离不开坚实的基础设施支撑。完善数字环境基础设施配置，不仅要坚持顶层设计，以系统化思维推进数字化建设，还需统筹考虑经费保障，确保数字化优势的可持续性，最终推动思政课教学实现高质量发展。

1. 完善网络设施配套

（1）保障高速流畅的宽带网络

加强校园网建设，能够实现教学主体之间的资源互联共享，使教师可以随时调取教学资料，优化教学方案，提高课堂互动性与教学组织的灵活性。同时，高质量的网络环境能够支持云端课堂、数字展馆等现代化教学模式，让学生获得沉浸式学习体验，进一步提升思政课的吸引力和影响力。

（2）优化上网设备硬件设施

高速网络仅提供数据传输通道，而现代化教学环境还需配备先进的终端设备，如智能黑板、交互式平板、云计算服务器等，便于教师在数字教学环境中开展个性化教学与精准管理。这些设备不仅提升了教学资源数据库的存储与共享能力，还为基于大数据的教学分析提供了支撑，有助于精准把握学生的学习需求和反馈，进而优化教学策略。

（3）实现教学传感器互联互通

为构建智能化的数字教学环境，应配备传感器、动态检测器、VR电子沙盘等多种设备，并通过数据存储与处理系统实现内容对接，确保教学资源库与教学平台无缝衔接。这种多设备互联模式不仅提升了教学的互动性与体验感，还使思政课教学更加生动、直观，从而增强学生的理解，提高学生的参与度。

2. 建立严格的企业准入机制

思政课的数字化转型不仅依赖高校的自主建设，也需要企业的技术支持。然而，当前市场上教育技术企业质量良莠不齐。因此，高校在引入外部企业时必须建立严格的准入机制，以确保教学平台的稳定运行与内容的规范性。首先，高校在选择企业合作伙伴时应设立严格的审查标准，确保企业具备相应的资质和技术能力。其次，应规范教学平台的信息发布机制，建立审核制度，确保所有发布的教学内容符合思想政治教育的基本要求，避免不当内容传播。此外，应落实企业责任制度，对违反管理规范的企业实施退出机制，以维护高校思政课教学平台的健康发展。这一机制不仅能保障思政课的权威性和公信力，还能有效防范外部不良信息对学生思想的干扰。

3. 完善数字教学环境管理制度

数字环境的优势在于传播范围广、速度快，这为思政课教学提供了更广阔的影响力，但也带来了管理上的挑战。针对这一特点，高校需要构建完善的数字教学环境管理制度，以确保数字化思政课的正确导向。

（1）加强网络舆情监测

思政课内容常涉及社会热点议题，学生在讨论过程中可能发表不当言论，若不加以引导，可能引发负面舆情，甚至影响学生个人和学校形象。因此，高校应建立舆情监控机制，及时关注学生的网络言论，并通过课程引导、讨论规范等方式，帮助学生养成理性表达的习惯，避免网络信息失控传播。

（2）加强对公开传播的思政课教学内容的审核

随着数字化教学的普及，许多思政课已突破课堂的物理限制，部分教学内容以视频、直播等形式在网络上传播。因此，高校应对公开发布的思政课视频进行严格审核，确保课程内容措辞严谨、立场明确、逻辑清晰，防止因内容失误或表述不当引发社会争议。

第四节　建立动态反馈和科学考评机制，实现协同考核

高校思政课的实践教学与课堂教学相结合，是提升课程育人实效的重要途径。要实现二者的有效融合，科学的考核评价体系不可或缺。考核评价体

系不仅是衡量学生学习成效的重要手段,更是优化教学模式、提升教学质量的关键环节。因此,建立动态反馈和科学考评机制,实施协同考核,对完善思政课教学体系具有重要现实意义。

一、确定合理的课堂教学与实践教学考核权重比例

思政课的教学目标在于促进学生知识、能力和素养的全面发展,既要夯实理论基础,又要强化实践应用能力。因此,在考核体系中,应合理确定课堂教学与实践教学的考核权重比例,使二者相辅相成、协同促进。在传统教学模式下,课堂教学往往占据主导地位,实践教学仅作为辅助环节,考核比重较低。然而,随着思政课教学改革的深入推进,实践教学的重要性日益凸显。因此,考核体系的设定应充分体现理论教学与实践教学的相互作用,适当提高实践教学的考核比重,确保学生在真实情境中运用理论知识,提升综合素养。

在具体权重分配上,可以根据课程特点进行灵活调整。例如,对于理论性较强的课程,可以适当提高课堂教学的考核权重;而对于实践性较强的课程,可增加实践教学的考核占比,以体现其实践导向。同时,还可以采用阶段性考核模式,针对不同教学环节进行动态调整,以保证课堂教学和实践教学的有机融合。

二、制定科学的考核指标体系

科学合理的考核指标体系是确保实践教学公平性、客观性和有效性的关键。作为思政课教学的重要组成部分,实践教学不仅是对学生知识掌握情况的检验,更是对他们综合能力、思想认知水平以及创新思维的考查。因此,考核指标体系的制定应遵循全面性、科学性、合理性和可操作性原则,以促进实践教学质量的提升,并推动思政课教学目标的实现。

(一)考核指标应紧密结合课程内容,突出理论应用能力

思政课实践教学的核心目标之一是引导学生在真实情境中理解和运用马克思主义理论、社会主义核心价值观以及其他思政课所涵盖的核心思想。因此,在考核体系中,首先应关注学生对理论知识的掌握及应用能力,确保考核内容与课程目标保持高度契合。

在实践考核过程中,教师应着重考查学生是否能够将课堂所学的思政理

论运用于实际问题分析。例如,在社会调研、主题辩论、志愿服务等实践活动中,学生能否结合马克思主义基本原理、习近平新时代中国特色社会主义思想等理论框架进行深度思考,并通过理论分析现实问题,提出合理的观点和解决方案。考核体系应明确学生在理论应用方面的评价标准,如理论依据的准确性、观点的逻辑性、论述的深度等,从而确保学生真正做到"知行合一"。

(二)关注学生在团队中的角色表现与协作能力

思政课实践教学多采用团队合作的形式,如小组调研、社会实践项目、主题演讲等。因此,考核体系应重点关注学生在团队中的角色表现与协作能力。团队合作不仅能培养学生的沟通能力和组织协调能力,还能增强他们的责任意识和集体荣誉感。因此,考核指标应设定明确的团队合作评价维度,以衡量学生的团队贡献度、组织协调能力以及在团队中的角色分工情况。

具体来说,考核可以从多个方面展开:①学生是否能够积极参与团队任务,主动承担相应的职责;②团队成员之间的协作是否高效,是否能够合理分工,并在合作过程中尊重他人意见、积极沟通协调;③学生在团队中的贡献是否具有实质性,如在团队决策、内容策划、方案执行等方面是否发挥了积极作用。

(三)注重逻辑体系完整性,培养严谨的思维能力

逻辑思维能力是大学生综合素养的重要组成部分,在思政课实践教学中尤为重要。科学合理的考核指标体系应关注学生在分析问题和解决问题过程中是否具备清晰的逻辑体系和严谨的论证能力。

实践教学的一个重要目标是培养学生的批判性思维,使他们能够在复杂的社会问题和现实挑战中进行深入剖析。因此,考核体系应包括对学生思维逻辑的考查,具体指标涵盖:①问题分析是否层次分明,逻辑推理是否严密;②论据是否充分,是否能够结合事实和理论进行有力论证;③观点表达是否清晰,能否在实践成果中体现完整的逻辑链条。这些指标可以应用于实践报告、案例分析、辩论赛等考核环节,确保学生在实践学习过程中不断提升逻辑思维能力,养成严谨治学的态度。

(四)关注创新能力,鼓励思维突破与问题解决

思政课不仅要传授已有的理论知识,还要引导学生培养创新思维,提高

他们发现问题、提出问题、解决问题的能力。因此，科学的考核体系应将创新能力作为重要考核维度，鼓励学生在实践教学中积极思考，勇于突破传统思维模式，提出具有创造性和独特性的见解。

在考核创新能力时，应重点关注：①学生能否敏锐地发现现实社会中的问题，并结合思政课理论进行深入分析；②提出的解决方案是否具有新颖性和可行性，能否跳出传统思维框架，展现一定的创造力；③是否通过多种形式（如案例研究、情景模拟、微电影制作等）创新性地呈现思政课实践成果。创新能力的考核可以结合教师评审、学生互评及专家指导等多元评价方式，确保考核结果的客观性和公正性。

（五）规范表现形式，提升表达与呈现能力

除了内容方面的考核，实践成果的表现形式同样是考核体系的重要组成部分。一个完整的实践成果不仅需要深刻的思想内容，还应具备良好的表达效果和呈现质量。因此，在考核过程中，教师应关注学生的文字表达能力、数据分析能力以及成果展示的整体规范性。

在考核文本表达时，应关注语言是否准确、逻辑是否清晰、观点是否具有说服力。例如，检查实践报告是否符合学术规范，是否具备完整的结构，包括研究背景、问题分析、理论支撑、研究方法、实践过程、结果分析及总结反思等。同时，若实践教学涉及数据分析，则应考查学生对数据的整理、处理和解读能力，确保数据分析的准确性和科学性。此外，对于视频展示、PPT汇报等表现形式，也应纳入考核范围，评价其制作质量、视觉效果、信息传递的准确性等，以此培养学生的多元表达能力。

三、使用合理的考核方法

科学合理的考核方法，不仅关系到考核的公平性与客观性，还直接影响着学生的学习积极性与实践能力的培养。传统考核方式多以教师单向评估为主，主要依据最终的实践成果评分，却忽视了对实践过程的监测与评价。这种单一考核方式容易导致考核结果片面化。此外，学生在实践教学中的主体作用未能得到充分体现，缺乏自主评价与相互评价的机会，难以有效提升实践教学的育人效果。因此，在思政课实践教学的考核过程中，应采用定性与定量相结合、教师考核与学生自评互评相结合、过程性评价与终结性评价相结合的多元化考核方法，以增强考核的科学性、公正性和可操作性，进而实现对学生能力更加全面、精准评估。

第六章　高校思政课实践教学和课堂教学的融合方法

（一）定性考核与定量考核相结合，确保评价的科学性

定性考核与定量考核各有优势，合理结合二者可以弥补单一考核方式的局限，提高考核的客观性与科学性。

在定性考核方面，教师可以根据自身的专业判断，对学生的实践成果进行综合评价。这包括成果的整体质量、理论运用的深度、分析问题的逻辑性、创新性的体现以及社会价值的实现等方面。例如，在社会调研类的实践活动中，教师可以关注学生调研主题的现实意义、研究方法的科学性、数据分析的合理性以及最终报告的逻辑性和可读性；在主题辩论或社会实践展示类活动中，则可以考查学生的思维表达能力、论证的严密性以及观点的深刻性。通过定性评价，教师能够对学生实践教学的成果进行更细致、深入的分析和反馈，帮助学生认识自身的优势与不足。

在定量考核方面，可以借助评分量表对学生的实践表现进行量化评价，以提高考核的客观性。评分量表可以涵盖多个维度，如团队合作、问题分析能力、方案设计能力、实施效果、成果展示、语言表达等。教师可以为不同维度设定权重，结合学生的具体表现进行评分。此外，定量考核还可以采用问卷调查、数据统计、量化打分等方式，对学生的实践表现进行量化评估。例如，在社会调研类实践中，可以通过评分表对数据的准确性、论证的严谨性和报告的规范性进行客观评估；在主题演讲或情景模拟类实践中，可以对学生的表达流畅度、逻辑严密度、观点深度等进行评分。定性与定量相结合的方式能够更加精准地评估学生的学习成果，提高考核的科学性和可比性。

（二）教师考核与学生自评、互评相结合，增强考核的全面性

单一的教师评估容易带有主观性，而学生的自评与互评作为考核体系的重要补充，能够提供多元评价视角，提升考核的公平性。

学生的自评能够促使其对自身学习过程进行深刻反思。通过自评，学生可以审视自己在实践教学中的表现，分析自身的优势与不足，并制定改进措施。例如，在社会调研类实践活动结束后，教师可以要求学生撰写自评报告，围绕自身学习收获、研究方法选择、问题解决思路、团队合作贡献度等方面进行总结与反思。这不仅有助于培养学生的自我认知能力，也能使考核结果更具参考价值。

互评机制可以有效促进学生之间的交流互动，提高考核的全面性。由于学生在实践教学中与团队成员有密切的合作，他们对彼此的贡献度、团队协

作情况和任务完成情况最为了解。因此，引入学生互评能够更加真实地反映个体在团队中的表现。例如，在团队合作实践教学中，教师可以引导学生对组员的贡献度、团队沟通能力、责任心等进行评价，并结合教师评估形成综合得分。通过这种方式，考核结果能够更加全面、公正，避免仅凭教师单方面判断可能产生的主观偏差。

教师还可以借助匿名互评的方式，减少学生之间因人际关系而产生的评分偏差，确保互评结果的真实性与公正性。同时，教师在综合考核时，也应关注学生自评和互评的合理性，避免评分过高或过低的情况，以保证考核的公平性与有效性。

（三）过程性评价与终结性评价相结合，提升考核的针对性

思政课实践教学不仅关注最终成果，更重视学生在整个实践过程中的成长与发展。因此，考核方法应兼顾过程性评价与终结性评价，使考核更具持续性和针对性。

过程性评价主要聚焦学生在实践教学过程中的参与度、投入精力以及阶段性成果。教师可以通过观察、记录、课堂讨论、阶段汇报等方式，对学生学习过程进行动态评估。例如，在社会调研类实践教学中，可以要求学生提交阶段性调研报告，并在小组讨论中展示调研方向，由教师给予反馈并调整研究方向；在情境模拟教学中，可以设置多次排练演练环节，对学生的表现进行阶段性评估，推动学生在实践过程中不断优化和提升自己的能力。

终结性评价则是对学生最终实践成果的全面评估，通常包括书面报告、成果展示、视频演示等形式。在终结性考核中，教师应结合学生提交的最终成果，从内容完整性、逻辑严谨性、理论运用深度、创新性体现、表达能力等多个方面进行综合评分。此外，终结性评价应与过程性评价相结合，避免只关注最终成果，而忽视学生在整个实践过程中的付出和进步。

（四）借助信息化手段，提升考核的精准度

随着教育信息化的发展，信息技术手段可以为思政课实践教学考核提供更高效的支撑。例如，教师可以利用在线学习平台、大数据分析工具、智能评测系统等，对学生的学习轨迹、实践参与情况、互动交流情况等进行记录与分析，为考核提供数据依据。具体而言，教师可借助在线问卷或讨论论坛，收集学生的学习反馈和互动数据，并结合学习平台的学习记录，评估学生的参与状况；同时，可以通过智能评分系统，对学生提交的实践报告、视频展

示等进行文本分析或评分，降低人工评分的主观性偏差。此外，借助信息技术，还可以实现考核的可追溯性和透明化，保障考核过程的公平性和公正性。

四、重视考核结果的反馈和总结

考核不仅是衡量学生学习成果的重要手段，更是推动教学改革和优化实践教学体系的关键环节。科学合理的考核反馈机制，不仅能够帮助学生准确了解自身的学习情况，还能为教师改进教学设计提供依据，确保思政课实践教学在不断优化中实现更高质量的发展。因此，在考核过程中，不仅要注重结果的公正性与透明度，还应构建完善的反馈体系，让考核真正成为促进教学质量提升的助推器。

（一）确保考核结果公开透明，提高考核公信力

考核的公平性与透明度，直接影响学生对教学评价体系的信任程度。为了避免考核结果的随意性和主观性，教师应以公开透明的方式公布考核成绩，并提供具体的评分依据，使学生能够清楚地了解自己的成绩构成。例如，在课堂上，教师可以通过集中讲评，对不同层次学生的实践成果进行分析，并结合优秀案例进行展示，帮助学生直观认识实践教学的核心要求。同时，线上公示也是一种有效的方式，教师可以借助教学管理系统或在线平台，公布考核标准、评分细则及学生成绩，并允许学生查看自身考核详情，确保评分的公正性和可追溯性。

教师在公布考核结果时，不应仅呈现分数，而应结合评分标准，对学生的优点与不足进行详细解读。例如，在社会调研类实践教学的考核中，教师可以对学生的数据收集能力、分析能力、报告撰写质量等方面进行逐项评价，并针对不足之处提出改进建议。通过这种方式，学生不仅能明确自身成绩的来源，还能获得有针对性的学习指导，从而在后续实践中不断提升自身能力。

（二）强化学生反馈机制，推动考核方式优化

考核不仅是教师对学生的评估过程，也应成为教师了解学生需求、优化教学方式的重要途径。因此，建立健全的学生反馈机制，对完善考核体系、提升实践教学质量具有重要意义。

教师可以定期收集学生对考核方式、评分标准以及实践教学内容的意见，并结合学生的学习体验，对考核机制进行适时调整。例如，通过问卷调查、匿名评测、座谈会等方式，教师可以了解学生对考核指标的认可度、考核方

法的合理性以及评分标准的公正性，从而在教学过程中不断优化考核体系，使其更加契合学生的学习需求与课程教学目标。教师应鼓励学生在考核反馈环节提出建设性意见。例如，部分学生可能认为实践教学考核过于侧重理论应用，忽视了实践过程的真实体验，那么教师可以适当调整考核比例，将过程性评价的权重提升，使考核更贴合实践教学的特点。同样，如果学生反映考核标准过于宽泛，难以准确衡量个人贡献，教师可以进一步细化评分标准，明确团队合作、创新能力、思辨能力等不同方面的评分细则，以确保考核的精准性与公平性。

此外，教师还可以采用"师生共建考核标准"的方式，邀请学生共同参与考核指标的制定。在制定新的考核体系时，可以通过小组讨论或课堂问卷等形式，征求学生对考核标准的建议，并结合教学目标进行优化，使考核标准更贴合教学实际。这种方式不仅能增强学生的参与感和认同感，还能促使考核体系更加科学合理，真正发挥其促进教学改革的作用。

（三）深度分析考核数据，持续改进考核体系

科学的考核评价，不仅关乎当前的教学效果，更是推动未来教学优化的重要参考。因此，教师应定期对考核数据进行深入分析，找出考核体系的不足之处，并结合实践教学的实际情况进行调整完善。

一方面，教师可以对历年考核数据进行横向与纵向比较，分析考核标准的合理性。例如，对比不同学年的考核成绩分布情况，可以发现评分标准是否存在偏差，是否出现评分过松或过严的现象。如果某一考核指标的得分普遍偏低，很可能意味着该项考核标准过于严苛，或者相关教学内容未能有效传递给学生，这就需要在教学过程中加强相应的指导和训练。

另一方面，教师可借助数据分析优化评分权重。实践教学考核涉及多个维度，如理论应用能力、实践创新能力、团队合作能力、成果展示能力等，这些考核指标的权重分配会直接影响最终评分结果。通过对历年考核数据进行分析，教师可以评估不同评分权重对最终成绩的影响程度，进而合理调整评分比重，使考核体系更加契合人才培养目标。例如，在团队合作型实践教学中，如果发现团队贡献度评分对总成绩的影响较小，而实践成果评分占比过高，那么可以适当提高团队协作能力的考核权重，以鼓励学生在团队中发挥更大的作用。

（四）构建长期考核反馈机制，推动教学质量持续提升

考核结果的反馈与总结不应仅服务于当前课程的改进，更应成为推动高校思政课教学质量持续提升的重要手段。因此，构建长期的考核反馈机制十分必要，这能促使考核体系在动态调整中不断完善。

首先，建立考核反馈档案，对学生的实践考核数据进行长期跟踪记录。例如，教师可以记录学生在不同学期、不同类型实践课程中的表现情况，深入分析其学习成长轨迹，以便在后续教学过程中提供更具针对性的指导。同时，这些考核档案还可以为课程改革提供有力的数据支撑，帮助教师更加精准地调整教学内容和考核方式。

其次，推动跨学科交流与资源共享，将思政课实践教学的考核经验与其他学科的考核机制进行对比分析，借鉴不同学科的优秀考核模式。例如，部分工程类学科的实践教学考核通常采用案例分析、实际操作考核等方式，思政课教学可以适当借鉴这些考核方法，提高实践教学的真实性和有效性。

最后，将考核反馈与教师教学评估紧密结合，形成完整的教学改进机制。例如，在教师教学评价中，可以加入学生对考核方式的满意度调查环节，并鼓励教师根据学生反馈不断调整考核方式，形成教学与考核的良性互动。通过这种方式，考核不仅是对学生的评价工具，更能成为推动教师专业发展的重要动力，最终实现思政课教学质量的持续提升。

高校思政课实践教学与课堂教学的有机融合，是提升教学质量和育人成效的重要举措。建立动态反馈和科学考评机制，实现协同考核，是推动实践教学改革的关键环节。科学合理的考核权重比例、完善的考核指标体系、采用多元化的考核方法、落实有效的考核反馈以及构建协同考核机制，能够有效提高实践教学的质量和学生的实践能力，推动思政课教学改革的深入发展，为高校人才培养提供更加坚实的支撑。

参考文献

[1] 曾令辉，卜路平．推进"大思政课"建设的几个基本理论问题[J]．思想理论教育导刊，2023（10）：87-94．

[2] 曾云珍，吴国林．教育数字化背景下沉浸式教学在高校思政课中的应用机理、困境与路径[J]．黑龙江高教研究，2024，42（10）：54-59．

[3] 陈梅梅．高校思政理论课课堂教学创新研究[J]．青年文学家，2012（12）：152．

[4] 陈士军，张伟．从统一性到多样性：高校思政课实践教学创新机制[J]．中学政治教学参考，2022（12）：37-40．

[5] 陈位志．高校思政课实践教学与课堂教学的协同与融合——以"概论"课为例[J]．思想政治课研究，2019（3）：61-65．

[6] 成冬梅．理论性和实践性相统一原则在高校思政课教学中的运用研究[D]．昆明：云南大学，2022．

[7] 池雨卓．高校思政课"两个课堂"融合机制研究[D]．武汉：武汉纺织大学，2024．

[8] 翟柯欣．新时代高校思想政治理论课实践教学研究[D]．西安：西安理工大学，2023．

[9] 翟羽佳，林于良．数字技术赋能高校思政课教学的逻辑理路[J]．学校党建与思想教育，2025（2）：64-66，94．

[10] 高煜．学生创意微视频在高校思政课中的应用[J]．中国多媒体与网络教学学报（中旬刊），2022（8）：50-53．

[11] 黄河，朱珊莹，王毅．高校思政课程实践教学探究[M]．长春：吉林大学出版社，2021．

[12] 李瑞君．论新时代学校思想政治理论课教学改革的价值向度[J]．学校党建与思想教育，2022（23）：46-48．

[13] 李霞．"情景剧"在高校思政课教学中的应用探索[J]．宜春学院学报，2023，45（4）：108-112．

[14] 李亚美，姜天宠.高校思政课实践教学与第二课堂的功能定位及其协同 [J].学校党建与思想教育，2021（18）：18-20，38.

[15] 李奕.多维研讨式教学模式在马克思主义思政课教学中的应用研究 [J].黑龙江工业学院学报（综合版），2022，22（1）：43-48.

[16] 李雨.思政小课堂与社会大课堂融合发展研究 [D].呼和浩特：内蒙古师范大学，2024.

[17] 林莉，陈鑫瑶.新时代高校思政课教育叙事的现实困境及优化路径 [J].学校党建与思想教育，2024（21）：72-75.

[18] 刘军，兰桂萍，吴涯.高校思政课实践教学改革探索及其现实启示——以重庆师范大学"三维五步五课堂"实践教学模式为例 [J].中学政治教学参考，2022（4）：31-33.

[19] 刘丽莉.高校思政课实践教学存在的问题及对策实践思考 [J].才智，2018（28）：32.

[20] 马福运，范俊萌.学生眼中的"大思政课"：价值意蕴、现实境遇及建设思路 [J].课程·教材·教法，2024，44（6）：76-83.

[21] 马福运，宋晓珂."大思政课"视域下高校思政课生态建设论纲 [J].河南师范大学学报（哲学社会科学版），2023，50（1）：138-144.

[22] 马海燕.高职思政课实践教学教程 [M].西安：陕西师范大学出版总社有限公司，2019.

[23] 任艳妮.以"融合式教学"推进高校思政课高质量发展的价值意蕴和实践理路 [J].黑龙江高教研究，2025，43（1）：104-111.

[24] 邵文姗.数字化背景下高校思政课实践教学创新路径研究 [J].产业与科技论坛，2024，23（13）：139-141.

[25] 唐雨菲.高校思政课教学中的"课堂辩论" [J].北京教育（德育），2024（3）：81-85.

[26] 王静波.高校思政课实践教学新模式探索 [J].江苏第二师范学院学报，2023，39（5）：75-80.

[27] 王文艺，刘慧，王翠云等.高职思政课实践教学创新研究 [M].南京：河海大学出版社，2021.

[28] 肖潇.思想政治理论课教学评价的价值取向 [J].湖北第二师范学院学报，2023，40（1）：1-6.

[29] 熊礼洋，陈卉，余红蕾.高校课堂教学中思政建设存在的问题及对策

研究——以南华大学为例[J].文化创新比较研究，2021，5（21）：42-45.

[30] 徐志超，邓纯余.思政课校本实践教学价值之思[J].中学政治教学参考，2022（36）：51-53.

[31] 杨德志.高校思政课实践教学评价机制探究[J].大众文艺，2024，（22）：151-153.

[32] 张兵，徐晓宇.研讨式教学方法在高校思政课中的应用研究[J].大庆社会科学，2021（3）：143-146.

[33] 张俊霞.数字化教学背景下高校思政课实践教学创新路径[J].湖北开放职业学院学报，2023，36（8）：171-173.

[34] 张佩佩，苏洁.高校思政课教学加强历史自信教育略探[J].学校党建与思想教育，2024（6）：43-46.

[35] 赵言秋，陶磊.中华优秀传统文化融入高校思政课的三重维度[J].学校党建与思想教育，2024（5）：72-74.

[36] 钟清莲，吴凡.提升高校思政课亲和力四维探析[J].中学政治教学参考，2022（32）：39-42.

[37] 周娜.高校思政课坚持理论性和实践性相统一研究[D].苏州：苏州大学，2023.

[38] 朱丹.新时代高校思想政治理论课实践教学体系构建研究[D].昆明：云南大学，2022.

[39] 朱丹.以系统观念推进高校思政课实践教学体系构建[J].思想战线，2024，50（6）：152-161.